Die Geschichte der Philosophie

Martyn Oliver

BECHTERMÜNZ VERLAG

Originaltitel: Hamlyn History of Philosophy
Originalverlag: Hamlyn, an imprint of Octopus Publishing Group Limited
Michelin House, 81 Fulham Road, London SW3 6RB, 1997

Umschlagmotive:
Mitte: Sokrates (Bildarchiv Preußischer Kulturbesitz, Berlin);
im Uhrzeigersinn, oben links beginnend: Leo Dawidowitsch Trotzkij (AKG, Berlin); Pierre Joseph Proudhon, Bertrand Russell, Hannah Arendt, Jean Jacques Rousseau, Erasmus von Rotterdam (Bildarchiv Preußischer Kulturbesitz, Berlin); Max Weber, Edmund Burke (AKG, Berlin); Sir Karl Raimund Popper, Sokrates, Karl Marx, Friedrich Nietzsche (Bildarchiv Preußischer Kulturbesitz, Berlin); Jürgen Habermas (AKG, Berlin); Francis Bacon (Bildarchiv Preußischer Kulturbesitz, Berlin).

Deutsche Erstausgabe
Weltbild Verlag GmbH, Augsburg 1998

Design: Martin Topping
Bildredaktion: Helen Fickling
Produktion: Paxmann/Teutsch Buchprojekte, München
Aus dem Englischen übertragen von Dr. Heinz Vestner, München
Umschlaggestaltung: Georg Lehmacher, Friedberg (Bay.)
Gesamtherstellung: Toppan Printing Co., (H.K.) Ltd.
Printed and bound in China
ISBN 3-8289-4803-0

Die Geschichte der Philosophie

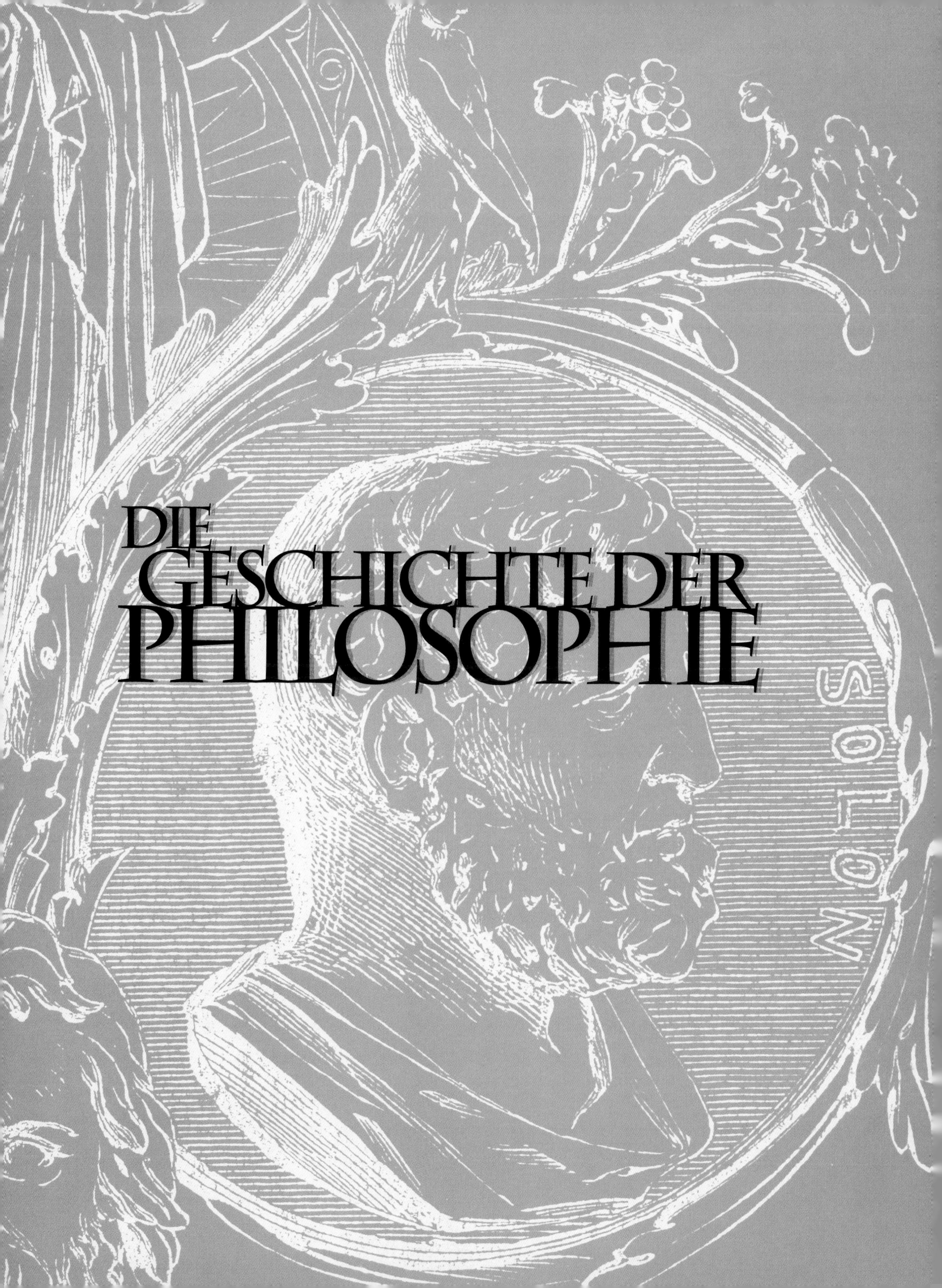

INHALT

Einleitung 6

KAPITEL EINS
DIE PHILOSOPHEN DER
GRIECHISCHEN ANTIKE
SEITE 8

Griechische Zivilisation und
klassische Antike 10
Griechische Mythologie 12
Die Vorsokratiker 14
Sokrates (469 - 399 v. Chr.) 16
Platon (427 - 347 v. Chr.) 18
Aristoteles (384 - 322 v. Chr.) 20
Griechische Skeptiker 22

KAPITEL ZWEI
ÖSTLICHE RELIGION
PAGE 24

Religion und Philosophie 26
Buddhismus 28
Hinduismus 30
Shintoismus 32
Islam 34
Laotse (604 - 531 v. Chr.) 36
Konfuzius (551 - 479 v. Chr.) 38

KAPITEL DREI
DIE CHRISTLICHEN
PHILOSOPHEN
SEITE 40

Die Geburt des christlichen Europa 42
Die Dominanz des Katholizismus 44
Augustinus (354 - 430) 46
Duns Scotus (800 - 77) 48
Thomas von Aquin (1225 - 74) 50
Die Franziskaner 52

KAPITEL VIER
VON DER RNAISSANCE
ZUR REFORMATION
SEITE 54

Die Renaissance 56
Die Reformation 58
Niccolò Machiavelli (1469 - 1527) 60
Erasmus (1466 - 1536) 62
Montaigne (1533 - 92) 64
Francis Bacon (1561 - 1626) 66
Hobbes (1588 - 1679) 68

KAPITEL FÜNF
DIE AUFKLÄRUNG
SEITE 70

Die Aufklärung 72
Stimmen der Vernunft 74
René Descartes (1596 - 1650) 76
Spinoza (1632 - 77) 78
G.W. Leibniz (1646 - 1716) 80
John Locke (1632 - 1704) 82
George Berkeley (1685 - 1753) 84
David Hume (1711 - 76) 86
Immanuel Kant (1724 - 1804) 88

Die Französische Revolution 92
Die Amerikanische Revolution 94
Thomas Paine (1737 - 1809) 96
Edmund Burke (1729 - 97) 98
Jean Jacques Rousseau (1712 - 78) 100
William Godwin (1756 - 1836) 102
Karl Marx (1818 - 83) 104
Pierre Joseph Proudhon (1809 - 65) 106
Wladimir I. Lenin (1870 - 1924) 108
Leo Trotzki (1879 - 1940) 110
Antonio Gramsci (1891 - 1937) 112

Die Romantiker 116
Existentialismus 118
G.W.F. Hegel (1770 - 1831) 120
Arthur Schopenhauer (1788 - 1860) 122
Friedrich Nietzsche (1844 - 90) 124
Martin Heidegger (1889 - 1976) 126
Jean Paul Sartre (1905 - 80) 128

Wien und Oxbridge .132
Jeremy Bentham (1748 - 1832) 134
Bertrand Russell (1872 - 1970) 136
John Dewey (1859 - 1952) 138
Karl Popper (1902 - 95) 140
Thomas Kuhn (1922 -) 142
Ludwig Wittgenstein (1889 - 1951) 144

Industrialisierung und Demokratie 148
Krieg und Diktaturen 150
Adam Smith (1723 - 90) 152
John Stuart Mill (1806 - 73) 154
Max Weber (1864 - 1920) 156
Carl Schmitt (1888 - 1985) 158
Simone de Beauvoir (1908 - 86) 160
Die Frankfurter Schule 162
Herbert Marcuse (1898 - 1979) 164
Hannah Arendt (1906 - 75) 166
Jürgen Habermas (1929 -) 168

Populäre Kultur und Philosophie 172
Technologie und sich verändernde Welt . . .174
Psychoanalyse and Philosophie 176
Michel Foucault (1926 - 84) 178
Jean Baudrillard (1929 -) 180
Jean Francois Lyotard (1924 -) 182
Jacques Derrida (1930 -) 184
Richard Rorty (1929 -) 186

Glossar 188
Index 190

KAPITEL SECHS
PHILOSOPHIE UND REVOLUTION
SEITE 90

KAPITEL SIEBEN
DIE GEGENAUFKLÄRUNG
SEITE 114

KAPITEL ACHT
WISSENSCHAFT UND NÜTZLICHKEIT
SEITE 130

KAPITEL NEUN
PHILOSOPHIE UND MODERNE WELT
SEITE 146

KAPITEL ZEHN
HERAUSFORDERUNG AN DIE MODERNE
PAGE 170

EINLEITUNG

Rechts: Immanuel Kant

Die Philosophie ist heute als wissenschaftliche Disziplin mehr denn je in ihrer Existenz gefährdet. Der Erfolg der Naturwissenschaften, ihr Vermögen, die unterschiedlichsten Bereiche menschlicher Wahrnehmungen zu erklären, hat der Philosophie ein breites Spektrum ihres traditionellen Arbeitsfeldes entzogen. In unserer heutigen, von Informationstechnologien geprägten Welt, erscheint die Philosophie, die ihre Erkenntnisse gerade nicht in kleinen, jederzeit abrufbereiten und verwertbaren „Häppchen" liefern will und kann, als die große Verliererin. Selbst Philosophen des 20. Jahrhunderts betrachten heute ihre eigene Disziplin mit Skepsis, wenn sie durchaus selbstironisch argumentieren, daß nach 3000 Jahren Philosophieren kaum noch Anlaß zur Hoffnung besteht, die Philosophie könne uns zur Wahrheit oder zum Glück führen. Dennoch ist Philosophie heute populärer als je zuvor. Vielleicht liegt es daran, daß sich die Philosophie heute aus den Fesseln strenger Wissenschaftlichkeit befreit, in denen sie in den letzten 200 Jahren häufig Zuflucht gesucht hat.

Was sich heute als Philosophie darstellt, ist weniger exklusiv als früher. Zunehmend deutlicher wird der grundlegende Zusammenhang zwischen der Philosophie einerseits und unserem religions- und sozialgeschichtlichem Erbe andererseits: Nur wenige Erfahrungen menschlichen Seins sind dem kritischen Blick der Philosophie entgangen. Von Platon bis Marx und darüber hinaus hat die Philosophie unsere tiefsten und edelsten Wünsche und Hoffnungen aufgegriffen und verteidigt, und zwar stets auf Grundlage jener Prämisse, daß gerade die Fähigkeit zu philosophieren uns zu menschlichen Wesen macht, daß gerade diese Fähigkeit uns von den Tieren unterscheidet.

Im alten Griechenland galt alles Denken, galten alle Spekulationen über das menschliche Sein und die natürliche Welt als Philosophie. Nach dem Zusammenbruch des Römischen Imperiums bis in das 16. Jahrhundert hinein war Philosophie dann praktisch gleichbedeutend mit Theologie. Für die meisten Gelehrten dieser Zeit galt das Philosophieren nur insofern als eine legitime Tätigkeit, als sie zur Voraussetzung die absolute Kenntnis Gottes hatte. Natürlich gab es Ausnahmen, denn einige Theologen versuchten durchaus, nicht nur den alles sehenden, alles wissenden Ratschluß Gottes zu erforschen, sondern in ihren Überlegungen auch dem menschlichen Sein und Denken mehr Raum zu geben. Seit dem späten 16., vor allem im frühen 17. Jahrhundert stieg dann die Zahl jener Gelehrten in Europa, deren Ziel es nicht in erster Linie war, eine absolute Kenntnis des Göttlichen zu erlangen. Schließlich bildeten im späten 18. Jahrhundert jene Philosophen des vorrevolutionären Frankreichs, die schlicht als *philosophes* bekannt waren, den Brennpunkt der europäischen Aufklärung. Ihre Betonung der Vernunft und der Rationalität war von ungeheurer Bedeutung für die Herausbildung unseres heutigen Weltbildes. Im 20. Jahrhundert ist ein Großteil der Philosophie dem Bemühen gewidmet, die moderne Welt zu erklären, die sich heute bereits für viele als eine postmoderne Welt darstellt.

Anders als jede andere Geschichte vermittelt uns die Geschichte der Philosophie also einen ganz eigenen und eindrucksvollen Einblick in die Entwicklung des menschlichen Denkens und der menschlichen Kultur, und somit bietet uns die Philosophie nach wie vor das, was stets ihr Wesen bestimmte, nämlich eine ganz spezifische Art der Erkenntnis.

DIE PHILOSOPHEN DER GRIECHISCHEN ANTIKE

Keine andere Philosophie hat die westliche Kultur derart nachhaltig geprägt wie jene der griechischen Antike. Sokrates, Platon und Aristoteles beeinflussen mit ihren Gedanken nach wie vor unsere Politik, unsere Wissenschaften, unsere Kultur und unsere ethischen Vorstellungen, und ihre Ideen werden heute noch genauso heftig diskutiert wie vor 2400 Jahren, als sie erstmals formuliert wurden.

KAPITEL EINS

KULTURELLE REVOLUTION

Das Zeitalter der griechischen Klassik, das etwa um 760 v.Chr. begann, brachte eine Vielzahl großartiger philosophischer, literarischer und wissenschaftlicher Werke hervor. Dieser explosionsartige kulturelle Aufbruch war möglich aufgrund der Tatsache, daß das Griechische schon zur damaligen Zeit eine hochentwickelte Sprache und Schriftsprache war, die sich nicht mehr als Silbensprache darstellte, sondern bereits über ein Alphabet verfügte und somit auch komplexeren philosophischen und literarischen Darstellungen Ausdruck verleihen konnte.

GRIECHISCHE ZIVILISATION UND KLASSISCHE ANTIKE

Den Griechen selbst galt jedoch der Dichter Homer als der tatsächliche Begründer der neuen griechischen Kultur und Zivilisation. Homers *Ilias* und *Odyssee* wurden von den Griechen der damaligen Zeit weniger als brillante dichterische Werke betrachtet, sondern vielmehr als Meilensteine auf dem 'lichten' Weg aus den 'dunklen', den 'archaischen' Zeiten der griechischen Geschichte, die mit Homer endeten. Seine Werke handelten von der alten Kultur Mykenes (um etwa 1300 v.Chr), die im

APOTHEOSE DES HOMER: HOMERS DICHTUNG ERÖFFNETE DER GRIECHISCHEN KULTUR UND ZIVILISATION DEN WEG AUS DER „DUNKLEN“, HIN ZU NEUEN, LICHTEN ZEITEN.

Zuge der grausamen Invasion und autoritären Staatsführung der Dorer, die bis etwa 800 v.Chr. herrschten, zunichte gemacht worden war.

DER AUFSTIEG ATHENS

Das 5. und 4. Jahrhundert v.Chr. war die Blütezeit der antiken griechischen Kultur und Zivilisation. In dieser Zeit entstanden bahnbrechende literarische, philosophische und naturwissenschaftliche Werke. 498 v.Chr. gelang es Athen zusammen mit Erythrea, Ionien und Sparta, den Vormarsch der Perser nach Westen zu stoppen. Dieser Sieg stärkte das Selbstbewußtsein Athens, führte zur Befestigung der Stadt und darüber hinaus im ägäischen Raum zur Gründung einer Militär- und Wirtschaftsunion, in der Athen wiederum die führende Rolle einnahm. Athen verfügte damit über die notwendigen wirtschaftlichen und sicherheitspolitischen Voraussetzungen für die nun einsetzende kulturelle Entwicklung.

ATHENS DEMOKRATIE

Für den Aufstieg Athens erwies sich dessen einzigartiges politisches System als äußerst förderlich. Dieses System, das über zwei Jahrhunderte Bestand hatte, würde man heute als Demokratie in ihrer reinsten Form bezeichnen, als eine wirkliche Herrschaft des Volkes. Denn in Athen nahmen alle Bürger der Stadt am Prozeß der politischen Willensbildung und Entscheidungsfindung teil.

Von den etwa 300 000 Einwohnern Athens galten allerdings lediglich 35 000 als 'Bürger'. Frauen und Sklaven waren vom Bürgerrecht ausgeschlossen, ebenso all jene, deren Väter keine Bürger Athens waren. Die Bürger Athens bildeten zusammen die gesetzgebende Versammlung, die den Stadtstaat regierte. Die Staatsgeschäfte selbst wiederum wurden von den Mitgliedern des Staatsrats geführt, der aus 500 Bürgern bestand, die jeweils per Los für diese Aufgabe bestimmt wurden. Jeder Bürger konnte nur zweimal in den Staatsrat berufen werden, das heißt umgekehrt, daß jeder Bürger im Lauf seines Lebens mindestens einmal als Mitglied des Staatsrats fungierte. Im historischen Vergleich ist die antike griechische Demokratie also absolut herausragend, einzigartig und unübertroffen.

MARATHON – SIEG ÜBER DIE PERSER: DIESER SIEG IM JAHR 498 V.CHR. BEGRÜNDETE ATHENS VORMACHTSTELLUNG IM 5. JAHRHUNDERT.

SPARTAS ÜBERMACHT

Im Jahre 404 verlor Athen den Peleponnesischen Krieg gegen Sparta und somit seine politische Vormachtstellung in der Ägais. Die autoritäre Herrschaft Spartas, einer Oligarchie, ging als die „Herrschaft der Dreißig Tyrannen" in die Geschichte ein. Die als klassische Antike bezeichnete Ära der griechischen Zivilisation und Kultur zerfiel dann endgültig im Zuge der kriegerischen Expansionspolitik Alexanders des Großen sowie des späteren Vordringens der Römer in den östlichen Mittelmeerraum.

Im antiken Griechenland war die Mythologie ein fundamentaler Bestandteil des Lebens. Ihre Bedeutung verdankt sie vor allem der Tatsache, daß es in der Zeit vor dem Entstehen einer eigentlichen Schriftsprache (ca. 700-100 v.Chr.) keine historischen Aufzeichnungen gab. Aus diesem Grunde spielten in der griechischen Geschichte und Philosophie mythische und mystizistische Überlieferungen eine so große Rolle. Auch wenn die drei großen Philosophen der klassischen griechischen Antike – Sokrates, Platon und Aristoteles – sich dagegen wehrten, die Lehre von den Göttern zu verbreiten, so bestritt doch keiner von ihnen die Existenz einer außerhalb des Menschen bestehenden Autorität.

GRIECHISCHE MYTHOLOGY

Ödipus und die Sphinx von Ingres (1780-1867)
In seiner *Poetik* beurteilt Aristoteles die Geschichte des Ödipus, so wie Sophokles sie in seinem Drama darlegt, als eine perfekte Tragödie. In unserer modernen Zeit haben Gelehrte wie Nietzsche und Freud die Geschichte des Ödipus wieder aufgegriffen, um damit bestimmte Aspekte ihres Denkens zu veranschaulichen.

DIE GRIECHISCHEN GÖTTER

Die Griechen verehrten ihre Götter nicht auf Grundlage festgelegter Glaubenssätze, und sie leiteten aus ihrer Religion keinen moralischen Verhaltenskodex ab. Ihre Götter stellten somit nicht die Inkarnation einer absoluten Moral dar, wie wir dies heute in vielen Religionen finden, sie waren keine schlichte Verkörperung des Guten beziehungsweise des Bösen. Die griechische Götterwelt erhielt erst im Zuge von Homers Darstellung der Götter als Wesen in menschlicher Gestalt eine Art weltliche, greifbare Dimension. Der Rat der Götter diente dazu, die Probleme des täglichen Lebens zu meistern, darüber hinaus repräsentierten sie auch bestimmte Bereiche des Lebens. Dionysos zum Beispiel war der Gott der Fruchtbarkeit und wurde überall sehr verehrt. Er verdankte seine Beliebtheit zum Teil auch der Tatsache, daß man ihn zugleich als Gott der Trunkenheit und des Hedonismus betrachtete, womit er vor-rationale Werte symbolisierte, die vielen Griechen gerade in den Zeiten eines fortschreitenden rationalen Rigorismus sehr sympathisch waren.

PHILOSOPHIE VERSUS MYTHOLOGIE

Die Werte, die die griechische Mythologie vermittelte, waren für die einen durchaus angenehm, wohingegen sie für andere die Durchsetzung rationaler Erkenntnisse erschwerten. Dieses Spannungsfeld erwies sich für die griechische Klassik als eine unerschöpfliche Quelle philosophischer Spekulationen, aber auch sozialer Konflikte. Die meisten bedeutenden griechischen Philosophen stammten aus aristokratischen Familien und betrachteten vieles, was

Oben: *Die Göttin Athene verkleidet Odysseus als Bettler*, von Giuseppe Mantua (1717-84). Unten: Sigmund Freud ging davon aus, dass sich in der Geschichte des Ödipus' unbewusste Triebe des Menschen darstellen.

„Wie denn anders konnten wir fortfahren mit passenden Unwahrheiten … als durch eine edle Lüge die Herrscher zu überreden, ohne der Polis zu schaden." Platon, „Politeia"

die Verehrung der Götter betraf, als rückwärtsgewandt, als barbarisch, das heißt unzivilisiert. Diese Haltung läßt sich sehr deutlich in der Philosophie Platons erkennen, der dafür plädierte, das mythische Denken (mythos) strikt vom rationalen Denken (logos) zu trennen. Dennoch machte sich auch Platon die Mythologie zunutze, um moralische Vorstellungen zu begründen, von denen er glaubte, daß diese im ausschließlich philosophischen Dialog nicht in angmemessener Weise erläutert werden können. Wesentlich erstaunlicher bleibt jedoch die Tatsache, daß eine Vielzahl der Reibungspunkte zwischen Mythologie und Rationalismus als Konflikte zwischen verschiedenen Gottheiten dargestellt wurden. Götter wie Dionysos und Aphrodite (die Göttin der Liebe) wurden beispielsweise den Göttern des Olymps entgegengesetzt, die ihrerseits die eher sachlichen, praktischen Werte des Lebens repräsentierten.

MYTHOLOGIE UND PHILOSOPHIE

Überraschenderweise spielt die griechische Mythologie in der westlichen Philosophie eine äußerst bedeutende Rolle. Überraschenderweise deshalb, weil die griechische Philosophie ja gerade zu einem Großteil aus dem Konflikt mit eben jener Mythologie entstanden ist. Das wohl berühmteste Beispiel aus der Mythologie im modernen Denken ist Freuds Beschreibung des Ödipuskomplexes. Friedrich Nietzsche benutzte den Dionysos-Mythos, um das Irrationale und Hedonistische zu veranschaulichen, das seiner berühmten Vision vom Übermenschen eingeschrieben ist. Sowohl Nietzsche als auch Freud sind Beispiele für jüngere Tendenzen in der westlichen Philosophie, jenes menschliche Empfinden zu erklären, das im völligen Kontrast zu den philosophischen Überlegungen der Aufklärung steht, die den Menschen ausschließlich seiner Ratio wegen als ein völlig selbständiges Wesen glorifizierte.

Der Philosoph Thales von Milet glaubte, dass die Welt vollständig aus Wasser besteht.

Die griechische Philosophie wird in zwei Epochen unterteilt – in jene, die Sokrates vorausging, und jene, die ihm folgte. Denn es war allen voran Sokrates, der die Philosophie, die „Liebe zur Weisheit", gegen die Lehre von den Göttern verteidigte. Dennoch darf man die Philosophen vor Sokrates keineswegs für unbedeutend halten. Tatsächlich bezieht sich gerade die heutige Philosophie in hohem Maße auf die Vorsokratiker, deren Werke dadurch so etwas wie eine Renaissance erleben. Die Vorsokratiker betrachteten die Welt mit Neugier und Staunen, einer Haltung, die sich bei Platon oder Aristoteles gänzlich verliert.

DIE VOR-SOKRATIKER

In Raffaels *Erschaffung der Tierwelt* dokumentiert sich jener vorsokratische Blick, der nicht der geistigen, sondern der physischen, der realen Welt galt.

URSPRÜNGE DER PHILOSOPHIE

Oftmals wird davon ausgegangen, daß die Philosophie aus dem Widerstreit mit der Religion hervorgegangen sei. Diese Annahme entspringt in erster Linie dem modernen Verständnis von Philosophie. Die Philosophie der griechischen Antike entwickelte sich tatsächlich in viel stärkerem Maße auf der Basis einer tiefwurzelnden Neugierde als auf der Basis irgendwelcher Bestrebungen, das Denken der Menschen zu säkularisieren. Ihren Ausgang nahm die griechische Philosophie von Milet aus, einer reichen Handelsstadt in Ionien, deren Philosophen (die Schule von Milet) sich vor allem mit der realen, der physischen Welt befaßten. Die Überlegungen dieser Philosophen drehten sich vor allem um jene Substanz oder Substanzen, die die Welt begründet haben. Thales, der berühmteste der Philosophen von Milet, ging davon aus, daß die Welt ganz und gar aus Wasser gebildet sei, während Anaximander glaubte, daß Luft, Wasser und Feuer jene drei Substanzen seien, die die Welt geformt haben. Anaximenes wiederum dachte, daß der eigentliche Ur-Stoff, aus dem die Welt besteht, die Luft sei.

Michele Tedescus Gemälde zeigt die Ankunft der Sybariten in der Schule des Pythagoras. Die Mitglieder des Pythagoräer-Bundes lebten nach strengen Regeln.

DIE PYTHAGORÄER

Der bemerkenswerteste der vorsokratischen Philosophen war sicherlich Pythagoras. Er gilt allgemein nicht nur als Erfinder der Mathematik, sondern auch als Begründer einer Art religiös-politischen Gemeinschaft, des Pythagoräer-Bundes. Gemäß seiner Lehre „beruhen alle Dinge auf Zahlen“. Dieses nahezu obsessive Verhältnis zu Zahlen ermöglichte es Pythagoras, einige grundlegende Lehrsätze der Mathematik und Geometrie zu formulieren, die bis heute Gültigkeit haben. Die Bedeutung, die dieses mathematische Denken für die Philosophie hat, liegt gerade in der Idee, daß alle grundlegenden Prämissen der Wahrheitsfindung aus selbstidentischen Wahrheiten abgeleitet werden können, das heißt letztendlich aus mathematischen Wahrheiten. Die Mitglieder des Pythagoräer-Bundes lebten nach einem äußerst strikten Verhaltenskodex. Dieser Kodex untersagte eine Vielzahl von Aktivitäten. Vieles, was dieser Bund predigte, scheint heute befremdlich. Einer seiner greifbaren Glaubenssätze war jener, daß Ordnung, Form und Gestalt Qualitäten des Guten seien, während Unordnung, Dunkelheit und Undefiniertheit solche des Schlechten, des Bösen seien. Diese Sichtweise fand ihren Ausdruck auch schon in der griechischen Mythologie, die das rational Unerklärbare als generell schlecht beziehungsweise böse betrachtete.

EINE WELT OHNE STRUKTUR

Für Parmenides war Wirklichkeit etwas Unteilbares und Unendliches. Er betrachtete die Welt als ein Ganzes, in sich Bruchloses, und er glaubte demgemäß auch, daß es keine Rangunterschiede, keine Hierarchie der Existenzformen gäbe. Für ihn stellte sich die Welt nicht als eine statische Struktur dar, denn dies hätte in seinen Augen bedeutet, daß es etwas gäbe, was außerhalb dieser Welt existiert. Somit bestand für ihn die Welt aus einem absolut Einzigen und nicht aus getrennten, miteinander verbundenen beziehungsweise aufeinander bezogenen Teilen. Daraus folgte für ihn aber auch, daß es keine Veränderung geben kann, da Veränderung genau jener Eigenschaft der Welt, unteilbar zu sein, widersprechen würde.

Pythagoras ging davon aus, dass alles Denken und Sein auf mathematischen Relationen beruht.

Sokrates schrieb nichts, vielmehr zog er es vor, seine Ideen in öffentlichen Debatten und durch öffentliches Lehren zu verbreiten. Doch trotz dieses Mangels an schriftlichen Dokumenten haben seine Ideen überlebt und auf seine Nachfolger einen ungeheuren Einfluß ausgeübt. Die Philosophie als Ganzes, besonders die Werke von Platon und Aristoteles, verdanken seinen Ideen unendlich viel. Ähnlich wie viele andere große Denker kämpfte, ja litt Sokrates für seine Überzeugung, aber selbst angesichts des Todes weigerte er sich, sie aufzugeben.

SOKRATES (469–399 V.CHR.)

DIE TRAGIK SEINES LEBENS

Im Jahr 399 v.Chr. wurde Sokrates im Alter von 70 Jahren von Athens Richtern zum Tod verurteilt, nachdem ihn zuvor eine Jury für schuldig befunden hatte, die in Athen gültigen Doktrinen angefochten zu haben. Seine Ankläger sagten von ihm: „Sokrates tut Verderbliches, er ist ein neugieriger Mensch, der die Dinge im tiefsten Innern der Welt und hoch über den Himmeln zu erforschen sucht; er läßt das Schlechtere als das Bessere erscheinen und belehrt hierüber sogar noch alle anderen."

Der eigentliche Vorwurf gegen Sokrates war, daß er sich weigerte, die Götter Athens anzuerkennen, sein tatsächliches „Verbrechen" aber bestand in seinem unbeugsamen Willen. Die meiste Zeit seines Lebens begnügte sich Sokrates mit einem bescheidenen Einkommen und verbrachte seine Tage damit, Philosophie zu lehren und mit anderen Bürgern der Stadt heftig zu diskutieren. Schäbig gekleidet, exzentrisch und bekanntermaßen häßlich, legte Sokrates absolut keinen Wert auf die Annehmlichkeiten und Notwendigkeiten des Lebens. Dennoch schuf er sich mit seinem philosophischen Enthusiasmus auch eine ganze Reihe von Feinden. Eine seiner bevorzugten Techniken, seine Mitbürger argumentativ zu schlagen, war es, jene Politiker, die für sich eine sozusagen höhere Weisheit beanspruchten, persönlich bloßzustellen, indem er demonstrierte, über wie wenig Kenntnisse sie eigentlich verfügten. Denn, so argumentierte er, die Politiker seien die Hauptverantwortlichen für die intellektuelle Vorspiegelung falscher Tatsachen, und die meisten von ihnen seien zudem intellektuell nicht dazu in der Lage, politische Verantwortung zu übernehmen. Diese Meinung war natürlich bei all jenen äußerst unbeliebt, die die demokratischen Werte des athenischen Staates hochhielten, und so war es auch nicht allzu überraschend, daß Sokrates eines Tages für seine Meinung hart bestraft wurde.

DIE BEDEUTUNG DER TUGEND

Ein genaues Studium der sokratischen Philosophie ist praktisch unmöglich, da es keinen einzigen Originaltext gibt, auf den man sich be-

OBEN LINKS: AUFGRUND SOKRATES' ARGUMENT ZU SEINER VERTEIDIGUNG, DASS ES KEINE HÖHERE TUGEND ALS JENE DES WISSENS GÄBE, WURDE DIESES VERFAHREN EIN MEILENSTEIN IN DER GESCHICHTE DER PHILOSOPHIE.

ziehen könnte. Die einzige zuverlässige Quelle ist Platon, der seine eigene Philosophie in Form von fiktionalen Dialogen mit Sokrates dargelegt hat. Sokrates' Betonung der Tugend lenkte die Philosophie, die vorher vor allem darum bemüht war, die physische Welt zu erklären, in eine neue Richtung. Laut Sokrates ist die Tugend eine Fertigkeit, etwa vergleichbar jener des Schreiners oder Schuhmachers, und deshalb sollte auch die Tugendlehre Experten vorbehalten sein. Um jedoch ein Experte in Sachen Tugend zu werden, bedarf es eines wirklich eingehenden Studiums all jener Werte, die Tugend oder tugendhaftes Verhalten bestimmen. Sokrates ging davon aus, daß die Bürger, die Athen regierten, der Tugend gegenüber ignorant seinen. Diese Ignoranz jedoch war seiner Meinung nach der Grund allen Übels.

DIE WEISHEIT, NICHTS ZU WISSEN

Im Lauf seines Gerichtsverfahrens formulierte Sokrates einen seiner berühmtesten Sätze: „Gott allein ist weise, und durch seine Worte will er uns zeigen, wie wenig wir Menschen wissen oder nichts ... Jener aber, Ihr Männer, ist der Weiseste, der wie Sokrates weiß, daß sein Wissen im Grunde keinen Wert besitzt." Damit bekennt Sokrates äußerst freimütig, daß er nichts weiß; eben dadurch beansprucht er, daß er aufgrund der Tatsache, daß er weiß, daß er nichts weiß, allemal mehr weiß als andere. All jene Menschen aber, die behaupten, das Wissen über die menschliche Existenz zu besitzen, sind im Hinblick auf das absolute Wissen Gottes in trügerischen Vorstellungen verfangen. Sokrates ging davon aus, daß ein Leben, das die Tugend der Erkenntnis, des Wissens negiere, ein vollständig wertloses Leben sei.

„Bürger Athens, ich ehre und liebe Euch; doch ich werde Gott mehr gehorchen als Euch, und solange ich lebe und die Kraft dazu habe, werde ich niemals aufhören, Philosophie zu praktizieren und zu lehren..."

OBEN: TROTZ DES DROHENDEN TODESURTEILS WEIGERTE SICH SOKRATES SEINE ÜBERZEUGUNG AUFZUGEBEN.
RECHTS: IN DEN MYTHEN, DIE SICH UM SOKRATES RANKEN, SPIEGELT SICH AUCH DER FÜR DIE GRIECHISCHE ANTIKE BEZEICHNENDE HANG ZUR TRAGÖDIE.

Obwohl die Geschichte der Philosophie lange vor ihm begann, behaupten viele, wirkliches Philosophieren habe erst mit Platon begonnen.

Platons Beitrag zum griechischen Denken und zur Geschichte der Philosophie kann nicht hoch genug eingeschätzt werden. Tatsächlich hat wohl kein anderer Philosoph einen derart großen Einfluß auf unser Denken ausgeübt wie Platon. Dies liegt vor allem daran, daß seine Schriften nicht nur als große philosophische Werke von Bedeutung sind, sondern auch als Dokumente, die unsere gesamte westliche Kultur begründet haben.

PLATON (427–347 v. Chr.)

DER KÖNIG DER PHILOSOPHEN

Platon, 427 v.Chr. geboren, entstammte einer der politisch einflußreichsten Familien in Athen und schien somit von Geburt an dazu bestimmt, im Stadtstaat Athen ein politisches Amt zu bekleiden. Als Heranwachsender begeisterte er sich jedoch derart für die Philosophie des Sokrates, daß er beschloß, auf eine politische Karriere zu verzichten. Die Hinrichtung seines Mentors im Jahr 399 v.Chr. raubte ihm zusätzlich jegliches Vertrauen in die Politik des Stadtstaates. Zutiefst betroffen über die Art und Weise, wie man in Athen mit Sokrates umgegangen war, entwickelte Platon fortan ein tiefes Mißtrauen gegenüber Politikern.

In seinen Bemühungen, das Erbe Sokrates zu bewahren, widmete Platon sein Leben der Philosophie. Sein Interesse für die Philosophie war jedoch kein ausschließlich akademisches, und trotz seines Mißtrauens gegenüber den Politikern gründete er 387 v.Chr. in Athen die Akademie – eine Institution, die dazu bestimmt war, Politiker auszubilden und auf ihr Amt vorzubereiten. Darüber hinaus versuchte er, wenn auch erfolglos, Dionysos I. und Dionysos II., die Herrscher von Syrakus auf Sizilien, in Philosophie zu unterrichten.

PLATONS KOSMOS

Die Zeit, in der Platon sein Werk verfaßte, war für Athen eine äußerst turbulente Zeit, und so kann es nicht überraschen, daß Platon die Welt, in der er lebte, als eine im Niedergang begriffene betrachtete. Der Grund war für Platon die Tatsache, daß die Welt „... von Menschen regiert wird, die nicht in der Lage sind, die Makellosigkeit der Dinge zu verstehen, gegenüber dieser Untergang nur relativ ist."

Platon ging davon aus, daß die Welt aus sinnlich Wahrnehmbarem, aus Körpern (beispielsweise Vögel oder Bäume) und aus Ideen, bisweilen auch Formen genannt (zum Beispiel Tugend oder Gleichheit) besteht. Ideen sind, so Platon, unvergänglich, unwandelbar, ein für allemal geschaffen, und nur an ihnen kann der Wert von Dingen oder Handlungen bemessen werden. In ihrem reinsten Wesen bildet die eigentliche, wahre Erkenntnis der Ideen das, was Platon unter Wissen versteht – und im Griechenland der

Um 387 v. Chr. gründete Platon die Akademie in der Absicht, hier die „Philosophen-Könige“ heranzubilden.

Antike war Wissen gleichbedeutend mit Tugend. „Wissen“ und bloßes „Meinen“ waren für Platon klar voneinander zu unterscheiden. Ausschlaggebend für diese Auffassung war Platons Überlegung, daß das „Meinen“ von den Sinnen hervorgebracht werde (dem eigenen Erwägen, Wünschen und Dafürhalten), während das Wissen von einer sehr viel höheren Instanz herrührt, nämlich von einer Art überweltlichen Autorität. Als Kontrollinstanz für das Wirken der Sinne setzte Platon nun die Gerechtigkeit ein, da allein diese Tugend in seinen Augen die Befriedigung des Wollens und Wünschens, das heißt der Interessen aller, gewährleisten konnte. Gerechtigkeit bestand für ihn somit also in dem Bestreben, sicherzustellen, daß keiner auf Kosten eines anderen seine Interessen durchsetzte.

Platons politische Utopie

Bis heute im öffentlichen Bewußtsein geblieben ist sein Begriff der platonischen Liebe. Allerdings wird der Begriff meist mißverständlich gebraucht, denn Platon hat nichts einzuwenden gegen körperliche Liebe. Er fordert lediglich einen behutsamen Umgang damit, um das gesellschaftliche Ganze nicht zu gefährden. Deshalb hat er auch in seiner wohl berühmtesten Schrift *Politeia* (um 375 v. Chr.) seinen Idealstaat beschrieben. In Platons Staat müssen alle Bedürfnisse und Fähigkeiten des Einzelnen dem gesellschaftlichen Ganzen ein- und untergeordnet werden. Seines Erachtens bringt die Vielfalt und Freiheit innerhalb einer Demokratie zwar kurzfristig viele Vorteile, schadet aber langfristig der Gesellschaft als Ganzem. Deshalb sollten die Herrscher Philosophen sein, weil sie am besten dazu befähigt sind, wirklich allen, dem Ganzen zu dienen. Ein Großteil von Platons *Politeia* beschäftigt sich mit der Frage, wie solch ein Philosophen-König am besten seine Untertanen einsetzen könne, um eine vollkommene Gesellschaft zu schaffen.

Platons Erbe

Sein Erbe ist so groß und umfassend, daß es wohl kaum einen späteren Philosophen gibt, der ihm nichts verdankt. Seine Ideen und Theorien sind weitgehend Fundamente der christlichen Theologie geworden. Seine politischen Vorstellungen sind auch heute keineswegs erledigt.

Arcadia von Sannazaro – In Platons Idealstaat sollte es drei Gruppen von Bürgern geben: Wächter, Soldaten und das einfache Volk.

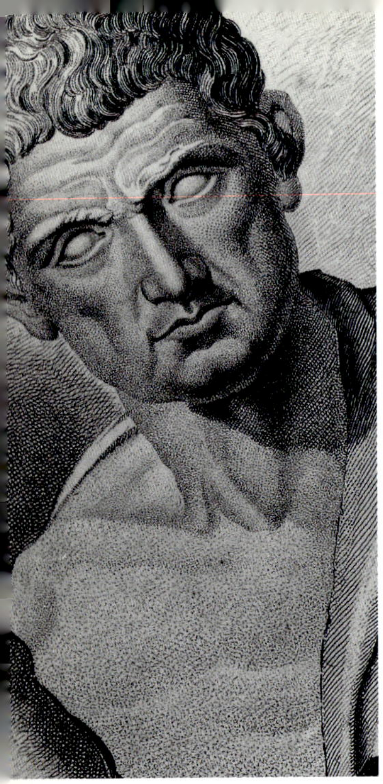

Aristoteles arbeitete methodischer und systematischer als die anderen großen griechischen Philosophen des Altertums. Im Unterschied zu Sokrates und Platon war er nicht von leidenschaftlicher Gerechtigkeitssuche innerhalb der absoluten Weisheit der Philosophie getrieben. Für Platon stellten Wissen und Gerechtigkeit untrennbare Werte dar, während sie für Aristoteles nur in einer eher lockeren Verbindung standen. Aristoteles wurde in Stagira in Thrakien geboren. Im Alter von 18 Jahren zog er nach Athen und schloß sich der Platonischen Akademie an. Er blieb bis zum Tod Platons an der Akademie und reiste dann nach Mazedonien. Dort wurde er Lehrer des jungen Alexander des Großen. Man weiß sehr wenig über die Beziehung der beiden, und es wäre sicher unklug, in Alexander die Verkörperung aristotelischer Lehren zu sehen. Aristoteles verfaßte seine bekanntesten Werke, als er nach Athen zurückgekehrt war und seine eigene Schule gegründet hatte.

ARISTOTELES (384–322 v. Chr.)

Oben: Die Agora bildet das Herz der attischen Demokratie, die Aristoteles einer heftigen Kritik unterzog.

Logik

Die „Logik" des Aristoteles, die in sechs seiner frühen Schriften überliefert ist, bildet eine derart systematische Philosophie, daß sie alles übertrifft, was in den folgenden 2000 Jahren in diesem Bereich schriftlich niedergelegt wurde. Dieses System ist zu vielschichtig, um es hier angemessen zusammenfassen zu können; die Hauptthese des Werkes besteht im Aufbau einer Theorie der Auslegung, die Aristoteles als Rüstzeug für das Erkennen wahrer Aussagen entwickelte. Dieses Grundgerüst war in erster Linie ein Syllogismus (d.h. eine Art der Argumentation, die auf zwei Voraussetzungen und einem Schluß beruht). Ein Beispiel: Einige Tempel liegen in Ruinen; alle Ruinen haben etwas Faszinierendes; also sind einige Tempel faszinierend. Rund um diese einfache logische Grundfigur baute Aristoteles ein kompliziertes System von logischen Regeln auf, die bis ins Mittelalter hinein großen Einfluß auf viele Gebiete des menschlichen Denkens gewannen oder sie sogar dominierten. Es ist der aristotelischen Lehre von der Logik zu verdanken, daß sich die Vorrangstellung der deduktiven Logik etablieren konnte.

Form und Substanz

Die Metaphysik des Aristoteles (d.h. das philosophische Verständnis der Wirklichkeit) ist im Wesentlichen nur eine Abänderung der Ideenlehre Platons. Deshalb liest sie sich streckenweise auch wie der Versuch, Platons zahlreiche Übertreibungen etwas abzumildern. Zwei Hauptaspekte in der Metaphysik des Aristoteles lassen sich herausarbeiten: Da ist zum einen die Unterscheidung, die er macht zwischen dem „Universellen" und dem, was er als bloße

„Form" oder „Substanz" bezeichnet; andererseits unterscheidet er drei unterschiedliche Substanzen, die die Wirklichkeit konstituieren. Jede dieser Substanzen verfügt über ein elementares Wesen. Diese drei Substanzen sind: 1. die vernunftmäßigen und vergänglichen (d.h. Tiere und Pflanzen); 2. die vernunftmäßigen und nicht-vergänglichen (d.h. Menschen, denn sie haben eine vernunftbegabte Seele); 3. die weder vernünftigen noch vergänglichen (d.h. Gott).

„Denn der Mensch ist das beste aller Tiere, wenn er seine volle Entwicklung durchlaufen hat, das schlechteste von allen aber, wenn er getrennt ist von Gesetz und Gerechtigkeit."

VERNÜNFTIG/VERGÄNGLICH	VERNÜNFTIG, NICHT VERGÄNGLICH	HÖHERE AUTORITÄT
TIERE/PFLANZEN	MENSCHEN	GOTT
PRIVATSPHÄRE	ÖFFENTLICHER BEREICH	RELIGION/MORAL
HAUSHALT/FRAUEN	RATIONAL DEBATTE/POLITIK	ABSOLUTES WISSEN
SKLAVEN	BÜRGER	PRIESTER

DIE POLITIK

In seiner *Politik* schreibt Aristoteles: „Der Mensch ist von Natur aus ein gesellschaftliches Tier." Er meint damit, daß der Mensch instinktiv nach Selbsterhaltung strebt und zu diesem Zweck Gemeinschaften bildet. Die höchste Form einer solchen Gemeinschaft ist der Staat; ein Staat ist also das natürliche Ergebnis gesellschaftlicher Erfahrung der Menschen. Frauen und Sklaven sind jedoch nur Objekte politischer Entscheidungen und nicht selbst daran beteiligt. Aristoteles kennt drei Staatsformen: die Monarchie, die Aristokratie und die Demokratie. Unter gewissen Bedingungen hielt er eine Monarchie für annehmbar, aber im großen und ganzen bevorzugte er die Demokratie. In der Demokratie des Aristoteles führten die Politiker oder Bürger, wie er sie nannte, ein mußevolles Leben. Denn um seine Aufgaben zu erfüllen, mußte ein Bürger gänzlich frei sein von Alltagssorgen, die ihn daran hindern könnten, völlig vernunftmäßig zu denken und zu handeln. „Bürger sollten keine Handwerker oder Händler sein, denn solch eine Existenz ist unwürdig und der Tugend abträglich." Obwohl Aristoteles' Vorstellung von Demokratie sich in großem Maße den politischen Strukturen des athenischen Stadtstaates verpflichtet fühlte, nahm er doch so einiges in ihm kritisch unter die Lupe.

DAS VERMÄCHTNIS DES ARISTOTELES

Wie auch das Platonische Erbe, ist das Erbe des Aristoteles unermeßlich und sein Einfluß noch immer spürbar. Der Teil seiner Philosophie, der auf die nachfolgenden Kulturen den größten Einfluß ausübten sollte, war seine „Metaphysik". Bis zum Mittelalter stellte die „Logik" des Aristoteles das Musterbeispiel wissenschaftlicher Lehre dar, und Spuren seiner Metaphysik finden sich noch heute in der katholischen Theologie. In der politischen Philosophie bildet Aristoteles' Verständnis von Demokratie den Hintergrund für die Diskussion heute zeitgemäßerer Ideen.

ARISTOTELES ALS LEHRER DES JUNGEN ALEXANDER DES GROSSEN, DER SPÄTER SEIN WELTREICH VOM BODEN DES KLASSISCHEN GRIECHENLAND AUS ERRICHTETE.

GRIECHISCHE SKEPTIKER

In jeder Menschheitsepoche, in der sich Fortschritt und Aufklärung Bahn brachen, gab es einerseits Ewiggestrige, die sich nach Zeiten zurücksehnten, als das Leben angeblich noch weniger schwierig war, andererseits auch Zyniker und Skeptiker, die den alten und neuen Weisheiten mißtrauten. Meist nistet sich skeptisches Gedankengut gerade dann ein, wenn die Umstände den Zerfall der Aufklärungsepoche bereits erahnen lassen. So war es auch im antiken Griechenland. Hinterfragt wurden die Philosophien der großen attischen Denker jedoch erst so richtig, als die Vorherrschaft des athenischen Stadtstaates, der sich im Zangengriff des Alexanderreiches befand, zu verblassen begann. Zwei Schulen des philosophischen Pessimismus – die Kyniker und die Skeptiker – entstanden in dieser Epoche. Die zweite entwickelte sich zu einer der großen Denkschulen innerhalb der griechischen Philosophie.

KYNISMUS

Der bekannteste Kyniker des antiken Griechenland war Diogenes. Der heutige Gebrauch des Wortes „zynisch“ geht auf seine Lebensumstände zurück. Kynisch war das griechische Wort für „hündisch“, und es traf auf Diogenes zu, weil er wie ein Hund lebte und alle Vorschriften hinsichtlich Kleidung, Essen und Wohnen zurückwies. Er lebte seine eigene Philosophie; alles was er besaß, konnte er mit sich herumtragen. Ironischerweise war Diogenes' Hauptanliegen als Philosoph das menschliche Glück. Jedoch vertrat er im Gegensatz zu den zeitgenössischen Philosophen die Ansicht, daß die Menschen nicht all den kulturellen Segen bräuchten, den die großen philosophischen Lehren für das Glück der Menschheit für unabdingbar hielten. Er hingegen sah darin sogar die Quelle menschlichen Elends. Nach Diogenes verschwenden wir die meiste Zeit unseres Lebens damit, Dinge zu erwerben, die entweder unnötig sind oder uns bereits gehören. Diese

OBEN: „DIOGENES VON SINOPE“ – DER GRÜNDER DER SCHULE DER KYNIKER. DIOGENES STREBTE NACH EINEM LEBEN IN VÖLLIGER TUGENDHAFTIGKEIT, FREI VON IRDISCHEN GÜTERN.

Art der Selbstquälerei schränke jedoch die Bewegungs- und Denkfreiheit des einzelnen ein. Man könne ebenso leicht die Freuden des Lebens genießen ohne den überall als unverzichtbar erachteten zivilisatorischen Ballast. Diogenes beurteilte das Streben seiner philosophischen Zeitgenossen mit der gleichen Einstellung. Er glaubte, daß zu viele von ihnen mit der Lösung von Scheinproblemen beschäftigt seien. Eine Anekdote aus dem antiken Griechenland illustriert diese Haltung. Die Geschichte erzählt den Vorfall, als Alexander der Große auf Diogenes zutritt, um seine Freundschaft zu gewinnen und ihm verspricht, jeden seiner Wünsche zu erfüllen. Diogenes nahm gerade ein Sonnenbad und so erwiderte er auf Alexanders Angebot schlicht: „Geh' mir aus der Sonne!"

OBEN: *ALEXANDER DER GROSSE VOR DEM LEICHNAM VON DARIUS III.*, 330 V. CHR. SOWOHL KYNIKER ALS AUCH SKEPTIKER VERFASSTEN IHRE SCHRIFTEN ZU ZEITEN ALEXANDERS, DESSEN GEWALTIGES WELTREICH DER ÄRA DER GRIECHISCHEN STADTSTAATEN EIN ENDE BEREITETE. RECHTS: *DIE FAMILIE VON DARIUS VOR ALEXANDER DEM GROSSEN* – DIOGENES SCHICKTE DEN SCHÜLER VON ARISTOTELES WIEDER FORT.

SKEPTIZISMUS

Der griechische Skeptizismus war im Gegensatz zum Kynismus keine praktische Lebensphilosophie. Stattdessen äußerte er sich lediglich als skeptische philosophische Antwort auf andere Denkschulen. Der Vater des griechischen Skeptizismus war Pyrrho, der Anfang des dritten Jahrhunderts v. Chr. lehrte. Nach Pyrrho waren die Kenntnisse, die Platon, Aristoteles und andere angehäuft hatten, völlig vergeblich erworben, da sich niemand seines Wissens über die Welt sicher sein könne. Die Skeptiker halten Erkenntnisse über die Natur für bloße Behauptungen, aber diese Behauptungen dürfen nicht so mit den beschriebenen Gegenständen verbunden sein, daß es unmöglich ist, sich ihrer Wahrheit zu versichern. Deshalb lassen sich wahre Aussagen niemals bestätigen; die Dinge in sich selbst sind getrennt von den Versuchen ihrer Beschreibung.

In vieler Hinsicht erinnert der Skeptizismus als griechische Philosophie an eine vollständige Kehrtwende zurück zu dem Philosophen, der ihr ursprünglich seine Energie spendete, zu Sokrates. Denn es war Sokrates, der verkündete: „Die Weisesten sind jene, die wissen, daß sie nichts wissen". Sokrates' Begeisterung für die Philosophie inspirierte Platon und Aristoteles, kühne Theorien zu formulieren; in gewisser Weise wollten die Skeptiker den Nachfolgern seine Botschaft wieder in Erinnerung rufen.

LINKS: *DIE MÜHLE* VON SIR EDWARD BURNE-JONES. DER URSPRUNG DIESER BOHÈME-SZENE GRÜNDET IN DER FREIGEISTIGEN EINSTELLUNG DER KYNIKER.

وكاد يزعزع الجمال الشمر وانشد

ما الحج سيرك تأويبا وإدلاجا ولا اغتيامك أجمالا وأحداجا

الحج أن تقصد البيت الحرام على تجريدك الحج لا تبغي به حاجا

وتمتطي كاهل الإنصاف متخذا ردع الهوى هاديا والحق منهاجا

ÖSTLICHE WEISHEIT

Die Religion hat eine zentrale Rolle in der Geschichte der Philosophie gespielt. Im östlichen Denken ist beides kaum unterscheidbar. Auch im Westen hat das Denken Buddhas, Konfuzius' und Lao-tses mehr und mehr an Einfluß gewonnen.

KAPITEL ZWEI

Erst in neuerer Zeit hat sich die Vorstellung durchgesetzt, Philosophie als eigenständiges Gebiet außerhalb von Theologie und religiöser Lehre zu betrachten. Seit dem 17. Jahrhundert begannen sich Philosophen klar gegenüber den Theologen abzugrenzen. Aber selbst die Aufklärung löste die Philosophie nicht endgültig aus ihren religiösen und theologischen Bindungen. Die moralischen und ethischen Schriften der westlichen Philosophen weisen eine enge Verquickung mit dem Christentum auf. Die Philosophie verfügt zumeist auch über messianische Qualitäten, die sich oft in geschichtlichen Berichten äußern oder in die großen Utopien Eingang gefunden haben. Deshalb ist uns heute zwar die Unterscheidung zwischen Philosophie und Theologie geläufig, dennoch sind religiöse Fragen nach wie vor das zentrale Thema so mancher Philosophie.

RELIGION UND PHILOSOPHIE

BUDDHISTISCHE MÖNCHE VOR DEM RANGOON – TEMPEL IN BIRMA. DER BUDDHISMUS BASIERT EBENSO AUF THEOLOGIE WIE AUF PHILOSOPHIE.

GIBT ES EINEN GOTT?

Jahrtausendelang haben sich Philosophen hauptsächlich mit der Frage beschäftigt, ob es Gott gibt. Zahlreiche, auf den ersten Blick nicht-theologische Versuche wurden unternommen, die Existenz oder Nichtexistenz eines höheren Wesens zu beweisen. René Descartes, der vielen als Stammvater der Aufklärung gilt, war der Meinung, die Idee eines allmächtigen Gottes sei so tief in den Köpfen der Menschen verankert, daß sie Gott selbst dort plaziert haben müßte. Die Existenz Gottes zu beweisen, war für das Werk Descartes' von größter Bedeutung, obwohl es paradoxerweise einen der bedeutendsten Beiträge zur Säkularisierung der westlichen Welt darstellte.

Alle Versuche der Philosophie, positive oder negative Gottesbeweise zu führen oder zu interpretieren, waren und sind problematisch. Denn dies ist eine Frage, in der die Philosophen ihre Ansicht nicht mit jener Schlüssigkeit darlegen können, wie bei allen anderen philosophischen Anliegen. Vertritt man den Standpunkt, Gott existiere, so reicht der Aufwand, mit dem der entsprechende Gottesbeweis betrieben wird, niemals an einen allwissenden Gott heran. Und sollte Gott nicht existieren, ist es müßig, sich mit jenen zu streiten, die an seine Existenz glauben, denn Gläubige werden immer behaupten, daß die absolute Wahrheit bei Gott allein liegt.

„Alle Versuche der Philosophie, positive oder negative Gottesbeweise zu führen oder zu interpretieren, waren und sind problematisch. Denn dies ist eine Frage, in der die Philosophen ihre Ansicht nicht mit jener Schlüssigkeit darlegen können, wie bei allen anderen philosophischen Anliegen."

WELTRELIGIONEN

Die Frage nach der Existenz Gottes läßt sich am besten durch die Betrachtung verschiedener Weltreligionen verfolgen, deren Traditionen auch Einblick in den Ursprung ihrer jeweiligen Moralphilosophie gewähren. Nicht alle Religionen glauben an ein singuläres allmächtiges höheres Wesen. Einige halten an der Vorstellung mehrerer Götter fest, und wieder andere kennen überhaupt keinen Gott oder Götter. Religionen, in denen Gott nicht im Zentrum steht, bieten den Philosophen vielfältige Herausforderungen. Der Buddhismus zum Beispiel hat explizit das Werk einiger großer Philosophen beeinflußt. Friedrich Nietzsches Idee der ewigen Wiederkehr, die von einer Welt ohne Anfang und Ende ausgeht, ähnelt der buddhistischen und hinduistischen Vorstellung von einem fugenlosen Universum.

OBEN: DIE ALTEN GRIECHEN HATTEN VIELE GÖTTER, JEDER STAND MIT EINEM BESONDEREN ASPEKT DES MENSCHLICHEN LEBENS IN VERBINDUNG. POSEIDON HERRSCHTE ÜBER DIE MEERE.
UNTEN: *DER VIERTE TAG DER SCHÖPFUNG* – EINE HAUPTFRAGE DER MEISTEN RELIGIONEN IST DIE NACH DER ERSCHAFFUNG DER WELT.

Gerade Philosophen bringen der buddhistischen Religion besonderes Interesse entgegen. Denn Buddhisten verehren keinen allmächtigen und allwissenden Gott, wie das in vielen anderen Religionen der Fall ist. Da das Wissen also nicht auf ein höheres Wesen konzentriert wird, bleibt viel Raum für metaphysische Spekulation.

SIDDHARTA

Der Buddhismus gründet in den Glaubensvorstellungen des Siddharta Gautama, der im sechsten Jahrhundert v.Chr. einen Mönchsorden gründete, der gemäß Siddhartas Lehren predigte und lebte. Siddharta wurde bekannt als Buddha (der Erleuchtete). Die Überzeugungen, die ihn leiteten, wurzelten in seiner Verzweiflung über die schale Angepaßtheit des Hinduismus in Indien. Siddharta war der fe-

BUDDHISMUS

sten Überzeugung, das Bemühen um menschliches Leid sei in den Ritualen dieser Massenreligion längst verlorengegangen. Er verkündete: „Eines lehre ich: Leiden und das Ende des Leidens. Es ist Krankheit und das Ende der Krankheit, was ich verkünde."

Die buddhistische Tradition spiegelt Siddhartas Niedergeschlagenheit angesichts des Zustands der hinduistischen Religion wider. Im Buddhismus kann man seinen Blick nicht auf eine höhere Autorität richten, sondern nur auf sich selbst. Erleuchtung entsteht aus Selbstbetrachtung und der Authentizität gelebter Erfahrung. Die dauerhafteste Lektion aus gelebter Erfahrung ist jene, welche die höchsten Ziele durch Selbst-Leben und nicht durch unerbittliche religiöse Disziplin erreicht. Wie Buddha sagt: „Jene, die nur auf sich selbst vertrauen, sich nicht nach Hilfe von irgend jemandem umschauen, sind es, die die höchste Erleuchtung erreichen."

VERGIFTETER PFEIL DER PHILOSOPHIE

Obwohl der Buddhismus immer wieder das Interesse der Philosophen erregt, täuschen sich Buddhisten selbst nicht über die Grenzen, die sie in der Philosophie erkennen. Die folgende, von Buddha erzählte Parabel spiegelt diese Auffassung wider: „Es ist, als ob ein Mensch von einem vergifteten Pfeil durchbohrt würde; und seine Freunde, Begleiter oder nahen Verwandten hätten einen Arzt gerufen, aber da würde der Mann plötzlich sagen: Ich werde diesen Pfeil nicht eher herausziehen lassen, bis ich weiß, wer der Mann ist, der mich verwundet hat: ob er ein Adliger ist, ein Prinz, ein Bürger

LU-SHE-NA REPRÄSENTIERT DEN LEHREN SIDDHARTAS ZUFOLGE DAS IDEALE WESEN BUDDHAS.

oder ein Diener, ob er groß ist, klein oder von mittlerem Wuchs. Fürwahr, solch ein Mensch würde sterben, hier (im Tod) könnte er all dies ausreichend erfahren."

DIE SUCHE NACH DEM NIRWANA

Den Geisteszustand, den der Buddhismus anstrebt, nennt man Nirwana. Es unterscheidet sich von der „Erleuchtung", weil es mehr beinhaltet als das bloße Erreichen von Wissen. Unter Nirwana ist also keine bestimmte Menge von Glaubenssätzen und Aussagen über die Welt zu verstehen. Das Nirwana ist vielmehr ein alles umfassender, übersinnlicher Zustand, der es erlaubt, die Beschaffenheit der Dinge zu verstehen und das Leiden auszulöschen. Durch Meditation kommt man diesem Nicht-Sein am nächsten. Trotz der Unbestimmbarkeit des Nirwana entwarf Buddha eine Anleitung für das rechte Leben. Er nannte sie den „edlen achtfachen Pfad".

DER ACHTFACHE PFAD

Rechte Anschauung: Sie ist Grundlage aller Ideen, die zum edlen Leben führen, beruht auf dem Verständnis der „vier edlen Wahrheiten". • Alles Leben ist unablässigem Leiden unterworfen. • Ursache des Leidens sind die Leidenschaften. • Die Befreiung von den Leidenschaften hebt das Leiden auf. • Der Weg zur Aufhebung ist der „edle, achtfache Pfad".

Rechte Gesinnung: Kein Schmerz oder Leiden sollte das Streben nach dem edlen Pfad beeinträchtigen. Alles, was diesem Ziel nicht förderlich ist, muß vermieden werden.

Rechtes Sprechen: Worte können die Wahrheit, die sich im Bewußtsein des einzelnen widerspiegelt, oft verdunkeln. Deshalb sollte man immer sorgfältig seine Rede beschränken und dabei einen Mittelweg zwischen Weisheit, Respekt und Güte wählen.

Rechtes Handeln: Das rechte Handeln bestimmen die „Fünf Gebote". Sie lauten: • Nicht töten. • Keinen Ehebruch begehen. • Ehrlichkeit. • Kein Alkohol- oder Drogenkonsum. • Selbstbeherrschung üben.

Rechte Lebensführung: Die eigene Lebensführung darf andere nicht beeinträchtigen und muß frei sein von Habgier und Betrug. Man muß das Leben eines Dieners führen, aber es darf nur die Verpflichtungen beinhalten, die man sich selbst auferlegt hat.

Rechtes Streben: Gegenüber anderen sollte man immer guten Willen walten lassen, seine eigenen Begierden zurückstellen und anderen helfen, die ihren gleichfalls zu überwinden. Ernsthaftigkeit, Beharrlichkeit und Weisheit prägen das rechte Streben.

Rechtes Denken: Diese Stufe handelt von der Weisheit. Es gilt, sich vor Dogmatismus zu hüten und die Dinge nach ihrem Wahrheitsgehalt und ihrer Bedeutung zu beurteilen, nicht nach ihrem äußeren Erscheinungsbild.

Rechtes Sichversenken: Die eigene Konzentration muß immer so groß wie möglich sein. Sollte sie nachlassen, gewinnt man sie am besten durch Meditation sofort wieder zurück.

MODERNER BUDDHISMUS

Heute gewinnt der Buddhismus Anhänger unter Menschen, die wie Buddha selbst der großen Religionen überdrüssig sind. Da sein Schwerpunkt auf dem rechten Handeln liegt, bietet er eine echte Alternative. Seine Anziehungskraft liegt auch in der zugrundeliegenden einfachen Botschaft: Selbstbeherrschung und Demut.

GANZ OBEN: ES GIBT VIELE VARIANTEN DES BUDDHISMUS, EINIGE DAVON HALTEN RITUELLE VEREHRUNG FÜR WICHTIG; JEDOCH ÜBT SICH DER BUDDHISMUS EHER IN DER TUGEND DES EDLEN PFADES. OBEN: BUDDHA GLAUBTE, DAS LEBEN SEI EIN FORTWÄHRENDER, VON DEN MENSCHLICHEN BEGIERDEN VERURSACHTER KAMPF.

Der Hinduismus ist eine der ältesten Religionen der Welt, sie reicht mehr als 1000 Jahre vor Christi Geburt zurück. Viele Gedanken der griechisch-europäischen Philosophie wurzeln im Hinduismus – sei es Erkenntnistheorie, Logik, Ethik oder Metaphysik. Die abendländische Philosophie hat dem Hinduismus viel zu verdanken.

HINDUISMUS

HINDUISTISCHE TRADITION

Der Hinduismus ist keine in sich geschlossene Religion. Allein schon der Name wurde in Europa geprägt und bezog sich auf die älteste uns bekannte Zivilisation in Indien, die vor etwa 4000 Jahren am Fluß Indus entstanden ist. Im Grunde ist „Hinduismus" ein Sammelbegriff für die wichtigsten indischen Denkschulen und Religionen, von denen es insgesamt sechs gibt: Samkhya, Yoga, Mimamsa, Nyaya, Vaishesika und Vedanta, der bedeutendsten von allen.

DIE SCHÖPFUNGSGESCHICHTE

Alle hinduistischen Denkschulen gehen zurück auf die „Upanishaden". Die so genannten Schriften stammen aus dem 6. Jahrhundert v.Chr. und befassen sich mit der Schöpfungsgeschichte. Dem Hinduismus zufolge stand am Anfang der Zeiten ein einziges Ur-Sein, Brahma genannt. In den „Upanishaden" heißt es dazu: „Am Anfang war hier nur das Selbst (Brahma); es war wie ein Mensch. Es blickte um sich und sah nichts anderes als sich selbst.

„Ich selbst bin die ganze Schöpfung, denn fürwahr: Ich habe all das aus mir selbst hervorgebracht." ***(Upanishaden)***

'Das bin ich, Brahma', war sein erstes Wort. Und daraus wurde das ganze Weltall. Und wie auch immer die Götter heißen, sie gehen alle auf Brahma zurück."

Der Hinduismus kennt insofern eigentlich nur einen Gott, aber nicht im christlichen Sinne, demzufolge die Welt und der Mensch in einem einzigen Schöpfungsakt entstanden sind. Im Hinduismus gilt Brahma als höchste Seinsform, die sich in allen menschlichen Lebensformen manifestiert. Brahma existiert nicht in irgendwelchen Himmeln, sondern tief in uns selbst und für alle Zeiten.

REINKARNATION

Das höchste Gut, das ein Mensch erlangen kann, ist die Erleuchtung – ein Begriff, der nicht mit dem westlichen Begriff Aufklärung verwechselt werden darf. Um zur Erleuchtung zu gelangen, muß der Mensch dem Kreislauf der Wiedergeburten entrinnen. Wie dies geschehen kann, darin unterscheiden sich die verschiedenen Ausrichtungen des Hinduismus. Gemeinsam ist ihnen die Überzeugung, daß sich jeder Mensch als moralisch handelndes Wesen durch den Kreislauf der Wiedergeburten bewegen müsse. Grundlegend dabei sind Demut und Selbstdisziplin. In den

Yoga zielt darauf ab, die Vereinigung mit Gott zu erreichen – der Hinduismus versucht dies auf anderen Wegen zu erwirken.

„Upanishaden“ heißt es: „Wer hier auf Erden ein rechtes Leben führt, kann sicher sein, entweder direkt in den Schoß Brahmas zurückzukehren, oder in den eines Kshatriya (der zweithöchsten der hinduistischen Kasten), oder in den eines Vaisya. Wer aber ein schlechtes Leben führt, wird gewiß im übelriechenden Leib eines Hundes, eines Schweines oder eines Ausgestoßenen wiedergeboren.“ Der hinduistische Glaube an eine Wiedergeburt ist untrennbar vom Kastensystem, und die Moral steht unter dem Oberbegriff „Kharma“, sinngemäß: individuelles Schicksal.

Das Kastensystem

Das im Hinduismus wurzelnde Kastensystem ist oft heftig kritisiert worden wegen der einschneidenden Beschränkungen, die es den Individuen auferlegt. In der Tat läßt es keinerlei soziale Mobilität zu: Jeder stirbt als Angehöriger jener Kaste, in die er hineingeboren wurde. Die Angehörigen der unteren Kasten, vor allem die „Unberührbaren“, sind weitgehend vom sozialen Leben ausgeschlossen. Man mag dies zu Recht kritisieren, sollte dabei aber nicht übersehen, daß diese Auffassung Ähnlichkeiten aufweist mit den westlich-konservativen Vorstellungen, denen zufolge die Gesellschaft ein organisch gewachsenes Ganzes sei, das jedem Individuum einen festen Platz und eine gesellschaftlich definierte Aufgabe zuweist, um so Ordnung und Frieden zu gewährleisten.

Mahatma Gandhi (1869-1948)

Der Hinduismus setzt sich zusammen aus einer Vielfalt religiöser Strömungen. Seinen stärksten und folgenreichsten Ausdruck hat er im Denken und Handeln von Mahatma Gandhi gefunden, dem charismatischen Führer im Kampf um Indiens nationale Unabhängigkeit, vollendet im Jahr 1949. Grundlage seines Denkens war das Prinzip der „Ahimsa“, der Gewaltlosigkeit. Wie kaum jemand sonst zeigte und praktizierte Gandhi die Möglichkeiten, auf gewaltfreiem, friedlichem Weg Konflikte zu lösen und dabei anderen Leid zu ersparen.

Oben: Hare-Krishna-Jünger in London. Die Krishna-Verehrung ist seit Jahrzehnten in der westlichen Welt verbreitet und geht zurück auf eine Gestalt der hinduistischen Mythologie, die oft mit einer Flöte dargestellt wird. Die heutigen Krishna-Jünger fühlen sich deshalb der Musik stark verbunden.

SHINTOISMUS

Obgleich von Buddhismus und Konfuzianismus beeinflußt, ist der Shintoismus ursprünglich eine japanische Religion. Er ist so untrennbar mit Japan verknüpft, daß im Shintoismus sogar dem Land selbst ein göttlicher Status zugesprochen wird. In der shintoistischen Schöpfungsgeschichte geht es fast ausschließlich um die Schöpfung der japanischen Inseln. In den shintoistischen Schriften werden die Japaner als ein ganz besonderes Volk mit besonderen Kräften beschrieben.

DER WEG DER GOTTHEITEN

Shintoist zu sein, bedeutet dem „Kami no michi“ zu folgen, dem Weg der Gottheiten. Sie sind in allen Japanern gegenwärtig, und zwar in allen großen Dingen, seien sie gut oder böse, schön oder schrecklich. Im Gegensatz zu vielen anderen Religionen kennt der Shintoismus kein System von miteinander verwobenen ethischen Grundsätzen.

Die Menschen können nah oder fern sein vom Weg der Götter, und es gibt zwei Hauptpfade, ihn nicht zu verfehlen. Der eine führt über strikte Loyalität gegenüber Japan, dem japanischen Volk und seinem Herrscher, dem Tenno. Es ist der Weg eines bedingungslosen Patriotismus, dessen logische Folge der unbedingte Gehorsam gegenüber (vor allem 1850 – 1945) dem gottähnlichen japanischen Kaiser war. Folgende Passage aus einem Lehrbuch für Schulen in den dreißiger Jahren demonstriert gut den Zusammenhang von Shintoismus und japanischem Nationalismus: „...Von diesem Augenblick an haben Generationen von Herrschern in einer ununterbrochenen Linie durch alle Epochen und Jahrhunderte eine bleibende Dynastie errichtet. Jeder von ihnen hat ohne Rast und Ruhe das japanische Volk mit seiner wohltätigen Regierung beglückt und – dies sei mit Ehrfrucht gesagt – sein Volk geliebt wie eine Mutter ihr Kind.“ Am 1. Januar 1946 hat

Das Allerheiligste des Inneren Shinto-Schreins in Ise. Der Shintoismus ist eine nur in Japan vorkommende Religion, die das Land Japan ins Göttliche überhöht, weil es von Gott geschaffen und mit besonderen Kräften ausgestattet wurde.

Kaiser Hirohito bei einer Truppenparade im Jahr 1926. Bis zum 2. Weltkrieg hatten japanische Kaiser gottähnlichen Status als Führer ihres Volkes. Erst die Niederlage Japans im Jahr 1946 beendete dies.

zwar der Tenno offiziell auf seinen gottähnlichen Status verzichtet, aber der japanische Patriotismus ist ein Dreh- und Angelpunkt des Shintoismus geblieben.

MENSCHLICHKEIT UND REINHEIT

Die zweite Möglichkeit, dem Weg der Götter zu folgen, liegt im Streben nach Menschlichkeit und Reinheit der Seele. Für Shintoisten ist dabei Pflichtbewußtsein, Ehrlichkeit und Selbstbeherrschung von zentraler Bedeutung. Der Name dafür ist „Magokoro“, lauteres Herz. Es bedeutet viel mehr, als nur die Wahrheit zu sagen – es verpflichtet zu Sorgfalt, Lauterkeit, Disziplin und Entschlußkraft im Hinblick auf das Verhalten anderen gegenüber.

Es bedeutet auch, sein gegebenes Wort stets zu halten, um so seine eigene Ehre nicht zu verlieren. „Magokoro“ drückt darüber hinaus auch eine bestimmte Beziehung zur Natur aus, die immer harmonisch sein soll. Trotz dieser Verpflichtung zur Reinheit der Seele gilt für einige Strömungen im Shintoismus, daß Gut und Böse relative Begriffe sind, und daß es bei der Beurteilung immer auf die Umstände ankommt.
Die jeweiligen Umstände entscheiden über den moralischen oder unmoralischen Charakter des Handelns, und maßgeblich dabei ist, welchen Nutzen sie für die von den Göttern gestiftete soziale Ordnung haben. Deren oberste Ziele sind friedliche Entwicklung und Fortschritt.

Die Geburtsstunde des Islam schlug, als der Erzengel Gabriel die Botschaft Allahs, den Koran, dem Propheten Mohammed überbrachte.

ISLAM

Muslimen gilt der Islam als die Mutter aller Religionen. Dem Islam zufolge hat der Prophet Mohammed, sein Begründer, die Worte Gottes auf Erden verkündet – und zwar in direkter Folge der Prophezeiungen von Moses und Jesus. Insofern gilt der Koran Muslimen als Gottes letztes Gebot für die Menschen – noch heiliger als der Prophet Mohammed selbst.

DER PROPHET MOHAMMED (570-632)

Geboren wurde er in Arabien im Jahr 570. Im Jahr 610 erschien ihm der Erzengel Gabriel in einer Höhle außerhalb Mekkas, wo er lebte, und überbrachte ihm eine Botschaft Allahs, bekannt geworden unter dem Namen *Koran*. Für Mohammed war daran nur der *Koran* ein Wunder. In der Tat ist er auch ein Wunderwerk arabischer Prosa – derart poetisch und sprachlich vollkommen, daß viele glaubten, er könne unmöglich von einem menschlichen Wesen geschrieben sein. Der Erzengel Gabriel hatte von Mohammed verlangt, das Wort Gottes unter den Menschen zu verbreiten – keine leichte Aufgabe, denn zu dieser Zeit ging es in der arabischen Welt feindselig zu, es gab unterschiedliche Religionen und viele Götter. Und so dauerte es eine geraume Zeit, bis Mohammed genügend Anhänger für den neuen, monotheistischen Glauben fand und im Jahr 622 die Stadt Medina zum Zentrum der arabischen Welt machen konnte. Im Jahr 700 n.Chr. hatte sich der Islam von Arabien bis Armenien, Nordafrika, Spanien und bis nach Frankreich ausgebreitet.

DER KORAN

Der *Koran* enthält viele Elemente der jüdischen und christlichen Religion. So akzeptiert er Moses und Jesus ebenfalls als Propheten, letzteren allerdings nicht als leibgewordenen Sohn Gottes. Denn im Islam verkörpert sich Gott nicht in menschlicher Gestalt, er sendet lediglich Propheten aus, um seine Worte zu verkünden. Der Bibel ähnlich, lehrt der *Koran*, daß alle Menschen von Natur aus gut sind. Wenn wir Schlechtes tun, haben wir nur aus Selbstsucht vorübergehend unsere Schuldigkeit gegenüber Allah vergessen, der uns unsere Seele gegeben hat. Damit ist ausgedrückt, daß nicht alle unsere Handlungen Gottes unerforschlichem Ratschluß folgen – eine dem Christentum widersprechende Auffassung. Aber Christen und Muslimen ist die Überzeugung gemeinsam, daß all unsere Handlungen nach dem Tod gerichtet werden. Und an diesem Tag des Gerichts entscheidet sich, ob wir den Weg in die Hölle oder den Himmel antreten. Eine Besonderheit des Islam ist die Genauigkeit, weil der

Oben: In Mekka übersetzte Mohammed die Botschaft Allahs, die ihm Erzengel Gabriel überbracht hatte. Seither ist Mekka die wichtigste Pilgerstätte für Millionen von Muslimen. Links: Im Inneren der Blauen Moschee in Istanbul. Normalerweise suchen Muslime am Freitag mittag eine Moschee auf. Aber das Gespräch mit Gott kann auch zu anderen Tageszeiten stattfinden.

moralische Gehalt menschlichen Handelns kodifiziert wird. Grundlage dafür sind die „Fünf Säulen des Islam".

Die fünf Säulen des Islam

- Allah ist der einzige Gott, und Mohammed ist sein Prophet.
- Mindestens fünfmal am Tag muß der Gläubige zu Allah beten.
- Man soll immer wohltätig gegenüber den Armen sein.
- Mindestens einmal im Leben muß der Gläubige nach Mekka pilgern.
- Während des Ramadan muß streng gefastet werden.

Islam und westliche Kultur

Die Veröffentlichung von Salman Rushdies *Satanische Verse* sorgte nicht nur literarisch und philosophisch, sondern auch politisch für weltweites Aufsehen und Empörung. In diesem Roman wurde die historische Gestalt des Propheten Mohammed in einer Weise uminterpretiert, die die religiösen Gefühle aller Muslime zutiefst verletzte. Aus islamischer Sicht ist das verständlich, denn Mohammed wurde darin nicht als tiefreligiöser Prophet Allahs, sondern als verschlagener und korrupter Geschäftsmann geschildert. Im Westen jedoch nicht mehr nachvollziehbar war die damals von Ayatollah Khomeini verhängte „Fatwa", der Befehl an alle Muslime, wegen dieses Frevels Rushdie und seine Verleger zu töten.

Der Islam ist Ende des 20. Jahrhunderts die Weltreligion mit dem größten Wachstum. Einige seiner Strömungen haben religiös-militante Gruppen hervorgebracht, denen alles Weltliche als von Grund auf böse und deshalb bestrafenswert gilt. Seit Ende des Kalten Krieges gibt es im Westen deshalb viele, die vor allem den sogenannten fundamentalistischen Islam für die heute größte Bedrohung halten.

Laotse wirkte im 6. Jahrhundert v. Chr. und war ein Zeitgenosse von Konfuzius. Über sein Leben ist wenig bekannt, und nur das Wenigste ist historisch gesichert. Das einzig Sichere ist, daß er ein schmales Büchlein mit dem Titel „Taoteking" (Der Weg und seine Kraft) verfaßt hat, das für viele Chinesen noch immer eine Rolle spielt. Die im „Taoteking" enthaltenen Weisheiten wurden von Laotses Schülern verbreitet und so zu einer religiösen und zugleich philosophischen Bewegung.

LAOTSE (604–531 V. CHR.)

DER TAOISTISCHE WEG

„Tao" bedeutet im Chinesischen erstens „Weg" und zweitens „Vernunft" bzw. „Gesetz" – um das Wort adäquat zu verstehen, müßte man es etwa so übersetzen: dem Weg der Vernunft bzw. des natürlichen Gesetzes folgen. Und genau dies ist der zentrale Gedanke des Taoismus: Die Menschen müssen und sollen „dem Weg" folgen, um im Einklang mit sich selbst und der Natur zu leben. Aber der „Weg der Welt" kann von Menschen nicht vollständig erkannt, geschweige denn kodifiziert werden, denn er entzieht sich dem Vorstellungsvermögen des menschlichen Verstandes. Paradoxerweise behauptet der Taoismus, daß niemand den „wahren Weg" finden könne, aber Menschlichkeit nur möglich sei, indem man ihm folgt.

LINKS: EIN TAOISTISCHER MÖNCH BEI DER MEDITATION, CHINA 1925. EINE ZEITLANG WAR DER TAOISMUS IN CHINA SOGAR STAATSRELIGION, ABER IN DER NEUZEIT VERLIERT ER IMMER MEHR AN EINFLUSS. OBEN: DER TAOISMUS ALS RELIGION GEHT ZURÜCK AUF LAOTSES BUCH *TAOTEKING*. DAS BILD ZEIGT EINE BEGEGNUNG ZWISCHEN LAOTSE UND KONFUZIUS.

DER PHILOSOPHISCHE TAOISMUS

Er beschäftigt sich mit der bestmöglichen Lebensform. Der Grundgedanke dabei ist der des „ch'i", was wörtlich „Atem", aber darüber hinaus auch eine bestimmte Form von „Energie" bedeutet. Der Taoismus ist davon überzeugt, daß durch jeden von uns „ch'i" als Energiefluß läuft. Ziel des taoistischen Denkens ist es, das Selbst von allem zu befreien, was das „ch'i" verunreinigt oder dämpft. Die häufigste Art und Weise, in der das „ch'i" in uns gestört wird, geschieht durch seine Verschwendung auf unnötige und fruchtlose Bemühungen. Der erfolgversprechendste Weg, sein eigenes „ch'i" zu verwirklichen, ist der Weg der Meditation, auf dem man jeglichen Gedanken und jedes Gefühl im Hinblick auf das eigene, selbstsüchtige Wollen ausmerzen kann. Das geht nur durch absolute Konzentration. Zwar wird das individuelle „ch'i" niemals ganz „rein" verwirklicht, aber umso strenger die Meditation, desto „reiner" bleibt das ursprüngliche „ch'i".

DER RELIGIÖSE TAOISMUS

Mit anderen Religionen hat er nur eines gemeinsam: Stätten religiöser Verehrung, taoistische Tempel. Vom philosophischen Taoismus unterscheidet sich der religiöse durch seinen Mystizismus. Beiden gemeinsam ist der Glaube in das „ch'i". Aber der religiöse Taoismus definiert den Weg anders – er gibt der Magie, ja sogar der Hexerei den Vorrang, nicht der Meditation. Deshalb suchen z. B. gläubige Taoisten ihre Tempel auf, um von irgendwelchen Krankheiten geheilt zu werden.

KONFUZIUS (551–479 V. CHR.)

Konfuzius wurde im chinesischen Staat Lu geboren. Er verstand sich nur als Philosoph und Lehrer, aber im Lauf der Jahrhunderte wurden seine Maximen und ethischen Grundsätze derartig einflußreich, daß der Konfuzianismus seither nahezu als eine Religion gelten darf. Er begann sein Berufsleben als Privatlehrer und zog dabei viele Schüler und Bewunderer an, die sich voll und ganz seiner Lehre weihten. Er selbst war ausgesprochen unzufrieden mit den gesellschaftlichen Zuständen seiner Zeit. Deshalb begab er sich auf eine lange Reise, um überall die verfeindeten chinesischen Herrscher von seinen ethischen Grundsätzen zu überzeugen. 13 Jahre lang war er unterwegs, aber es gelang ihm nicht, ihnen die Notwendigkeit, mit moralischer Integrität zu regieren, vor Augen zu führen – schon gar nicht, ihn selbst eine Zeitlang nach ethischen Grundsätzen regieren zu lassen. Im Volk jedoch wurden seine Lehren schon kurz nach seinem Tod nahezu Allgemeingut und prägten das chinesische Alltagsleben bis 1949.

OBEN: KONFUZIUS ÜBERWACHT DIE AUSTREIBUNG BÖSER EINFLÜSSE. ER WAR ZUGLEICH PHILOSOPH UND LEHRER, VERSTAND SICH ABER NICHT ALS EIN PROPHET GOTTES. DENNOCH HABEN SEINE LEHREN FAST RELIGIÖSEN STATUS ERREICHT.

DER GROSSE LEHRER

Konfuzius wurde in ein krisengeschütteltes China hineingeboren. Die Chou-Dynastie befand sich im Niedergang, das Reich selbst begann in Teilreiche zu zerfallen. Grausame Herrscher bekriegten sich gegenseitig und schlachteten Hunderttausende von Menschen ab. Der Hauptgrund für diesen Zustand lag nicht nur in der Unfähigkeit der Chou-Herrscher, sondern auch in einem allgemeinen Verfall der Werte, die in China jahrhundertelang bestimmend gewesen waren. Dem versuchte Konfuzius entgegenzuwirken und wurde so, 2500 Jahre über seinen Tod hinaus, zum einflußreichsten Philosophen aller Zeiten.

DIE KONFUZIANISCHE ETHIK

Grundlage der Lehre des Konfuzius ist die Überzeugung, daß aus der bloßen Individualität die edle Persönlichkeit emporwachsen müsse – eine Persönlichkeit, die in sich Selbstlosigkeit und Toleranz verbindet mit sozialem Verhalten nach außen. Konfuzius' Aussagen über die Heranbildung einer derart edlen Persönlichkeit liefern einen guten Einblick in sein ethisch bestimmtes Denken:

„Der Meister sprach:

Der edle Mensch lebt im Einklang mit sich selbst, ohne überheblich zu sein; der niedrige Mensch ist überheblich, aber nicht im Einklang mit sich selbst.

Tzu-lu fragte:

Wie muß ein Mensch sein, um edler Mensch genannt werden zu können?

Der Meister sprach:

Wer einerseits ernsthaft und scharfsinnig, andererseits warmherzig ist, darf ein edler Mensch genannt werden – ernsthaft und scharfsinnig unter Freunden und warmherzig unter Brüdern."

Die in diesem Persönlichkeitsideal enthaltenen ethischen Werte sollten immer verwirklicht sein in dem, was Konfuzius die „Fünf beständigen Beziehungen" nannte, nämlich:
• Eltern und Kinder • Ehemann und Ehefrau • ältere und jüngere Geschwister • älterer und jüngerer Freund • Herrscher und Untertan.
Das folgende Zitat faßt die Lehre des Konfuzius kurz und prägnant zusammen:

„Wer ein rechtschaffenes Herz hat, hat einen edlen Charakter. Im Haus eines edlen Charakters herrscht Harmonie. Harmonie im eigenen Haus schafft Ordnung im ganzen Land. Ordnung im eigenen Land schafft Frieden in der ganzen Welt."

KONFUZIANISMUS

Die Lehren des Konfuzius formulieren eine der faszinierendsten Denkweisen in der Geschichte menschlichen Denkens. Denn obwohl der Konfuzianismus im Lauf der Jahrhunderte eine Art Religion wurde, kommt er völlig ohne Gott oder Götter aus. Konfuzius hat sich stets nur als Lehrer und Philosoph verstanden, nicht als Prophet irgendeines Gottes – umso erstaunlicher ist der Einfluß seines Denkens über 2500 Jahre hinweg. Bis zur Gründung der Volksrepublik China im Jahr 1949 wuchs nahezu jedes chinesische Kind mit den Lehren des Konfuzius auf, und nur profunde Kenntnis der konfuzianischen Lehre ermöglichte es, auf der sozialen Stufenleiter nach oben zu klettern.

DER KONFUZIANISMUS PRÄGTE LEBEN UND DENKEN IN CHINA BIS ZUM SIEG DER REVOLUTION 1949.
LINKS: JUGENDLICHE BEI EINER DEMONSTRATION WÄHREND DER KULTURREVOLUTION. SIE HALTEN DAS BERÜHMTE *KLEINE ROTE BUCH* MIT ZITATEN MAO ZEDONGS IN DEN HÄNDEN.

DIE CHRISTLICHEN PHILOSOPHEN

Als sich das Christentum mehr und mehr in Europa ausbreitete, bemühten sich viele Gelehrte, philosophische und theologische Ideen miteinander zu verknüpfen, indem sie die christlichen Glaubenssätze auf dem Hintergrund der Philosophie der griechischen Antike zu durchdringen suchten. Diese Gelehrten, die frei waren von jeglichen ideologischen Zwängen der christlichen Lehre, leisteten dadurch einen wichtigen Beitrag für den Fortschritt des philosophischen Denkens.

KAPITEL DREI

DIE GEBURT DES CHRISTLICHEN EUROPA

OBEN: DIE KREUZZÜGE WAREN FÜR DIE HERAUSBILDUNG EINER EUROPÄISCHEN IDENTITÄT ÄUSSERST BEDEUTSAM, DA SIE SICH GENAU AUS DEM GEGENSATZ ZWISCHEN DEM CHRISTLICHEN EUROPA UND DER „ÖSTLICHEN WELT DER KETZER UND BARBAREN" BEGRÜNDETE.

Um zu verstehen, warum das Christentum zur prägenden Idee ganz Europas werden konnte, muß man sich die Einzigartigkeit des westlichen Denkens vergegenwärtigen. Dieses war stets bemüht, seine Besonderheit und Eigenständigkeit als ein westliches, als ein europäisches Denken hervorzuheben. Damit trug es dazu bei, jene Geisteshaltung zu etablieren, auf Grundlage derer sich dann die christliche Philosophie durchsetzen konnte. Schon die Römer hatten den Begriff „Europa" verwendet, um zwischen den westlichen römischen Truppen – den „Europäern" – und den östlichen Truppen – den „Orientalen" – zu unterscheiden, doch es waren die christliche Philosophie und Theologie, mittels derer sich Europa schließlich selbst als solches definieren sollte.

AUSBREITUNG DES CHRISTENTUMS

Die Vorstellungen der frühen Christen im Römischen Reich waren im Grunde weder besonders neu noch einzigartig. Im Gegenteil, das Neue Testament wies sehr viele Gemeinsamkeiten mit der „heidnischen" und auch der griechischen Religion auf – etwa jene Idee, daß alle Menschen vor Gott gleich seien. Denn um überhaupt akzeptiert zu werden, mußte sich das Christentum inhaltlich auf die bereits etablierten Religionen beziehen. Was jedoch dem Christentum schließlich breite Zustimmung und Anerkennung einbrachte, waren die Worte des heiligen Paulus: „Jedermann unterwerfe sich den vorgesetzten Obrigkeiten; denn es gibt keine Obrigkeit außer von Gott, und die bestehenden sind von Gott angeordnet. Wer sich daher der Obrigkeit widersetzt, der widersetzt sich der Anordnung Gottes; und die sich widersetzen, werden sich selbst das Gericht zuziehen." Für die Konsolidierung des Christentums und der katholischen Kirche in Europa war das 4. Jahrhundert von entscheidender Bedeutung. Denn im 4. bzw. 5. Jahrhundert waren es die sogenannten Kirchenväter, der heilige Ambrosius, der heilige Hieronymus und der heilige Augustinus, die die christlichen Doktrinen festlegten und erläuterten. Ambrosius begründete die Autonomie der Kirche, Hieronymus übersetzte die Bibel, und Augustinus war es, der den Katholizismus philosophisch untermauerte.

OSTEN VERSUS WESTEN?

Im Hinblick auf die Geschichte Europas und des Christentums ist der Konflikt zwischen der Welt des Islam und der christlichen Welt von zentraler Bedeutung. Die westliche Philosophie und Theologie hat die östliche Welt des Islam aufgrund ihrer sozialen und politischen Strukturen lange Zeit als eine Welt der Tyrannei bezeichnet. So entstand der Mythos, daß sich das Christentum im Westen habe etablieren müssen, um Europa gegen die barbarischen Zustände der östlichen Welt zu schützen. Doch die Ironie der Geschichte will es, daß das christliche Europa sehr viele seiner Ideen und Institutionen gerade der östlichen Welt entlehnte, und daß sich die islamische Welt in den kriegerischen Auseinandersetzungen mit den europäischen Herrschern zivilisierter verhielt als Europa selbst.

RICHARD I. UND SALADIN BEI ASCALON. OBWOHL SALADIN JERUSALEM VON DEN CHRISTEN ZURÜCKEROBERTE, GENOSS ER BEI DIESEN AUFGRUND SEINER GROSSZÜGIGEN BEHANDLUNG DER GEFANGENEN HOHES ANSEHEN.

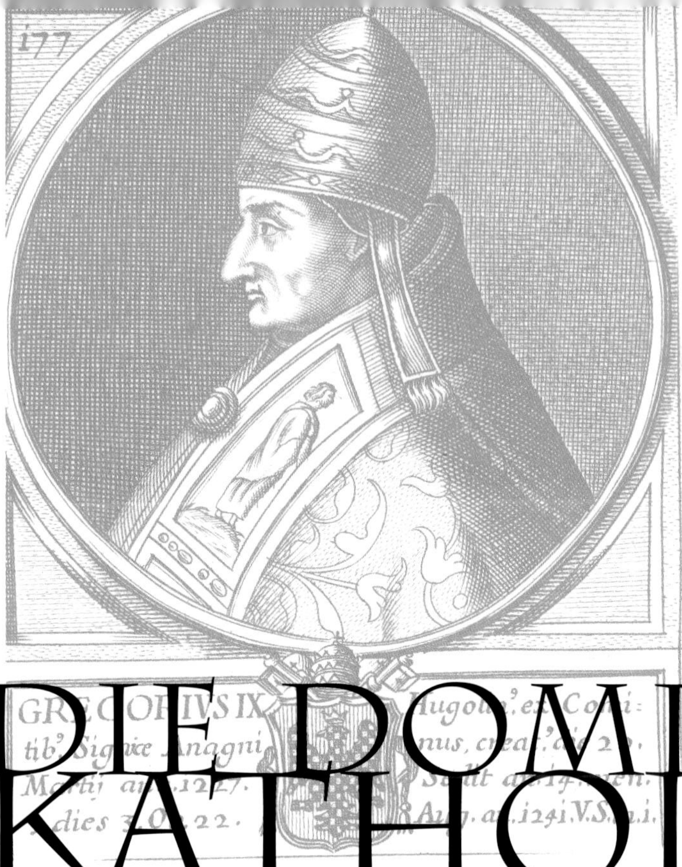

Papst Gregor IX. setzte 1233 die Inquisition ein, um dem zunehmenden Verfall des Katholizismus entgegenzuwirken.

Die Dominanz des Katholizismus

Die römisch-katholische Kirche orientierte sich bei ihrem Herrschaftsmodell an jenem des Römischen Reiches, um dadurch dauerhafte Machtstrukturen zu etablieren. Sie verschaffte sich die Kontrolle über kulturelle Aktivitäten, über die Erziehung, die Theologie, über die Feste, die gefeiert wurden – und natürlich über alle religiösen Zeremonien. Der Katholizismus beherrschte so schon bald das kulturelle Leben im zivilisierten Europa; somit fanden sich auch in der Literatur und der Philosophie des Mittelalters keinerlei Ideen, die nicht mehr oder weniger auf die theologischen Doktrinen des heiligen Augustinus zurückgingen. Die bedeutenden Werke der klassischen Literatur Griechenlands und Roms waren nahezu vergessen oder wurden weitgehend uminterpretiert, damit sie mit dem christlichen Glauben übereinstimmten. Während die Kirche jedoch ihren Einfluß auf das kulturelle Leben Europas ständig erweiterte, blieb ihr Einfluß auf Kaiser und Könige eher begrenzt, die sich ihrerseits allerdings nicht selten auf die Kirche beriefen, um ihre eigene barbarische Herrschaft zu rechtfertigen. Der nicht in Rom ansässige Klerus unterstand meist der Jurisdiktion der Könige und oftmals benutzten diese die Bischöfe oder auch den Papst für die Durchsetzung ihrer politischen Ziele, nahmen sie bisweilen gefangen oder töteten sie sogar.

Papst Gregor VII.

Im 11. Jahrhundert zeigte sich, daß die Kirche dringend notwendiger Reformen und neuer Ideen bedurfte. Sie wurden in der Amtszeit von Papst Gregor VII. eingeleitet. Er setzte mittels der neu etablierten Transsubstantions-Lehre durch, daß nur noch Priester die Heilige Messe zelebrieren durften und damit praktisch entscheiden konnten, wer in den Himmel und wer in die Hölle kommt. Gregors Reformen erlaubten es den Priestern fortan, Ketzer zu exkommunizieren, was zur Folge hatte, daß sie zur Hölle verdammt waren, sofern die Kirche sie nicht noch kurz vor ihrem Tode wieder in ihre Reihen aufnahm. Gregor führte auch den Zölibat ein, was für die römisch-katholische Kirche in zweierlei Hinsicht von Vorteil war. Zum einen erwarb sie sich dadurch die Kontrolle über das Amt und den Besitz ihrer Priester und Bischöfe, die, sofern sie verheiratet waren und Kinder hatten, bislang ihr Amt und ihren Besitz an ihre Söhne übertragen konnten. Zum anderen erhob der Zölibat die Priester quasi über das Volk und sicherte ihnen so größeren Respekt seitens der „einfachen" Menschen.

Andere Reformen betrafen die Beziehungen zwischen dem Papst und den weltlichen Herrschern Europas. 1075 wurde in der Dictatus Papae festgeschrieben: „Der Papst ist der einzige

DIE INQUISITION MACHTE VOR NIEMANDEM HALT. SELBST GALILEI WURDE DER HÄRESIE BESCHULDIGT UND ANGEKLAGT.

Repräsentant Gottes auf Erden; er verfügt über die Schlüssel zu Himmel und Hölle." Somit konnte auch die königliche Autorität als eine von Gott gewollte nur vom Papst verliehen werden, der Papst war fortan also sozusagen der König aller Könige. Papst Gregors Reformen lösten eine ganze Reihe politischer Kämpfe aus, und schließlich stellte sich selbst der deutsche Kaiser gegen die kirchliche Autorität Roms. Trotzdem bildeten die Reformen Gregors die Grundlage für die insgesamt sechs Jahrhunderte dauernde, nahezu absolute Vorherrschaft des Katholizismus in Europa.

DIE INQUISITION

Nichts illustriert die Vormachtstellung der katholischen Kirche in Europa eindrucksvoller als die Inquisition. Mit Hilfe der Inquisition, 1233 von Papst Gregor IX. eingesetzt, sollten immer populärer werdende „ketzerische" Ideen bekämpft und der Einfluß und die Macht der Kirche gewahrt werden. Hätte es keine Inquisition gegeben, so hätte eine Revolte gegen sie stattgefunden ähnlich jener, die sich dann schließlich im 16. Jahrhundert Bahn brach.

Ziel der Inquisition war es, die Häresie aufzuspüren, noch bevor sie sich richtig ausbreiten konnte. Und so wurden Gerichte installiert, um potentielle Ketzer schon im Vorfeld ihrer „Schuld" zu überführen. In der ersten Zeit saßen diesen Gerichten Bischöfe vor, später wurde diese Aufgabe den Dominikanern und Franziskanern übertragen. Wer der Ketzerei angeklagt war, mußte vor der Inquisition erscheinen und seine Chance, lebend davon zu kommen, war dabei äußerst gering. Wer sich nicht der Häresie schuldig bekannte, wurde grausamst gefoltert; wer dennoch kein Geständnis ablegte, wurde auf dem Scheiterhaufen verbrannt. Bekannte sich der Angeklagte jedoch der Ketzerei für schuldig, wurde er stattdessen mit einer Geldstrafe belegt. Konnte er sie nicht bezahlen, wurde er ins Gefängnis geworfen, wo er in aller Regel einen langsamen und qualvollen Tod starb. Am unbarmherzigsten war die Inquisition in Spanien und Frankreich, wo der Angeklagte kein Recht auf Beistand hatte. Hier wurde auch, sofern der Staat sich nicht um eine angemessene Bestrafung kümmerte, die Verantwortlichkeit für die Bestrafung der Inquisition selbst überantwortet. Die Dominikaner, die maßgeblich an der Durchführung der Inquisition beteiligt waren, brachten im 13. und 14. Jahrhundert die großen theologisch-philosophischen Werke der Scholastik hervor. Die Inquisition trug wesentlich dazu bei, die kirchliche Autorität zu stärken und zu festigen. Im 16. Jahrhundert geriet die Kirche erneut in Bedrängnis. Doch diesmal konnte die Inquisition die abweichende, „ketzerische" Stimme des Puritanismus und des Protestantismus nicht mehr zum Schweigen bringen.

Der heilige Augustinus leistete einen großen Beitrag zum abendländischen Denken in einer Zeit tiefgreifender sozialer und politischer Veränderungen. Das Römische Reich war zerfallen, und Europa ging dunklen Zeiten, dem frühen, dem „dunklen“ Mittelalter, entgegen. Diese Epoche war gekennzeichnet durch religiösen Fanatismus, Aberglauben und grausame Barbarei. Das frühe Mittelalter erlebte aber auch die Geburt des christlichen Europa, eine Entwicklung, die durch das Wirken des heiligen Augustinus starke Impulse erhielt. Sein theologisches Gedankengebäude erwies sich für die nächsten tausend Jahre als wichtigstes Fundament der christlichen Religion.

AUGUSTINUS
(354–430)

THEOLOGIE ODER PHILOSOPHIE?

Die Schriften des Augustinus bewegen sich im Grenzbereich zwischen Philosophie und Theologie. Sein Werk entstand, um spekulative und kritische philosophische Ideen mit der Heiligen Schrift in Einklang zu bringen. Somit bringt Augustinus die Philosophie in die Theologie ein, läßt die Philosophie in der Theologie aufgehen. Doch gelingt dies nie vollständig, da sein Werk, das Gottes Existenz sowie die göttliche Schöpfung zu erläutern versucht, doch an keiner Stelle lediglich religiöse Doktrinen festschreibt. Vielmehr stellt es tatsächlich eine philosophische Rechtfertigung der christlichen Idee dar, die sich auf die Vorstellungen Platons bezieht und diese dahingehend modifiziert, daß sie in die Interpretation der Heiligen Schrift Eingang finden können.

Der Teufel konfrontiert Augustinus mit dem Buch der Laster – Augustinus ging davon aus, dass die Menschheit seit dem Sündenfall in Heilige und Sünder gespalten ist.

GOTT UND DER SCHÖPFUNGSAKT

Die zentrale Idee Platons besagt, daß die Welt aus ewig dauerhaften Substanzen geschaffen sei, die wiederum von den Göttern stammten. Diese Substanzen können in ihrer reinsten Form nur von Gott allein erfaßt und erkannt werden. In seinem Bemühen, an Platons Philosophie anzuknüpfen und dennoch das Alte Testament zu rechtfertigen, modifizierte Augustinus Platons Ideen in seinen „Confessione“, wie schon zuvor in seiner Schrift „De Libero Arbitrio“. Er ging davon aus, daß Gott als Ursprung allen Denkens und Seins über das absolute Wissen verfüge, und adaptierte zudem die Vorstellung Platons, daß Gott jene ewig währende Substanz erschaffen habe, aus der auch der Mensch hervorgegangen sei. Er hielt ebenso daran fest, daß Gott die Welt aus dem Nichts erschaffen habe. Darüberhinaus vertrat er die Auffassung, daß,

bevor Gott die Welt erschaffen habe, nichts existierte, weil vor der Schöpfung auch keine Zeit existiert haben könne.

DIE ERBSÜNDE

In seinem Werk *De Trinitate* behauptet Augustinus, daß Gott die Menschheit willkürlich in Heilige und Sünder geteilt habe. Diese Verdammnis der Menschheit habe mit der Bestrafung Adams eingesetzt. Und diese Verdammnis lastet als Bürde, als dauerndes Erbe auf der gesamten Menschheit. Um seine Seele vor der ewigen Verdammnis zu retten, muß der Mensch der Versuchung des Bösen widerstehen. Die Quelle alles Bösen jedoch ist die Begehrlichkeit der menschlichen Sinne, die unabhängig vom Wunsch und Willen der Seele besteht, in der sich der göttliche Wille verkörpert. Um tugendhaft zu sein, ist es also notwendig, das Begehren der Sinne, der Körperlichkeit zu kontrollieren. Damit behauptet Augustinus jedoch paradoxerweise, daß es im Grund Gottes Wille ist, der einige sozusagen „Auserwählte" dazu bestimmt, der Versuchung des Bösen zu erliegen. Das Paradoxon liegt darin, daß man einerseits von Gott zur ewigen Verdammnis bestimmt sein kann, es sei denn, man hat die Kontrolle über sein eigenes Begehren. Doch andererseits kann man über diese Kontrolle nicht verfügen, denn alles ist wiederum bereits im voraus von Gott festgeschrieben. Die Grausamkeit der Idee von der Erbsünde, so wie Augustinus sie entwarf, war später Grundlage für einige sehr rigide religiöse Praktiken im christlichen Europa.

OBEN RECHTS: AUGUSTINUS VERLIEH DEM CHRISTENTUM SEINE NAHEZU TAUSEND JAHRE VORHERRSCHENDEN THEOLOGISCHEN IDEEN.
UNTEN: FÜR AUGUSTINUS WAR ES DURCH GOTT VORAUSBESTIMMT, WER ZUR HÖLLE VERDAMMT WAR, UNABHÄNGIG DAVON, WIE ER SEIN LEBEN GESTALTETE.

KIRCHE UND STAAT

Zu Lebzeiten des Augustinus verfügten weder der Staat noch die Kirche über ihre spätere, moderne Form. Die römisch-katholische Kirche war noch weit entfernt von jener religiösen Massenorganisation, die sie dann im 11. und 12. Jahrhundert darstellte, und auch der Staat wies noch nicht die ihm später eigene, machtvolle Autorität auf. Dennoch dienten die Theorien des Augustinus über die Beziehungen zwischen diesen beiden Bereichen im Mittelalter und Hochmittelalter dazu, die Vorgehensweisen und Praktiken beider Seiten zu rechtfertigen. Gemäß Augustinus sollte der Staat, wenn auch von der Kirche getrennt, den Vorgaben und Lehren der Kirche treu ergeben sein.

mit Scot, der das klassische Griechisch studiert hatte, begründete sich in Ansätzen jene rationale Wissenschaft, die damals allgemein als häresieverdächtig galt.

Über die ersten Jahre von Scots' Leben und Wirken ist sehr wenig bekannt, außer daß Irland damals eines der wenigen Zentren für klassische Studien war. Es lag weit von Rom entfernt, und somit war seine Bindung an die Amtskirche in Rom nicht besonders stark, trotz der Tatsache, daß es ein katholisches Land war. In den 40er Jahren des 8. Jahrhunderts wurde Scot von Karl dem Kahlen nach Frankreich berufen, um dort an einem theologischen Disput teilzunehmen. Sein erstes bekanntes philosophisch-theologisches Werk ging aus dieser Disputation hervor, es war eine Abhandlung mit dem Titel *Über die Göttliche Vorsehung*. Darin setzte sich Scot kritisch mit dem Werk des heiligen Augustinus auseinander, das 500 Jahre lang die katholische

JOHN DU SCOT (800–77)

Lehre geprägt hatte. Eine derart kritische Auseinandersetzung mit dem Werk des Augustinus wurde damals normalerweise mit der Exkommunikation oder gar dem Tod geahndet, aber da Scot unter dem Patronat Karls des Kahlen stand, gelang es ihm, dieser Strafe zu entgehen.

Gegen Ende des 9. beziehungsweise 10. Jahrhunderts entstand in Europa eine neue Generation von Gelehrten. Bis zu dieser Zeit gab es nur wenige Gelehrte. Der erste aus dieser neuen Generation war der Ire John Du Scot. Er befaßte sich, anders als seine Vorgänger, auch mit klassischen Studien und stellte sein Wissen nicht ausschließlich in den Dienst der Kirche. Zwar war ein Großteil der klassischen Literatur erhalten geblieben, aber man hatte sich vorher kaum um diese Schriften gekümmert. Erst

OBEN: DUNS SCOTUS ERSTES ÜBERLIEFERTES PHILOSOPHISCHES WERK ÜBER DIE GÖTTLICHE VORSEHUNG WAR VON EINER THEOLOGISCHEN DISPUTATION INSPIRIERT, ZU DER IHN KARL DER KAHLE NACH FRANKREICH BERUFEN HATTE.

VERNUNFT VERSUS GLAUBEN

Scot stellte vor allem jene Beziehung in Frage, die Augustinus zwischen dem göttlichen Willen und dem freien Willen des Menschen hergestellt hatte. Augustinus war davon ausgegangen, daß der menschliche Wille von Gott vorbestimmt sei, was gleichzeitig bedeutete, daß auch die Möglichkeit des Menschen, ein tugendhaftes Leben auf Erden zu führen oder nicht, letztendlich von Gott vorbestimmt war. Dagegen argumentierte nun Scot, daß der Mensch deshalb einen wirklich freien Willen habe, weil der Wille Gottes sich im freien Wil-

Oben: Scot hatte sich den klassischen Studien gewidmet, die im 9. Jahrhundert im Ruf der Häresie standen. Rechts: Die erste Bibel Karls des Kahlen. Er schützte Scot vor den Verfolgungen der Kirche, die ihm wegen seiner kritischen Auseinandersetzung mit den Schriften des Augustinus drohten.

len des Menschen, in dessen Vernunft und vernunftgelenktem Denken offenbart. Für Scot stand die Vernunft über der Religion, weil sich seiner Meinung nach in der Vernunft die göttliche Wahrheit zeigt, während sich in der Religion lediglich die Verehrung Gottes spiegelt.

DIE TEILBEREICHE DER NATUR

Dennoch war Scot keineswegs ein ausgesprochen weltlicher Denker. Das Gegenteil ist richtig, denn er stellte niemals die absolute Autorität Gottes in Frage. Dies zeigt sich deutlich in seinem Werk *Über die Aufteilung der Natur*, in das er neben seinen theologischen Kenntnissen auch seine klassisch-griechische Bildung einbrachte. Scot legt in diesem Buch dar, daß die Natur in vier Bereiche oder Arten aufgeteilt sei: (1) In das, was erschafft, ohne selbst erschaffen zu sein. Das ist Gott selbst. (2) In das, was erschafft, aber selbst erschaffen wurde. Das ist, so Scot in Anlehnung an Platon, die Welt, die aus universalen Substanzen hervorgebracht ist, aus denen sie nun ihrerseits alles andere hervorbringt. (3) In das, was erschaffen wurde, aber selbst nichts erschafft – das sind die unsichtbaren Dinge wie Raum und Zeit. (4) Was weder erschaffen wurde, noch etwas erschafft. Die Antwort auf diesen Punkt ist erneut: Gott. Dies mag vielleicht als ein Widerspruch zum ersten Bereich erscheinen, doch tatsächlich und logischerweise ist Gott sowohl das eine als auch das andere, und der vermeintliche Widerspruch erweist sich als ein durchaus beabsichtigter und logischer. Darin zeigt sich Scots' Auffassung, daß Gott, um als Schöpfer wirken zu können, „etwas Seiendes" sein muß, das erschafft. Wenn aber gemäß der Definition alles „Seiende" erschaffen werden mußte, so kann Gott tatsächlich nichts erschaffen, da er selbst nicht erschaffen werden konnte, sofern er tatsächlich das erste und höchste Wesen überhaupt ist oder sein soll. Die These jedoch, daß Gott weder erschaffen wurde noch etwas erschaffen hat, rückte Scot in die Nähe zu den schlimmsten Häresien des 9. Jahrhunderts.

THOMAS VON AQUIN (1225–74)

Das Werk Thomas von Aquins stellt die wichtigste Grundlage der katholischen Theologie dar. Seine Schriften bilden einen wichtigen Bestandteil jener „Kulturrevolution", die Europa im 13. Jahrhundert erfaßte. Damals wurden überall in Europa neue Universitäten gegründet, und die Zahl der Studenten, die die berühmten „sieben Artes liberales" (Grammatik, Logik, Rhetorik, Arithmetik, Geometrie, Musik und Astronomie) studierten, wuchs ständig. Die Welt der Gelehrten vergrößerte sich zusehends und trug maßgeblich dazu bei, daß auch die Doktrinen der katholischen Kirche auf den Prüfstand der Wissenschaften gehoben wurden.

FAMILIÄRE ZWIETRACHT

Thomas von Aquin wurde in Neapel geboren und im Alter von fünf Jahren zur Ausbildung in die Benediktinerabtei von Monte Cassino geschickt. Später studierte er an der neugegründeten Universität von Neapel, doch mit 21 Jahren ließ ihn seine Familie ins Gefängnis werfen, weil er beschlossen hatte, als Mönch in den Dominikanerorden einzutreten. Während seiner Gefangenschaft schrieb er seine erste theologisch-philosophische Abhandlung, die sich vor allem mit dem Problem der Logik befaßte. Im Alter von 30 Jahren übernahm er in Paris den Lehrstuhl für Theologie und geriet unter den Einfluß gelehrter Dominikaner, die ihn mit Aristoteles vertraut machten, der im frühen 13. Jahrhundert als Häretiker galt. Nach nur drei Jahren in Paris kehrte Thomas von Aquin nach Italien zurück, wo er sein bedeutendstes Werk „Summa contra Gentiles" („Gegen die Heiden", 1264) schrieb. Er wirkte sein gesamtes Leben lang als ein machtvoller Lehrer und Theologe, gründete mehrere theologische Schulen und wissenschaftliche Gesellschaften in Florenz, Paris und Neapel. Doch sein Werk wurde schließlich von der Universität Paris und jener in Oxford schärfstens verurteilt, und so fand er erst 50 Jahre nach seinem Tod die Anerkennung, die ihm gebührte.

GOTT UND NATUR

Die Annahme, daß die Existenz Gottes eines Beweises bedurfte, bewegte sich bereits in gefährlicher Nähe zur Häresie. Denn das Bemühen, die Existenz Gottes zu beweisen, bedeutete ja bereits, diese zunächst in Frage zu stellen. Wenn es aber nicht notwendig war, die Existenz Gottes zu beweisen, dann war es auch nicht notwendig, seine Gebote oder seine Schöpfung zu beweisen. Lange Zeit vor Thomas von Aquin begnügte sich die katholische Theologie damit, bereits formulierte Doktrinen nur stets von neuem zu bekräftigen und lediglich dann neue moralische Lehrsätze zu formulieren, wenn dies notwendig war. Thomas von Aquin trug mit seinem Werk federführend dazu bei, daß sich die katholische Theologie aus dieser Sackgasse befreite. Er argumentierte, daß ein besseres Verständnis der natürlichen Welt nicht zwangsläufig eine Bedrohung des christlichen Glaubens sein müsse, sondern im Gegenteil: daß ein sorgfältigeres Durchdringen der Naturgesetze unseren Respekt vor der göttlichen Schöpfung sogar noch vertiefen würde. Wenn Gottes herausragendste Schöpfung tatsächlich der Mensch sei, dann bestünde in der Entwicklung der menschlichen Vernunft die Möglichkeit, Gottes Ruhm noch weiter zu mehren. Aquins bedeutendster Beitrag zur Philosophie bestand darin, das scholastische Denken vom platonischen Geist zu befreien. Augustinus hatte im 4. Jahrhundert Platons Vorstellung von einer Welt transzendender Ideen als ein göttliches System re-interpretiert. Doch Aquin hielt genau das Gegenteil für richtig. Er ging davon aus, daß alles menschliche Wissen auf Teilkenntnissen beruht, von denen universelle Ideen abstrahiert werden können. Oberflächlich betrachtet scheint es, als ob er damit das absolute Wissen Gottes in Frage stellt. Doch dies ist nicht der Fall. Thomas von Aquin glaubte vielmehr, daß sich die Schaffung der Welt in einem kontinuierlichen Prozeß vollzieht und Gott stets alles weiter erschafft, einschließlich der menschlichen Wesen.

„In Beantwortung der Frage: „Gibt es so etwas wie Schicksal?“ könnten wir den Begriff Schicksal auch als göttliche Vorsehung interpretieren, jedoch ist es sicherlich klüger, dies nicht zu tun, da nämlich Schicksal ein heidnischer Begriff ist.“

Thomas von Aquin revolutionierte die katholische Theologie, indem er sie auf den Stand der intellektuellen Debatte seiner Zeit hob. Das Wissen Gottes ist absolut, doch dies bedeutet nicht zwingend, dass wissenschaftliche und philosophische Überlegungen die katholische Kirche gefährden müssen.

ROGER BACON

Im rebellischen Wesen Roger Bacons fand der im Franziskanerorden allgemein herrschende Geist seinen deutlichsten Niederschlag. Bacon war vor allem dafür bekannt, daß er mit Hilfe wissenschaftlicher Experimente versuchte, die Gesetze der Natur zu erforschen. Im 13. Jahrhundert aber galt jegliche Form des wissenschaftlichen Experiments als Häresie. Da Bacon zusätzlich sogar im Bereich der Alchimie und Magie forschte, zog er sich unaufhaltsam den Zorn der Kirche zu. 1278 wurde er schließlich für 14 Jahre ins Gefängnis geworfen.

DIE FRANZISKANER

Oben links: Dunus Scotus diskutierte in seinem Werk die Frage, ob die Dinge in ihrem innersten Wesen, das von Gott gegeben sei, gleich seien, oder ob jedem Ding eine eigene Weisheit innewohne.
Oben rechts: Roger Bacon war der rebellischste aller Franziskaner.

Die Franziskaner gehörten ebenso wie die Dominikaner zu den herausragendsten Vertretern der theologisch-aufklärerischen Bewegung des 13. und 14. Jahrhunderts. Die gelehrten Männer des Franziskanerordens waren mit die ersten, die die orthodoxe Lehre der katholischen Kirche radikal in Frage stellten. Darüberhinaus spielten sie bei der Gründung neuer Universitäten im 14. Jahrhundert eine bedeutende Rolle. Aufgrund der Tatsache, daß sie die orthodoxe Lehre derart hartnäckig in Frage stellten, erlangten die Franziskaner hohes Ansehen, das noch dadurch gestärkt wurde, daß sie sich der Armut verpflichtet hatten.
Die drei bedeutendsten Ordensbrüder der Franziskaner waren Roger Bacon, Dunus Scotus und William of Occam.

DUNUS SCOTUS

Neben der Debatte um die theologischen Doktrinen des heiligen Augustinus war es vor allem der Disput zwischen Thomas von Aquin (einem Dominikaner) und den Franziskanern, der die philosophische und theologische Auseinandersetzung des 13. Jahrhunderts prägte. Dafür war nicht zuletzt das Werk von Dunus Scotus von herausragender Bedeutung. Im Zentrum dieser Debatte stand die Re-interpretation der Schriften von Platon und Aristoteles. Die Franziskaner standen eindeutig auf Seiten Platons. Es ging um die zentrale Frage der antiken Philosophie, ob jedem unterschiedlichen Ding ein eigenständiges Wesen innewohne, oder ob alle Dinge lediglich unterschiedliche Erscheinungsformen einer identischen Wesenheit seien. Scotus vertrat die Auffassung, daß alle unterschiedlichen Dinge über eine jeweils eigenständige Wesenheit verfügten.

WILLIAM OF OCCAM

William of Occam, 1285 in dem englischen Städtchen Occam geboren, wurde zum herausragenden Gelehrten des Franziskanerordens. Er rief derart viel Widerspruch hervor, daß er sich unter den Schutz Ludwigs des Bayern stellen mußte, dem er mit jenen berühmten Worten entgegentrat: „Verteidige mich mit dem Schwert, und ich will dich mit der Feder verteidigen.“ Manche Philosophen sind heute der Auffassung, daß sein Werk den modernen Blick der Wissenschaften auf die Welt geprägt habe. Dies überstrapaziert zwar mit Sicherheit Occams Einfluß, aber tatsächlich stellte seine Philosophie so etwas wie eine „Flurbereinigung“ der damaligen philosophischen Gedankengebäude dar.

„Nichts kann als solches aus sich selbst heraus erkannt werden, alles muß vom Geist aufgenommen werden“ – William of Occam.

OBWOHL DIE FRANZISKANER DIE ORTHODOXE THEOLOGIE IN FRAGE STELLTEN, WAREN SIE JEDOCH SELBST MASSGEBLICH AN DER INQUISITION BETEILIGT.

Der Aspekt in Occams Werk, wegen dem er als ein „Wegweiser der Moderne“ betrachtet wird, wurzelt in seinem berühmten Ausspruch: „Es ist eitel und nutzlos, mehr für etwas aufzuwenden, was mit weniger getan werden kann.“ Diese Maxime, bekannt geworden als „Occam's razor“, leitet sich aus seiner Philosophie der Logik ab. Er ging davon aus, daß es außerhalb des menschlichen Geistes keine universalen Dinge gibt, weshalb universale Begriffe, die einzelne Dinge außerhalb des menschlichen Geistes bezeichnen, eher Gegenstand der Logik und der Grammatik als der Metaphysik seien. Für Occam sind lediglich „Dinge in sich selbst“ real. Diese Dinge müssen nicht notwendigerweise mit den Begriffen, Namen oder Bezeichnungen, die sie tragen, übereinstimmen.

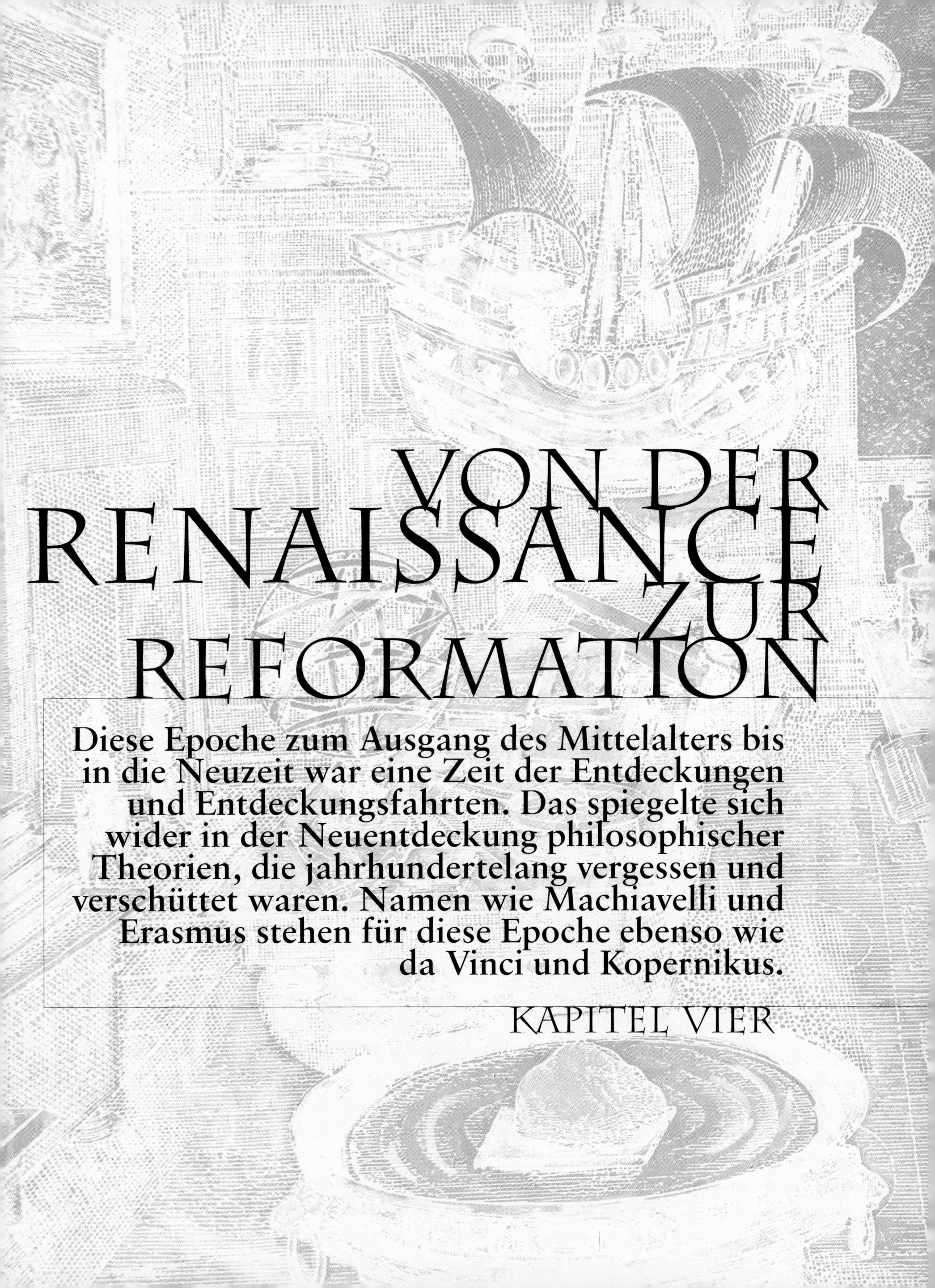

VON DER RENAISSANCE ZUR REFORMATION

Diese Epoche zum Ausgang des Mittelalters bis in die Neuzeit war eine Zeit der Entdeckungen und Entdeckungsfahrten. Das spiegelte sich wider in der Neuentdeckung philosophischer Theorien, die jahrhundertelang vergessen und verschüttet waren. Namen wie Machiavelli und Erasmus stehen für diese Epoche ebenso wie da Vinci und Kopernikus.

KAPITEL VIER

Die unaufhörliche geistige Dynamik, die unsere heutige Welt auszeichnet, nahm ihren Ausgang in der Renaissance. Durch die Wiederentdeckung des geistigen Reichtums der griechisch-römischen Antike erwachte Europa im 14. und 15. Jahrhundert aus einem 1000-jährigen kulturellen Dornröschenschlaf. Italien war dabei die Speerspitze und übertraf bei weitem alles, was die Scholastiker und die katholische Kirche schon vorher geleistet hatten. Dieser völlig neue Geist der Neugier gegenüber antikem Gedankengut wurde zum Fundament späterer wissenschaftlicher Erkenntnisse und einer faszinierenden literarischen und künstlerischen Kreativität und Vielfalt. Auch das philosophische Denken erlebte in diesem Umfeld eine neue Blüte.

DIE RENAISSANCE

ITALIEN UND DIE RENAISSANCE

Zwar wehte der Geist der Renaissance auch nördlich der Alpen, aber Ursprung und Höhepunkt lagen ohne Zweifel in Italien, genau gesagt: in den italienischen Stadtstaaten. Denn zu dieser Zeit gab es keinen italienischen Nationalstaat. Hinsichtlich kultureller Leistungen und politischer Bedeutung waren Florenz und Venedig federführend. Florenz war die Heimatstadt von Petrarca, dem Stammvater der italienischen Lyrik. Sein Werk gilt als Morgendämmerung von Italiens geistiger Wiedergeburt. Seine Anhänger und Schüler durchstöberten ganz Europa nach alten Texten, die sie in neu-

Die Humanisten wie z.B. der italienische Gelehrte Giovanni (links) versuchten, die Originaltexte der griechischen und römischen Antike zu rekonstruieren, ohne etwas hinein zu interpretieren.

en Bibliotheken und Bildungsstätten sammelten. Forschung und Lehre waren damals so angesehen, daß die Gelehrten teilweise nahezu Kultfiguren wurden. Das geschah vor allem, nachdem die Medici in Florenz herrschten und die Gelehrten und Künstler massiv förderten.

DIE ENTDECKUNG DER WELT

Der geistige Aufschwung während der Renaissance beflügelte auch den Drang zur Entdeckung und Erforschung der Welt. Die wissenschaftlichen Entdeckungen der Zeit, vor allem die astrologischen, gingen Hand in Hand mit Entdeckungsfahrten rund um die Erde. 1492 entdeckte Christoph Kolumbus Amerika, und 1487 umsegelte Bartholomeu Diaz zum erstenmal das Kap der Guten Hoffnung. Im Jahr 1507 kam es zur „Kopernikanischen Wende“ im jahrtausendealten Weltbild: Kopernikus veröffentlichte sein Werk „Commentariolus“, in dem er nachwies, daß sich die Erde um die Sonne dreht und nicht umgekehrt. Damit war das uralte Ptolemäische Weltbild zusammengebrochen, das Gott an der Spitze des Seins angesiedelt hatte. Die Erde befand sich ganz unten, Engel und Menschen dazwischen .

Die Eroberung von Byzanz im Jahr 1204 bezeichnet den Beginn der Renaissance. Mit dem Fall von Byzanz gab es keine Metropole der westlichen Kultur mehr. Die italienischen Stadtstaaten traten an ihre Stelle.

„Die wissenschaftlichen Erkenntnisse des Kopernikus revolutionierten das bis dahin gültige Weltbild mit Gott auf dem Gipfel des Seins, der Erde ganz unten, und dazwischen Engel und Menschen.“

DIE ENTDECKUNG DES MENSCHEN

Am meisten berühmt geworden ist die Renaissance durch ihre künstlerischen Werke, vor allem jene von Michelangelo. Aber all diese Werke gingen weit über ihre rein künstlerische Bedeutung hinaus, denn sie widerspiegelten zugleich eine vertiefte Kenntnis der Welt und des Menschen, was sich in Malerei und Bildhauerei durch völlig neue, wesentlich genauere Darstellungsformen ausdrückte.

Ziel der Renaissance-Künstler war es, die Achtung vor der Überlieferung des Heiligen zu verbinden mit dem Ideal der Schönheit durch die Genauigkeit in der Darstellung.

DIE HUMANISTEN

Die Entdeckung der Welt, geographisch und wissenschaftlich, sowie das neue Menschenbild in der Kunst bildeten Grundlage und Hintergrund für das philosophische Denken in der Renaissance, die untrennbar einherging mit der geistigen Strömung des Humanismus – einem Begriff, der allerdings erst im 19. Jahrhundert kreiert wurde. Der Humanismus war keine Strömung mit eigenen, ausgeprägten Ideologien – sein Interesse galt lediglich dem Studium jeglicher Art von menschlichen Kulturleistungen im Gegensatz zur göttlichen Schöpfung. Die Humanisten konzentrierten sich dabei auf die literarischen Werke der griechisch-römischen Antike, die sie neu übersetzten oder in ihrer ursprünglichen Form wiederherzustellen versuchten. Sie gewannen dadurch ein tieferes Verständnis davon, in welchem Ausmaß Kultur von Institutionen, Gewohnheiten und neuen Ideen geprägt wird.

Die Reformation und die daraus resultierenden einschneidenden Veränderungen im religiösen Gefüge Europas hatten schwerwiegende Folgen auch für europäische Denker. Die religiösen, philosophischen und politischen Vorstellungen der Reformation sind deshalb wichtige Indikatoren für die damals erreichte kulturelle Entwicklung Europas. Die strukturellen Veränderungen begannen mit einer weitverbreiteten Infragestellung des Papsttums und der römisch-katholischen Kirche überhaupt. Schon während des späten 15. Jahrhunderts war der Unwille über Korruptheit, Verderbtheit und Machtmißbrauch der katholischen Kirche stetig gewachsen. Seinen bis dahin schärfsten Ausdruck erfuhr dieser Unwille im Jahr 1517, als Martin Luther seine berühmten 95 Thesen an die Pforte der Schloßkirche von Wittenberg nagelte. Es war der Anfang der neuen religiösen Bewegungen des Protestantismus und Puritanismus, die sich schnell im nördlichen Teil Europas ausbreiteten.

Die Spaltung der europäischen Christenheit war nicht nur eine religiöse Streitfrage, sondern warf auch die Frage auf, wie Völker und Nationen regiert werden sollten. Denn von nun an mußten die europäischen Staaten mit religiöser Vielfalt innerhalb ihrer Grenzen leben – eine völlig neue Situation. In den meisten Fällen reagierten die Monarchen und Politiker durch eine Stärkung der absolutistischen Herrschaft – entweder gegen oder zugunsten des Papsttums. Innerhalb der philosophischen Diskussion dieser Zeit rückte mehr und mehr die Frage nach dem Zusammenhang von politischer Macht und menschlicher Natur in den Vordergrund – und zwar weitgehend außerhalb der Theologie. Sie erreichte ihren Höhepunkt in den durchaus gegensätzlichen politischen Entwürfen von Machiavelli und Hobbes.

DIE REFORMATION

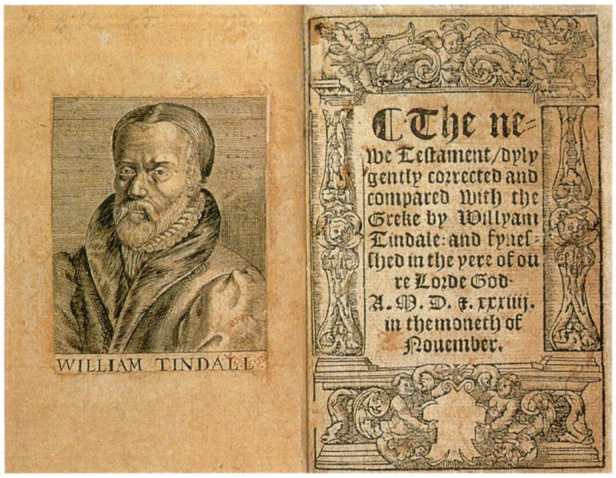

Links oben: Eine zeitgenössische Karikatur von Luther und Calvin, deren Gegnerschaft zur katholischen Kirche sie zu Wortführern der Reformation machte.
Oben: Die Neuübersetzung des Neuen Testaments war eine schwere Herausforderung des katholischen Klerus, weil sie auf den Urtext zurückging.

MARTIN LUTHER

Luther wurde 1483 in Eisleben (Thüringen) geboren. Er war Professor für Bibelexegese an der Universität Wittenberg. Seine Schriften beeinflußten nicht nur die Theologie, sondern den Gang der europäischen Geschichte. Sein großes Ziel war, das ursprüngliche Evangelium wiederzuentdecken, das durch die mittelalterliche Theologie verzerrt und verstümmelt worden war. Luther war überzeugt, daß zwischen dem Wort Gottes selbst in der Heiligen Schrift und der katholischen Kirche als Institution ein abgrundtiefer Widerspruch bestünde. Er behauptete, daß kein Wort in der Bibel die päpstliche Macht und deren ausgefeilte Rituale rechtfertige. Für Luther offenbarte sich wahrer Glaube viel mehr im alltäglichen Leben als in Pilgerfahrten oder religiösen Zeremonien. Seine Überzeugung war, daß man Gott durch tätige Nächstenliebe mehr dienen kann und soll als im kirchlichen Gottesdienst. Nach anfänglich

zögerlicher Reaktion wurde Luther schließlich exkommuniziert – es war der Beginn verheerender Religionskriege im Europa des 16. und 17. Jahrhunderts.

IM ZENTRUM DER KRITIK AM KATHOLIZISMUS, DIE SICH IN GANZ EUROPA AUSBREITETE, STAND DIE KRITIK AM PAPSTTUM, DAS VIELE FÜR KORRUPT UND ENTARTET HIELTEN.

CALVIN

Johannes Calvin (1509-64) stand ganz in der Denktradition Luthers, war politisch aber wesentlich einflußreicher und radikaler als dieser, vor allem, seit er 1541 Oberhaupt der protestantischen Kirchengemeinde in Genf wurde. Calvin vertrat einen religiös-moralischen Rigorismus im Gegensatz zur katholischen Kirche mit ihrer Überbetonung der Riten und Rituale. In Genf zur Zeit Calvins war das private und öffentliche Leben streng reglementiert. Insofern unterschied es sich kaum von Glaubens- und Herrschaftsformen im katholisch beherrschten Europa.

Die Schriften Machiavellis bewegen sich auf höchstem Niveau, wenngleich sie zur Zeit ihrer Entstehung als Teufelswerk angesehen wurden. In erster Linie war Machiavelli ein politischer Philosoph, und er war der erste Philosoph, der die Mechanismen politischer Macht als einen von den Prinzipien der Moral losgelösten Gegenstand erforschte. Sein Werk ist verhüllt von Mythen und böswilligen Unterstellungen und wird weitgehend mißverstanden.

NICCOLÒ MACHIAVELLI (1469–1527)

DER DIPLOMAT

1494 fiel Florenz, die Stadt, in der Machiavelli lebte, unter die Herrschaft der Franzosen bzw. der Spanier. Diese Niederlage ereignete sich nach einer Epoche der Stabilität und kulturellen Blüte, die durch das diplomatische Bündnis der fünf mächtigsten italienischen Stadtstaaten Venedig, Mailand, Neapel, dem Kirchenstaat und Florenz selbst (das von Lorenzo de' Medici regiert wurde) entstanden war. Die Art und Weise, in der Machiavellis geliebte Florenz gezwungen wurde, seine Macht abzutreten, hinterließ einen tiefen Eindruck bei ihm. Sein daraus resultierendes politisches Interesse gipfelte in der Ernennung zum Sekretär und stellvertretenden Kanzler der florentinischen Regierung. Dieses Amt beinhaltete hauptsächlich diplomatische Pflichten, die Machiavelli der intriganten und rachsüchtigen Welt der europäischen Politik näherbrachten. Im Jahr 1512, nachdem die Medici die Macht in Florenz wieder an sich gebracht hatten, wurde Machiavelli seines Postens enthoben, woraufhin er eine Karriere als Homme des lettres begann. Sein erstes und berühmtestes Buch *Il Principe* (*Der Fürst*, 1513) berichtet von seinen Erfahrungen als Diplomat und ist in Form eines Fürstenspiegels verfaßt, der Lorenzo II. von Florenz Ratschläge zur Kunst des Regierens erteilt.

DER FÜRST

In seinem Buch *Der Fürst* erhob Machiavelli den selbstbewußten Anspruch, eine neue politische Theorie zu formulieren. Er leitete ihn von seinem Anliegen her, sich der geschichtlichen Erfahrung zu bedienen und nicht von abstrakten oder moralischen Prinzipien auszugehen. Er wollte seine Zeitgenossen davon überzeugen, daß die Regierungspraxis nur dann richtig bewertet werden kann, wenn offenkundig ist, wonach die Regierenden letztendlich streben. Das erste Prinzip des Regierens ist die Konsolidierung der Macht, deshalb kann der Erfolg eines Herrschers nur durch Anwendung politischer

Härte erzielt werden. Das heißt nicht, daß der Zweck die Mittel heiligt. Denn Machiavelli glaubte, daß die Sicherheit der Herrschaft bedroht ist, wenn die Herrschaftsmethoden nicht mehr dem Prinzip der Sicherung der Macht dienen. Der Ausdruck „machiavellistisch" wird häufig mißbräuchlich verwendet, um einen machthungrigen Tyrannen zu beschreiben. Aber Machiavelli empfiehlt den Herrschern nicht, tyrannisch zu regieren – die es dennoch tun, verkennen Machiavellis Absicht. Er rät dem Fürsten nämlich, er solle „entschlossen sein, alles zu vermeiden, was ihn verhaßt und verächtlich macht". Eben weil er selbst über der Moral stehen muß, ist er ihr verpflichtet – bei Strafe des eigenen Untergangs.

DIE DISCORSI

Der Eindruck von Machiavellis Denken, der sich beim Lesen von *Der Fürst* vermittelt, ist der einer politischen Philosophie, die sich weniger mit Regierungsformen als solchen beschäftigt, sondern nur für die Wirkungen Interesse zeigt, die sich auf den Machterhalt des Fürsten beziehen. Aber dies wäre ein verzerrtes Bild Machiavellis. Im Buch „Discorsi" führt er weit nüchterner aus, in welche Richtung seine Ratschläge zu interpretieren seien. Aus dieser Schrift geht nämlich klar hervor, daß er Republikaner und ein früher moderner Liberaler war, der hingebungsvoll über Freiheit und Verfassungsmäßigkeit schreibt.

GEGENÜBERLIEGENDE SEITE: BÜSTE MACHIAVELLIS, DER FÜR EINEN NEUEN TYPUS POLITISCHER THEORIE STEHT.
GANZ OBEN: „DER FÜRST" WAR LORENZO DE MEDICI GEWIDMET.
OBEN: DIE ERMORDUNG CÄSARS, VON KARL T. VON PILOTY – MACHIAVELLI GLAUBTE, DASS EIN HERRSCHER IMMER NACH MACHTERHALT STREBEN MÜSSE.

ERASMUS (1466–1536)

Die Renaissance wird als glanzvolle und farbenprächtige Epoche der italienischen Geschichte betrachtet, die der Welt einen Leonardo da Vinci, Michelangelo und Machiavelli schenkte. Aber auch das nördliche Europa erlebte eine Renaissance, wenn auch nicht ganz so strahlend. Die nördliche Renaissance stellte weitaus weniger die religiösen Autoritäten in Frage, ihr Anliegen war ein behutsamer Reformprozeß und die Modernisierung kirchlicher Praxis. Erasmus, in Rotterdam geboren, war eine ihrer Schlüsselfiguren. Anders als seinen leidenschaftlicheren reformistischen Nachfolgern, ging es ihm um die Verbesserung der Qualität von Bildung und Erziehung innerhalb der katholischen Kirche. Er war mit Sicherheit kein Fürsprecher der Reformation, aber in seinem Bemühen um Genauigkeit, sowie grammatische und rhetorische Eleganz offenbarte sich Erasmus' frühe Modernität. Er schätzte Einfachheit und zog sie geistiger Kompliziertheit vor; der Einfluß seines Werkes gründete eher auf seiner moralischen Integrität, denn auf seiner philosophischen Originalität.

„DAS LOB DER TORHEIT"

Das einzige Buch Erasmus', das heute noch weithin erhältlich ist, hat den Titel *Das Lob der Torheit*. Erasmus stellt darin die These auf, daß das Streben nach Glück als Lebensziel von Torheit zeugt. Und zwar deshalb, weil wir, um glücklich zu sein, uns durch übertriebene Einbildung, Eigenliebe und Schmeicheleien täuschen lassen. Sogar das Glück in einer Freundschaft gründet sich auf Torheit: „Die Fehler des Freundes übersehen, sie übergehen, ein Auge zudrücken, Illusionen schaffen, offensichtliche Fehler wie Tugenden hinnehmen – ist das alles nicht der Torheit verwandt?" Würde man aber das Leben in Weisheit allein leben wollen, könnte man z. B. niemals die Vorzüge des Ehelebens schätzen: „Welcher Mann würde seinen Hals auf dem Altar der Ehe opfern, wenn er – wie der Weise – zuerst die Nachteile dieser Art zu leben abwägt? Und welche Frau würde je-

Links oben: Erasmus schätzte einen einfachen, aber dennoch eleganten Stil. Er zog ihn dem komplizierten Stil der meisten Philosophen seiner Zeit vor. Oben: In seinem Buch *Das Lob der Torheit* führt Erasmus vor Augen, wie sich die Objekte unserer Gier nach Glück als Täuschung entpuppen.

mals zustimmen, einen Mann zu heiraten, bedächte sie die Schmerzen und Gefahren des Gebärens und die Schwierigkeiten, Kinder zu erziehen. Wenn du also deine Existenz einer ehelichen Verbindung verdankst, so verdankst du die Tatsache deiner Ehe der Torheit ....“

Nach Erasmus ist der Weiseste am wenigsten glücklich. Erasmus belustigt sich über den Philosophen, der „seine Bücherschränke durchkämmt hat, um die ganze Theologie zu beherrschen“ und „an einer trockenen Bohne knabbert und im ständigen Krieg mit Wanzen und Läusen liegt“, um seine hochgelehrten Ambitionen zu verfolgen.

Laut Erasmus vermittelt man aufklärerische Gedanken am besten über eine Erziehung, die Wert auf rhetorische Eleganz, korrekte Grammatik und Stil legt. Bloße Fakten und komplizierte Formeln bleiben zwar eine Zeitlang im Gedächtnis haften, aber sie zu lehren, sollte erst an zweiter Stelle stehen. Die beste Erziehung liegt deshalb im Studium der antiken Klassiker, denn hierbei stößt man auf besonders schöne Beispiele guter Rhetorik und Argumentation sowie beredt ausformulierte, wichtige Maximen.

Oben: *Die Schlacht von Flodden* (1513) – Erasmus prangerte die gewaltsame Durchsetzung der Theologie an und schrieb: „Ihre [der Päpste] einzige Waffen sollten die des Geistes sein.“
Links: Erasmus' Kommentar über die, wie er sie nannte, Illusionen des modernen Lebens kann man mit den Schriften einiger anderer Denker der Renaissance vergleichen, z. B. mit der *Utopia* des Thomas More.

„Die Fehler des Freundes übersehen, sie übergehen, ein Auge zudrücken, Illusionen schaffen, offensichtliche Fehler wie Tugenden hinnehmen – ist das alles nicht der Torheit verwandt?“

Diese Schwerpunktlegung auf Erziehung und Ausbildung mag nicht besonders philosophisch scheinen. Aber als Erasmus seine Schriften verfaßte, wurde die Frage der Eigenbildung heftig diskutiert und umfaßte ein breites Spektrum moralischer und politischer Streitpunkte. Erasmus' Vermächtnis besteht in der Konkretheit seines Denkens und der Förderung von Stil und Wortgewandtheit anstelle von wissenschaftlicher Faktenverarbeitung.

Der Name Michel de Montaigne fehlt häufig im Verzeichnis der großen Philosophen. Auch eine wohlwollende Darstellung seines Werkes soll und kann nicht beweisen, daß sein Einfluß ähnlich groß gewesen sei wie der eines Hobbes oder Erasmus. Zudem war sein Werk nicht systematisch, sondern hauptsächlich in Essay-Form, weniger in der Form umfangreicher Abhandlungen aufgebaut. Montaignes unsystematischer Zugang zur Philosophie war jedoch durchaus beabsichtigt. Er verkörperte gewisse Strömungen der Philosophie im Zeitalter von Renaissance und Reformation. Montaignes Bildungsjahre fielen mit einer Epoche religiös motivierter Aufstände in Europa zusammen, und die Reformation schärfte zweifellos sein Bewußtsein für die Vielfalt religiösen Glaubens. Als Angehöriger des französischen Adels wurde er dazu erzogen, systematischen weltanschaulichen Studien obhold zu sein – das grundlegende Wissen eines damaligen Edelmannes hatte in seiner Ausbildung zu eben diesem Zweck zu bestehen. In Montaignes *Essais* spiegelt sich dieser autobiographische Teil seines Lebens wider.

MONTAIGNE (1533–92)

DER SKEPTIKER

In seinem bedeutendsten Werk, dem *Essais*, bezieht sich Montaigne auf die skeptische Philosophie des spätantiken Griechenlands, die er auf die Verhältnisse seiner Tage überträgt. An den Balken seines Studierzimmers hatte Montaigne folgende Inschriften angebracht: „Die einzige

Die Ermordung Brious, Lehrers des Prinzen Conti, in der Bartholomäusnacht – Montaignes aristokratischer Hintergrund liess seinen ganz eigenen philosophischen Skeptizismus entstehen, der von der ungeistigen Haltung des französischen Adels im 16. Jahrhundert geprägt war.

Gewißheit ist die Ungewißheit“ und „Ich setze das Urteil aus“. Konfrontiert mit einer Welt, in der kulturelle Vielfalt verschiedene Werte und Sichtweisen hervorbrachte, konnte es keine Alternative zum Skeptizismus im Hinblick auf die Gewißheit menschlichen Wissens geben. Hinsichtlich moralischer Werte erweist sich diese Betrachtungsweise als besonders nützlich: Montaigne führt Beispiele afrikanischer Kulturen an, deren Wertvorstellungen Europäern zwar fremd waren, in der eigenen Gesellschaft jedoch völlig fraglos erschienen. Montagine hält das menschliche Wissen für äußerst unzuverlässig, denn es wird von zu vielen verschiedenen Faktoren beeinflußt, um mit Gewißheit beurteilt werden zu können. Wie er bemerkt, hatten „noch nie zwei Menschen jemals die gleiche Meinung über das gleiche Ding.“ Ebenso wie Sokrates setzt Montaigne Dogmatismus mit Unwissenheit gleich, und der unsystematische Stil seiner Philosophie spiegelt seinen Glauben wider, daß wir dem menschlichen Wissen vergeblich Ordnung zu verleihen suchen. Die meisten heutigen Philosophen würden Montaignes Skeptizismus wohl als zu simplifizierend ablehnen, obwohl seine Ansichten moderne Züge aufweisen. Man hüte sich aber, Montaignes Aufgeschlossenheit gegenüber kultureller Vielfalt mit Liberalismus gleichzusetzen; sein Skeptizismus war aristokratisch, angelehnt an das Vorbild der antiken Philosophie.

Das Gemälde von 1576 stellt die Unterdrückung der Hugenotten dar. Die religiösen Auseinandersetzungen und Aufstände im Frankreich um die Mitte des 16. Jahrhunderts hatten bedeutenden Einfluss auf Montaignes Philosophie und sein Engagement für religiöse Toleranz.

DIE POLITIK

Trotz seines Skeptizismus setzte sich Montaigne für eine Anpassung an die maßgeblichen Traditionen ein. Seine skeptische Haltung formulierte er dabei in politisch konservativer Weise, wenn er behauptete: „Vorausgesetzt, sie sind stabil und traditionell, ist in öffentlichen Angelegenheiten kein Zustand so gut, als daß es nicht besser wäre, für Wechsel und Veränderung zu sorgen .... Aber es ist zu einfach, ein politisches System zu kritisieren ... Ein besseres anstelle eines zerstörten zu etablieren: Das ist das Problem.“ Montaigne hielt Terror und Brüche, die radikalen Wandel mit sich bringen, für einen zu hohen Preis, der entrichtet werden müßte, um neue Werte zu setzen.

Bacon wurde, wie die meisten damaligen Philosophen, vom Geist seiner Epoche geprägt, der um naturwissenschaftliche Entdeckungen kreiste. Bacon förderte diese Strömungen seiner Zeit und lockerte zugleich die Fesseln der aristotelischen Logik, die Naturwissenschaft, Philosophie und Theologie jahrhundertelang gefangen gehalten hatten.

Bacons Karriere in der Politik führte ihn bis in die Position des Lordkanzlers. Dieses Amt bekleidete er allerdings nur kurze Zeit, denn nach zwei Jahren wurde er angeklagt, als Richter Bestechungsgelder angenommen zu haben. Das war im England des 17. Jahrhunderts kein ungewöhnliches Vorkommnis; tatsächlich fand Bestechung in einem Ausmaß statt, das es Richtern erlaubte, das Geld anzunehmen, ohne anschließend die damit verbundenen Begehren zu berücksichtigen. Bacon verteidigte sich folglich damit, daß die Annahme des Geldes ihn nicht beeinflußt habe; trotzdem wurde er verurteilt und nach seiner Freilassung von öffentlichen Ämtern ausgeschlossen.
Er widmete sich deshalb für den Rest seines Lebens der Philosophie.

FRANCIS BACON (1561–1626)

BEI SEINEM VERSUCH, EINEN FORTSCHRITTLICHEREN ANSATZ IN DER PHILOSOPHIE ZU ETABLIEREN, WOLLTE FRANCIS BACON NATURWISSENSCHAFTLICHE VERNUNFT MIT PRAKTISCHEN FRAGEN VERBINDEN, UM AUF DIESE WEISE WISSENSCHAFTLICHE RATIONALITÄT ZU SCHAFFEN.

WISSEN IST MACHT

Bacon war führender Verfechter einer Bewegung, die sich gegen die Vorherrschaft der Theologie über die Wissenschaft wandte. Die Renaissance hatte zwar schon viel dazu beigetragen, die Autorität der Scholastik zu schwächen, aber viele Menschen mußten noch von der Überlegeheit der wissenschaftlichen Vernunft überzeugt werden. Um auch die letzten Zweifler zu überzeugen, präsentierte er in seiner utopischen Schrift *The New Atlantis* („Das neue Atlantis") einen völlig neuen Ansatz, was Wissen und Methodik für den Fortschritt der Menschheit betraf. Er begründete darin, daß der Mensch nur mit Hilfe der Vernunft hoffen kann, die Naturgesetze zu verstehen und zu beherrschen. Hier hat die berühmte Maxime „Wissen ist Macht" ihren Ursprung. Selbst wenn die Vernunft der Religion helfen kann (d. h. die Existenz Gottes mit Hilfe der Vernunft zu beweisen), sollte die Theologie laut Hobbes eine eigene Disziplin sein. Soweit eine moralische Kraft in Bacons Philosophie existiert, dann als Forderung, die Philosophie solle von praktischen Dingen vorangetrieben werden.

DIE IDOLE

Bacon bezeichnete jene Haltung, die er als hinderlich für die Verbreitung der Vernunft erachtete, mit dem Begriff Idole des Wissens. Idole sind vielfältige mentale Anlagen, die uns häufig vom rationalen Denken abbringen. Er unterschied vier Arten von Idolen:

1. Idole des Stammes

Darunter ist unsere natürliche Neigung zu verstehen, in der Natur nach Strukturen zu suchen, die sie uns selbst nicht bieten kann. Sehr oft projizieren wir unsere eigenen Hoffnungen und Wünsche in unser Naturverständnis und tendieren deshalb dazu, ihre Gesetzmäßigkeiten zu mißdeuten.

2. Idole der Höhle

Damit ist die Voreingenommenheit der jeweiligen Person gemeint, die die Natur erforscht. Sie ist häufig von ihrem sozialen Umfeld beeinflußt und der Wahrheit gegenüber wenig aufgeschlossen.

3. Idole des Marktplatzes

Das betrifft die Angewohnheit, unklar definierte umgangssprachliche Begriffe zu verwenden anstatt wissenschaftlicher Erklärungen. Bacon hält dieses Idol für jenes, das am stärksten der Fortentwicklung der Vernunft entgegensteht oder ihre Entwicklung in eine andere Richtung lenkt.

4. Idole des Theaters

Sie repräsentieren die Macht, die ausgefeilte Lehren wie etwa die Scholastik auf das menschliche Denken ausüben. Sie beziehen ihre Stärke eher aus der Rhetorik als aus der Wahrheit.

Zusammengenommen charakterisieren die Elemente der vier Idole die gesellschaftliche Akzeptanz der Wissenschaften und ebenso große Teile der Philosophie bis auf den heutigen Tag.

INDUKTION

Bacons eigener Beitrag zur Sache der Vernunft war eine frühe Version des Empirismus (d. h. der Theorie, daß die Wahrheit jeder Behauptung von der tatsächlichen, ihr zugrunde liegenden Erfahrung abhängt). Er entwickelte eine Theorie wissenschaftlicher Induktion, die folgende Methodik zur Erlangung wissenschaftlichen Wissens vorschlug: Zuerst muß man Beispiele für gewisse Wirkungen suchen, die zwangsläufig durch bestimmte Veränderungen verursacht werden. Wenn wir ein solches

UNTEN: BACON WAR IN EINEN GEPLANTEN STAATSSTREICH DES EARL OF ESSEX VERWICKELT.

„Wissen und Macht kommen zum gleichen Ergebnis: Die Natur kann nicht erobert werden, ohne ihr zu gehorchen."

Beispiel gefunden haben, müssen wir zweitens alle Möglichkeiten herausfinden, die diese gewisse Wirkung hervorrufen. Dann gilt es, nach Beispielen zu suchen, in denen die obige Veränderung nicht eintritt und die entsprechende Wirkung fehlt. Sobald wir diese Szenarios ausreichend ausgelotet haben, können wir Wege finden, die Logik der Veränderung und der Wirkung meßbar zu machen.

Thomas Hobbes ist in der politischen Philosophie so wichtig, daß das Spektrum seiner kompromißlosen Auslassungen über das Schicksal menschlicher Gemeinschaften die politische Wissenschaft bis auf den heutigen Tag beeinflußt. Sein bekanntestes Werk, der *Leviathan*, vermittelt eine Sicht des Staates und dessen Beziehungen zum Individuum, die dem Wesen nach in ihrer Konzeption des Politischen modern ist. Aber zu seinen Lebzeiten wurden seine Bücher beinahe durchgängig verurteilt.

HOBBES (1588–1679)

DER ABTRÜNNIGE PHILOSOPH

Hobbes studierte die antiken Klassiker in Oxford, war ein Semester lang Hauslehrer von Lord Harwick und reiste nach Paris und Italien, wo er Galilei traf. Als er 1637 nach England zurückkehrte, sah er sich wachsenden sozialen und politischen Spannungen gegenüber. England glitt in einen Bürgerkrieg zwischen den Royalisten, deren Parteigänger Hobbes war, und den protestantischen Demokraten. 1640, während einer Welle der Hinrichtung von Royalisten, zwang ihn sein Status als Sympathisant der Royalisten nach Frankreich zu fliehen. Dort verfaßte er mit der Protektion anderer exilierter Royalisten weitere philosophische Schriften. Dennoch konnte er sich nicht in Sicherheit wiegen: In England hatte man seine Bücher verboten, aufgrund ihrer royalistischen Haltung und auch wegen ihres Atheismus.

DER NATURZUSTAND

Hobbes leitet seine politische Theorie mit Ausführungen zum wirklichen Wesen des Menschen ein. Er behauptet, daß es in der Natur weder Wahrheit, Vernunft oder Gerechtigkeit gibt. Diese Werte seien nur begriffliche Artefakte der menschlichen Kultur, die ihren Ursprung in Sprache und sozialen Konventionen haben. Hobbes war überzeugt, daß es ohne Sprache keine Wahrheit und ohne Wahrheit keine Gerechtigkeit gibt. Im Naturzustand, in dem es keine Kenntnis von Moral und Gerechtigkeit gibt, lebt der Mensch daher in „fortwährender Angst und der Gefahr eines gewaltsamen Todes", denn nur seine Triebe und Instinkte können ihn leiten. Der amoralische Kampf ums Überleben reduziert das menschliche Leben auf ein „ekelhaftes, brutales und kurzes" Dasein. Als Beweis dient Hobbes die instinktive und egoistische Natur der Kinder, bevor sie von der Zivilisation „gezähmt" werden.

DER ABSOLUTE STAAT

Hobbes bietet den menschlichen Gemeinschaften angesichts der unveränderbaren egoistischen Grundlage der menschlichen Natur nur einen schlichten Ausweg: entweder unter dem gewalttätigen und selbstsüchtigen Schatten der menschlichen Natur zu leben oder die Notwendigkeit eines mit absoluten und unbegrenzten Machtbefugnissen ausgestatteten Staates einzusehen, der relative Harmonie und Ruhe gewährleistet. Um ein Leben in ständiger Angst zu vermeiden, ist ein Gesellschaftsvertrag notwendig – ein Vertrag zwischen den einzelnen und den wenigen Auserwählten, die die Herrschaft im Staat ausüben. Der Preis für diese Lösung jedoch ist hoch: Die Macht jener, die das Instrumentarium staatlicher Kontrolle in den Händen halten, muß unbegrenzt sein.

HOBBES' VERMÄCHTNIS

Hobbes' Vermächtnis ist so nachhaltig, daß selbst die heutige politische Theorie immer noch versucht, den Widerspruch von Anarchie und Ordnung, der seine Rechtfertigung des Staates begründet, zu entkommen. Sogar der Liberalismus, dessen extreme Anhänger den Staat mehr oder weniger als ein Übel betrachten, das man kontrollieren muß, bringt es nicht fertig, sich völlig von der Vorstellung zu lösen, daß Demokratie ohne Staatlichkeit nicht möglich ist. In einer Ära, in der die nationale Macht des Staates andauernder Bedrohung ausgesetzt ist, scheinen Hobbes' Darlegungen so gültig wie einst zu sein.

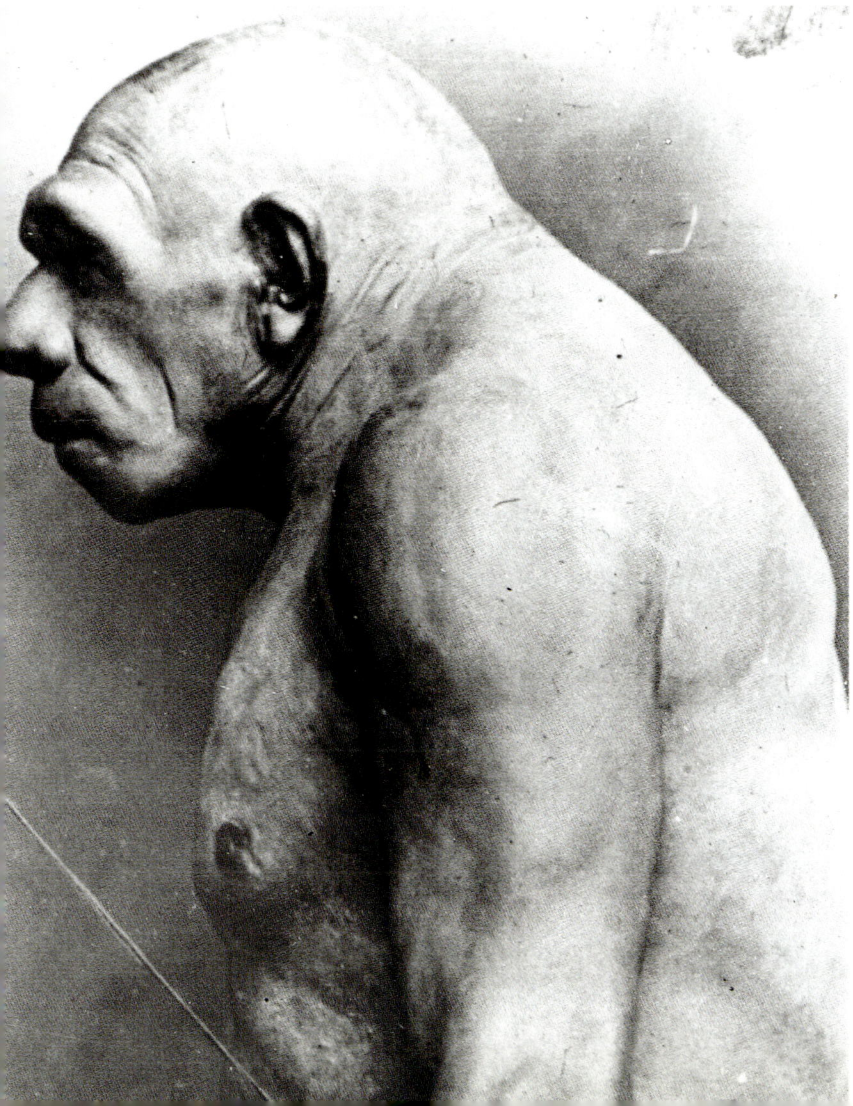

GEGENÜBERLIEGENDE SEITE: HOBBES BUCH *LEVIATHAN* ZWINGT POLITISCHEN PHILOSOPHEN AUCH HEUTE NOCH SCHWIERIGE FRAGEN AUF.
OBEN: WÄHREND DES BÜRGERKRIEGS ZWISCHEN ROYALISTEN UND PROTESTANTISCHEN PARLAMENTARIERN MUSSTE HOBBES AUS ENGLAND FLIEHEN. DIE VERTEIDIGUNG DES STARKEN STAATES GAB SEINEN BÜCHERN EINE ROYALISTISCHE TENDENZ.
LINKS: HOBBES POLITISCHE PHILOSOPHIE GRÜNDET IN DER KONZEPTION DES MENSCHEN IM NATURZUSTAND, DEN ER ALS GEWALTSAM UND VOLLER EIGENNUTZ BESCHREIBT.

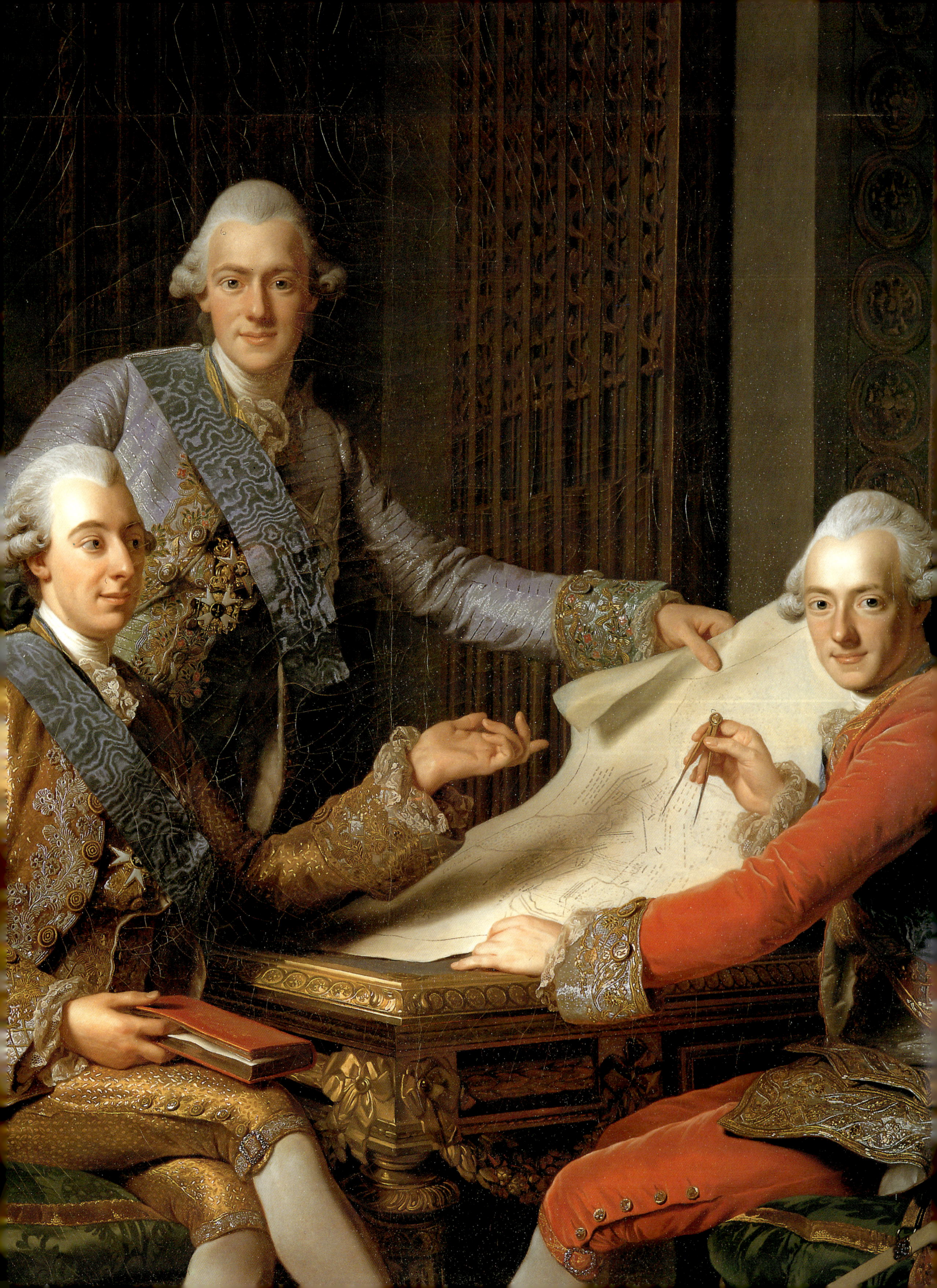

DIE AUFKLÄRUNG

Wie der Name schon ausdrückt, war die Zeit der Aufklärung – nach der griechischen Antike und der Renaissance – eine neue Morgendämmerung der westlichen Zivilisation und zweifellos eine der fruchtbarsten und folgenreichsten Epochen der westlichen Philosophiegeschichte. Sie begann mit Descartes und gipfelte im Denken Kants.

KAPITEL FÜNF

Die Aufklärung verschärfte den schon vorher bestehenden Konflikt zwischen Religion und Wissenschaft. Jahrhundertelang war der Glaube vorherrschend, daß alles in den Händen Gottes läge. Aber die wissenschaftlichen Erkenntnisse im 17. und 18. Jahrhundert widersprachen diesem Glauben und etablierten Naturgesetze, die ohne göttliche Instanz nachvollziehbar waren. Der philosophische Diskurs dieser Zeit reagierte darauf, indem er das menschliche Schicksal von Gott hinweg in den freien Willen des Menschen verpflanzte. Trotzdem verstanden sich viele Philosophen der Aufklärung als Christen, die keineswegs die Religion abschaffen wollten. Ihre Absicht war lediglich, der Religion ihren gebührenden Platz neben Vernunft und Wissenschaft zuzuweisen. Das war keine leichte Aufgabe, und viele Vertreter der Aufklärung hatten darunter auch zu leiden.

DAS ZEITALTER DER AUFKLÄRUNG

GALILEO GALILEI

Jahrhundertelang, bis zu Galilei, bestand Wissenschaftlichkeit in der Verknüpfung von Religion und den Lehrsätze von Aristoteles, denen zufolge die Welt eine von Gott geschaffene hierarchische Ordnung sei. Das änderte sich erst mit dem Leben und Werk von Galileo Galilei (1564-1642). In seinem berühmten Werk *Dialog über die beiden hauptsächlichen Weltsysteme* hatte er erstmals wissenschaftlich-experimentell die Planetenbewegungen um die Sonne untersucht und damit endgültig die Theorien von Kopernikus bestätigt.

Im Zeitalter der Aufklärung wurde auch das öffentliche Bewusstsein vom Wunsch ergriffen, sich wissenschaftliche Erkenntnisse anzueignen.

Oben rechts: Galileis Befragung durch die Inquisition war ein historischer Augenblick im Konflikt zwischen Religion und Wissenschaft, von dem aus die Entwicklung zur Aufklärung weiterführte. Unten rechts: Newtons wissenschaftliche Erkenntnisse beflügelten die Entwicklung der menschlichen Vernunft ebenso wie die philosophischen Entwürfe von Descartes und Locke.

Davon ausgehend entwickelte Galilei seine Fall- und Bewegungsgesetze, die für Newton Grundlage seiner eigenen naturwissenschaftlichen Forschungen waren. Galilei war der erste, der streng naturwissenschaftlich verfuhr, denn er war davon überzeugt, daß „sich die Naturgesetze dem Zugriff der menschlichen Vernunft enthüllen und nicht in Händen Gottes verborgen bleiben werden". Sein Hauptverdienst war die Einführung der experimentellen Methode in der Naturforschung unter konsequenter Anwendung der Mathematik („Mathematisierung der Natur"). An die Stelle der Frage nach dem „Warum" setzte er die Frage nach dem „Wie" eines physikalischen Prozesses. Zu Recht gilt er als Stammvater der modernen Naturwissenschaften. Die wissenschaftlichen Ergebnisse Galileis waren kirchlicherseits heftig umstritten, und er wurde mehrfach vor das Inquisitionstribunal zitiert, was ihn schließlich zum Widerruf seiner Überzeugung brachte. Seine letzten Lebensjahre verbrachte er unter einer Art Hausarrest.

Isaac Newton

Das Schicksal Galileis blieb Isaac Newton (1642-1727) erspart, weil der Einfluß der römisch-katholischen Kirche zu seiner Zeit merklich geschwunden war. Welche Wertschätzung Newton zu Lebzeiten und später fand, geht u.a. aus dem berühmten Nachruf von Aleander Pope hervor: „Natur und Naturgesetze lagen in der Nacht verborgen, bis Gott sprach: Möge Newton sein! – und alles wurde hell und licht."

In der Tat war Newton einer der bemerkenswertesten Wissenschaftler aller Zeiten, allein schon wegen der Bandbreite seiner Forschungsergebnisse – von den Bewegungsgesetzen bis zur Gravitation. Erst durch Newton wurde endgültig die Trennung von Religion und Naturwissenschaft vollzogen. Völlig zu Recht behaupten viele, daß niemand zuvor so viel zum Fortschreiten menschlicher Erkenntnis beigetragen habe wie Newton.

Gottesgnadentum und Demokratie

Die englische Revolution im Jahr 1688 war ein Wendepunkt hin zur Schaffung der heutigen, modernen Welt. Denn durch sie wurde erstmals das „Gottesgnadentum" der Herrscher in Frage gestellt. Sie war der Triumph des freien Willens, der Vernunft und der Aufklärung. Durch diese Revolution wurde sie erstmals zur gesellschaftlichen und politischen Kraft: Sie führte zum Ende der Monarchie und etablierte erstmals ein parlamentarisches System.

Neben den gefeierten Philosophen der Aufklärung wie Descartes, Locke und Kant gab es eine ganze Reihe meist weniger berühmter Philosophen, Schriftsteller und Künstler, die dennoch an der Verbreitung des aufklärerischen Gedankengutes beteiligt waren. Ihr Werk und Wirken trug maßgeblich dazu bei, daß sich im späten 18. Jahrhundert in Europa tiefgreifende soziale und politische Veränderungen vollziehen konnten.

FRANKREICH UND SEINE PHILOSOPHEN

Frankreich gilt zu Recht als das Zentrum der europäischen Aufklärung. Denn es waren französische Intellektuelle, die ihr im Europa des 18. Jahrhunderts den Weg bahnten, wenngleich die herausragenden Denker der Aufklärung keine Franzosen waren. Man nannte sie damals *Les philosophes*; Diderot, Voltaire und Montesquieu waren die bekanntesten. Sie spielten im katholischen, von Rom abhängigen Frankreich eine bedeutende Rolle, vor allem durch ihren hartnäckigen Kampf gegen Zensur und Intoleranz. Das wohl herausragende Zeugnis ihrer Bemühungen, den Geist der Aufklärung zu verbreiten, war Diderots *Enzyklopädie*, an der viele der führenden Köpfe dieser Zeit mitarbeiteten. Aber auch politisch setzten sie sich ein, indem sie mutig und konsequent Gesetzesänderungen forderten. Montesquieu, der politische Denker der französischen Aufklärung, verfaßte ein höchst einflußreiches Plädoyer für eine demokratische Verfassung unter dem Titel *Vom Geist der Gesetze*. Klar bezog er Stellung gegen die monarchistische Staatsform in Frankreich: „... intelligente Lebewesen sind durchaus in der Lage, nach Gesetzen zu leben, die sie sich selbst gegeben haben. Zu behaupten, daß die Frage nach Recht und Unrecht ausschließlich den Forderungen oder Verboten bereits existierender Gesetze unterworfen sei, heißt zu behaupten, man könne den gleichen Kreis ziehen mit ungleichen Radien."

STIMMEN DER VERNUNFT

OBEN: DIE ERSTE ENZYKLOPÄDIE DER WELT WURDE VON DIDEROT GESCHRIEBEN UND 1752 VERÖFFENTLICHT. SIE BESCHRIEB DIE PHYSISCHE WELT IM AUFKLÄRERISCHEM SINN.

LITERATUR UND PHILOSOPHIE

Im antiken Griechenland waren die „Homerischen Epen“ ebenso eine nie versiegende Quelle der Inspiration für die Philosophen, wie es später die Werke Shakespeares wurden. Selbst die großen Systematiker unter den Philosophen haben immer mit Hilfe von bestimmten Erzählungen ihre Theorien erläutert. Am deutlichsten zeigt sich der untrennbare Zusammenhang von Philosophie und Literatur bei Voltaire. In seinem vielgelesenen Roman *Candide* erzählt er die Geschichte eines Reisenden, der durch seine Reiseerlebnisse zur Aufklärung findet. Darin spiegelt sich Voltaires geistige Verwandtschaft mit dem Empirismus wider, einer maßgeblichen Strömung innerhalb der Aufklärung. Ihr Zentralgedanke war, daß alle Erkenntnis unmittelbar aus der Erfahrung stammt, und nicht aus erdachten Theorien oder Denkpostulaten. Der Roman Voltaires ist nicht nur ein leuchtendes Beispiel aufklärerischen Denkens, das eine praxisorientierte Philosophie fördert, sondern zugleich eine Satire auf philosophische Systeme, die für ihn notwendigerweise im Widerspruch zu dem Erfahrungswissen standen. Dennoch war er alles andere als ein Atheist. Einer seiner berühmtesten Aussprüche lautet: „Wenn es Gott nicht gäbe, müßte man ihn erfinden.“

„Ein Philosoph, der Gott anerkennt, gewinnt dadurch eine Menge von Wahrscheinlichkeiten, die Gewißheiten gleichkommen. Dem Atheisten bleiben nur Zweifel.“

OBEN: IM EUROPA DES 18. JAHRHUNDERTS WAREN DIE CAFÉS TREFFPUNKTE, BEI DENEN INTELLEKTUELLE IDEEN AUSTAUSCHTEN. RECHTS: VOLTAIRE STELLTE SEINE HERAUSRAGENDEN LITERARISCHEN FÄHIGKEITEN VOLL UND GANZ IN DEN DIENST DER AUFKLÄRUNG.

René Descartes war eine Schlüsselfigur der geistigen Umwälzung im Europa des 17. Jahrhunderts. Man kann sagen, dass die moderne Philosophie mit ihm begonnen hat.

RENÉ DESCARTES (1596-1650)

Unbestritten gilt Descartes als einer der Stammväter der modernen Philosophie. Seine systematischen Reflexionen lösten erstmals das philosophische Denken aus dem Halbdunkel der Religion und setzten das autonome denkende Subjekt an die Stelle einer gottgefügten Schicksalshaftigkeit. Darin liegt seine bis heute ungebrochene Modernität. Er stand dabei in der Tradition von Hobbes und Bacon, deren denkerischen Höhepunkt er setzte. Descartes wurde in einer Kleinstadt in der Nähe von Tours in Frankreich als Sohn eines Grundbesitzers und Mitglied des bretonischen Parlaments geboren. Nach seinem Studium am Jesuitenkolleg von La Flèche (Anjou) reiste Descartes durch Europa und diente zeitweilig im holländischen und bayerischen Heer, wo er zu seiner Berufung als Philosoph fand. Um dem kalten Wetter dort zu entfliehen, verkroch er sich am 10.11.1618 in einen noch warmen Ofen, in dem er einen Tag lang meditierte.
Und in diesem Ofen reifte sein Entschluß, Philosoph zu werden, um ein völlig neues philosophisch-wissenschaftliches System zu schaffen.
In der Tat hat Descartes' Tag im Ofen bewirkt, daß das bis dahin herrschende Welt- und Menschenbild revolutioniert wurde.

OBEN: DESCARTES WURDE VON DÄMONEN BEDRÄNGT, DIE IHN AM SINN SEINER EXISTENZ ZWEIFELN LIESSEN.
RECHTS: DESCARTES' PHILOSOPHISCHE ERKENNTNISSE REIFTEN AUF DEN SCHLACHTFELDERN DES DREISSIGJÄHRIGEN KRIEGES.

DÄMONEN DES ZWEIFELS

Descartes begann mit dem Bau seines neuen philosophischen Systems ganz am Anfang – mit Behauptungen, die „fraglos gewiß" waren. Aber das war keineswegs so einfach wie zunächst angenommen. Denn so gut wie alles, was Descartes analysierte, erwies sich als „ungewiß", dem Zweifel unterworfen, einer Art bösem Dämon, der alles in Frage stellte. Wie zum Beispiel, überlegte Descartes, kann ich mir sicher sein, daß ich tatsächlich hier am Feuer sitze, wenn es doch nur ein Traum sein könnte? Noch erschreckender für Descartes' Streben nach Gewißheit war sein Gedanke, daß es einen Gott geben könne, der ihn jedesmal, selbst bei der einfachsten mathematischen Überlegung, wie z.B.: Was ist 2 plus 3?, irreführen könnte. Nach so viel Ungewißheit darüber, was als „fraglos gewiß" gelten könne, antwortet Descartes seinem eigenen Dämon des Zweifels, der ihm ständig in die Quere kommt, folgendermaßen: „Wie oft auch immer der Dämon mich täuschen mag, er wird es nie zuwege bringen, daß ich nichts bin. Denn solange ich denke, bin ich etwas ... Ich bin, ich existiere, so oft und so lange ich eben diesen Gedanken fasse." Damit hatte Descartes endlich die einzig wirkliche „Gewißheit" gefunden: „Ich denke, also bin ich." Sein „Cogito ergo sum" wurde zu einem der berühmtesten Philosopheme.

DAS CARTESIANISCHE DENKSYSTEM

Von diesem Axiom aus ging Descartes daran, sein neues philosophisches System zu errichten. Als Axiom läßt er es gelten, weil es als solches klar und unzweideutig ist. Darüber hinaus ist es nicht durch sinnliche Wahrnehmung getrübt, sondern wurzelt ausschließlich im Reich des Verstandes. Descartes zufolge spielen Gefühle, subjektive Überzeugungen und andere Zufälligkeiten keine Rolle bei der Anwendung des Prinzips „cogito ergo sum". Im Gegenteil: Um zu weiteren „Gewißheiten", also zu klaren und unzweideutigen Begriffen zu gelangen, muß man jegliche Form der sinnlichen Wahrnehmung, wie z.B. Riechen und Hören, aus dem Denken ausmerzen. Für Descartes beruht die menschliche Vernunft auf der strikten Trennung von Geist und Körper – eine Theorie, die seit Descartes als Körper-Geist-Dualismus oder Cartesianischer Dualismus bekannt geworden ist. Demnach darf der Geist bzw. das Reich der Vernunft nur angeborene „reine" Ideen bzw. Begriffe enthalten, die jeglicher Erfahrung vorausliegen.

Obgleich Descartes' Unterscheidung zwischen sinnlicher Wahrnehmung und Vernunft („res extensa" und „res cogitans") zu seiner Zeit nahezu revolutionär war, hatte sie doch schon berühmte Vorläufer in der antiken Philosophie, nämlich Platon und Aristoteles, z.B. in der Ideenlehre Platons. Heute ist Descartes' Denksystem mehr oder weniger in Mißkredit geraten, weil kaum noch ein Philosoph, geschweige denn Wissensschaftler, einen derart rigiden Körper-Geist-Dualismus ernsthaft vertritt. Aber Descartes' Grundgedanke, daß es in jedem Menschen einen unzerstörbaren Kern, Vernunft genannt, gibt, ist heute so lebendig wie damals.

Baruch Spinoza war ein Kind der blühenden geistigen Atmosphäre im Holland des 17. Jahrhunderts. Als Jude in Amsterdam geboren und aufgewachsen, wurde er später wegen seiner „ketzerischen“ Auffassungen aus der jüdischen Gemeinde ausgeschlossen. Aber durch seinen Beruf als Optiker konnte er an seinem philosophischen Werk weiterarbeiten.

Auf den ersten Blick scheint sein Denken eine verwirrende Mischung von Philosophie und Theologie zu sein. Sein Werk ist nur aus seiner Zeit heraus verstehbar, denn es dokumentiert u. a. einen der ersten Versuche, dem Denkkorsett der Theologie zu entkommen. Das machte ihn zu einem Frühaufklärer in der Denktradition von Descartes, erkenntnistheoretisch zwar weniger revolutionär als dieser, aber hinsichtlich aus der Vernunft abgeleiteter ethischer und politischer Theorien bedeutender als Descartes und ähnlich bedeutend wie Hobbes.

SPINOZA (1632–77)

GOTT UND EXISTENZ

Im Gegensatz zu Platon, Aristoteles und Descartes kennt Spinoza nur eine „Substanz“, nämlich Gott, genauer gesagt: ein göttliches Prinzip, das universell und unendlich ist. Damit ist keineswegs ein schlichtes Nachbeten überlieferter religiöser Vorstellungen gemeint, denn Spinoza glaubt nicht, daß der Wille Gottes nach gut oder böse unterschieden werden kann. Im Gegenteil: Spinozas Gott kennt keine bestimmten Zwecke oder Ziele – er ist einfach alles und in allem, das ganze Universum, unteilbar. Ebenso wie Vergangenheit, Gegenwart und Zukunft notwendiger-, aber auch paradoxerweise ein für alle Mal festgelegt sind. Laut Spinoza konnte alles, was ist, nur auf diese eine Weise und in keiner anderen Ordnung entstehen.

WIE ANDERE FRÜHAUFKLÄRER AUCH, MUSSTE SICH SPINOZA NOCH MIT DER BEZIEHUNG ZWISCHEN PHILOSOPHIE UND RELIGION AUSEINANDERSETZEN.

LINKS OBEN: SEINEN LEBENSUNTERHALT VERDIENTE SICH SPINOZA ALS OPTIKER. RECHTS OBEN: TROTZ DES STRENG LOGISCHEN RATIONALISMUS IM WERK SPINOZAS WAR GOETHE EIN LEIDENSCHAFTLICHER ANHÄNGER SEINER PHILOSOPHIE – EBENSO WIE DER ENGLISCHE DICHTER SHELLEY.

DIE ETHIK

Spinozas *Ethik* beruht auf zwei Axiomen. Erstens: Menschliche Tugenden stammen nicht von Gott. Zweitens: Alle menschlichen Handlungen dienen der Selbsterhaltung. Deshalb gibt es zwei Formen tugendhaften Handelns: Akte der Lebenserhaltung und das von der Vernunft auferlegte freundschaftliche Handeln. Obwohl es keine andere Motivation als die Selbsterhaltung gibt, führt sie – sofern der Vernunft folgend – zu Gemeinsamkeiten zwischen den Menschen. Für Spinoza bilden daher Selbsterhaltung, gegenseitiges Verständnis und Vernunft einen untrennbaren Zusammenhang. Da Selbsterhaltung der oberste Wert ist, kann man weder tugendhaft noch vernunftgemäß handeln, wenn man sich seinen Gefühlen oder Leidenschaften überläßt. Dieser Begriff vernünftigen Handelns ist abgeleitet von seiner Auffassung menschlichen Wissens, das er in drei Ebenen einteilt: sinnliche Wahrnehmung, Vernunft und intuitives Wissen.

POLITISCHE THEORIE

Spinozas politische Theorie ist eine bemerkenswerte Variante der Hobbesschen. Doch während Hobbes argumentierte, die Menschen seien von Natur aus selbstsüchtig und ständig miteinander konkurrierend, weshalb sie der Herrschaft eines alles beherrschenden Staates unterworfen werden müßten, beharrte Spinoza darauf, daß niemand den Bürgern ihr Recht auf Selbsterhaltung beschneiden oder nehmen könne, auch nicht der Staat. Die Funktion und Legitimität jeglicher Art von Staatlichkeit sah Spinoza lediglich darin, jedem einzelnen Staatsbürger seinen Weg der persönlichen Selbsterhaltung zuzugestehen und zu garantieren. Deshalb plädierte Spinoza im Gegensatz zu Hobbes für eine Beschränkung der staatlichen Macht.

Die Bandbreite von Leibniz' Forschungen war phänomenal. Er beschäftigte sich mit Sprache, Geologie, Physik, Mathematik und natürlich Philosophie.

G.W. LEIBNIZ (1646-1716)

Der Beitrag von Leibniz zur Philosophiegeschichte ist weit weniger bekannt als jener von Descartes, obwohl Umfang und Bandbreite seines Werkes alles übertreffen, was zu seiner Zeit geforscht und geschrieben wurde. Zu Recht gilt er als einer der bedeutendsten westlichen Philosophen und Wissenschaftler.

Gottfried Wilhelm von Leibniz war der Sohn eines Philosophieprofessors an der Universität Leipzig. Nach Erlangung der Doktorwürde an der Universität Altdorf im Jahr 1676 fand er zunächst eine Anstellung als Bibliothekar und dann als Diplomat. Seine diplomatische Tätigkeit führte ihn nach Paris und London, wo er erstmals die Theorien von Hobbes, Spinoza, Descartes und anderen namhaften Philosophen und Wissenschaftlern kennenlernte. Leibniz führte ein ausgesprochen einsames Leben und war nie verheiratet, was seinem angestrengt-konzentrierten Wesen entsprach. Auf diese Weise schuf er ein riesiges Werk, das von philosophischen bis zu mathematischer Problemen reichte. Leibniz war ohne Zweifel einer der universalsten Denker und Wissenschaftler nicht nur seiner Zeit. Seine Leistungen in gebotener Kürze darzustellen, ist nur in äußerster Beschränkung möglich.

DER SATZ VOM HINREICHENDEN GRUND

Leibniz zufolge gibt es keine nicht erklärbaren Phänomene. Anders ausgedrückt heißt das: Was und wie auch immer die Welt sein mag, es gibt immer einen hinreichenden Grund dafür. Es ist schlicht undenkbar, daß es für dieses eine Erklärung geben soll, und für jenes nicht. Selbst wenn Gott uns täuschen möchte, um so menschliche Erklärungen wertlos zu machen, muß er dafür einen bestimmten Grund haben.

LEIBNIZSCHE SCHLÜSSELBEGRIFFE

Der Grundsatz des Nicht-Widerspruchs

Dieser von Leibniz erstmals formulierte Grundsatz besagt, daß sich die Behauptung „eines" und „nicht eines" gegenseitig ausschließen. Folglich können alle Behauptungen, die in sich selbst widersprüchlich oder auf andere Weise verneint werden können, nicht als wahr gelten.

„Vernunftgemäße Wahrheiten sind notwendig, und ihr Gegenteil ist unmöglich. Empirische Wahrheiten sind zufällig, und ihr Gegenteil ist unmöglich."

Gott und Humanität

Eine der zentralen Fragen der Philosophen der Aufklärung war, wie die Existenz Gottes mit der Freiheit des menschlichen Willens zu vereinbaren sei. Wenn Gott die Welt geschaffen hat und allmächtig ist, dann muß er auch alles wissen, was in der Zukunft geschieht. Umgekehrt gilt: Wenn Menschen selbst für ihre Entscheidungen verantwortlich sind, wie viele Philosophen behaupten, muß der Einfluß Gottes auf den Gang der Dinge begrenzt sein. Wenn man jedoch von der Existenz Gottes ausgeht, kann es logischerweise keine Beschränkungen der göttlichen Macht und des göttlichen Wissens geben. Bis zum Zeitalter der Aufklärung unterdrückte die christliche Theologie dieses erkenntnistheoretische Dilemma durch das Dogma von der Erbsünde. Leibniz glaubte es lösen zu können, indem er behauptete: Es gibt eine autonome menschliche Vernunft und einen allmächtigen und allwissenden Gott.

GANZ OBEN: ZU LEBZEITEN WAR LEIBNIZ WEITGEHEND NUR ALS MATHEMATIKER UND ERFINDER EINER RECHENMASCHINE BEKANNT. OBEN: OBGLEICH ER EIN STRENG RATIONALER DENKER WAR, FRÖNTE LEIBNIZ AUCH SEINEM „HOBBY", DER ALCHIMIE.

JOHN LOCKE (1632–1704)

WAHRSCHEINLICH WAR LOCKE BEI DER HINRICHTUNG VON CHARLES I. ZUGEGEN. DIE ENGLISCHE REVOLUTION BEEINFLUSSTE SEIN WERK IN GROSSEM MASS.

Lockes Werk ist für unser Verständnis des modernen liberal-demokratischen Staates von außerordentlicher Wichtigkeit. Als Kind seiner Zeit, des revolutionären England im 17. Jahrhundert, gilt er als Begründer des Liberalismus.

Locke wurde am 29. August 1632 in Somerset, England, geboren. Seine Ausbildung begann 1645 mit dem Eintritt in die Westminster School, und man vermutet, daß er die Hinrichtung König Charles I. im Jahr 1649 miterlebte. Denn dieses Ereignis sollte auf sein weiteres Leben einen größeren Einfluß gewinnen als seine Studienjahre an der Universität Oxford. Er hielt die dortigen Vorlesungen und Seminare als „für Dispute und Großtuerei erfunden, anstatt der Suche nach Wahrheit zu dienen". Später wurde er Arzt und Berater des späteren Earl of Shaftesbury, der ihm auch – als er selbst Lordkanzler geworden war – die Stelle eines Sekretärs für Kirchenangelegenheiten vermittelte. Nach einigen Wechselfällen der Politik – Shaftesbury bekleidete nicht mehr das Amt des Lordkanzlers, sondern profilierte sich in der Opposition gegen Absolutismus und Katholizismus – nahm man die Verfolgung Lockes auf. Locke sah sich gezwungen, nach Frankreich zu fliehen. Erst mit der Thronbesteigung Wilhelms von Oranien wendeten sich Lockes Geschicke wieder zum besseren, und seine philosophische Karriere begann, als er 1690 nach England zurückkehrte.

DER MENSCHLICHE VERSTAND

In seinem Buch *Über den menschlichen Verstand* von 1671, versuchte Locke, seiner Zeit folgend, den Weg der menschlichen Vernunft und die dabei auftretenden Hindernisse in allgemeinverständlicher Form darzulegen. Er hielt sich selbst für einen praktischen Philosophen und vertrat die Meinung, Philosophie müsse in erster Linie auf logischem Denken und gesundem Menschenverstand beruhen, und nicht auf metaphysischer Spekulation. Während Descartes behauptete, daß sich Wissen, das zur bloßen Meinung im Gegensatz steht, aus klaren und deutlichen, dem menschlichen Verstand eingeborenen Ideen herleitet, war Locke der Ansicht, daß unser Wissen sich nur aufgrund gelebter Erfahrungen entwickelt. Der Verstand gleiche einem unbeschriebenen

Blatt Papier, auf dem die Erfahrung ihre Abdrücke hinterlasse. Verstehen basiere nicht auf etwas unserer Wahrnehmung Vorausliegendem und Angeborenem, das uns Fakten wiedererkennen läßt. Vielmehr scheinen in und hinter der materiellen Welt Begriffe hindurch, die wir selbst erschaffen haben, um sie adäquat erfassen zu können. Zudem seien Begriffe keine genauen Entsprechungen unseres Wissens, weil unsere Kenntnisse von verschiedenen Sinnen wie Klängen, Farben usw. eingefärbt sind.

Lockes Philosophie konnte von seinen Zeitgenossen nicht akzeptiert werden. Denn sie fragt im wesentlichen nur nach der genauen Beziehung zwischen unseren Begriffen und der natürlichen Tätigkeit unseres Verstandes; diese Beziehung, die Lockes These impliziert, existiert aber auch jenseits des Reiches des Verstandes. Denn nach Locke nehmen wir die Welt nur mit unseren selbst erzeugten gedanklichen Strukturen wahr. Trotzdem stellt Lockes Entwurf die erste umfassende Darlegung des Empirismus dar, der später als Grundlage der modernen Sozialwissenschaften diente.

REGIERUNGSFORM

Lockes ursprüngliches Streben galt einer politischen Philosophie auf naturgesetzlicher Basis, die Verstand und Erfahrung an die Hand geben und die beste praktische Umsetzung zur Regierung menschlicher Gemeinschaften ermöglicht. Locke begann damit, Hobbes' politische Philosophie zu widerlegen. Sie diente den Royalisten des 17. Jahrhunderts als Legitimierung ihrer Politik. Während Hobbes das menschliche Leben im Naturzustand als von Vereinzelung und hartem Konkurrenzkampf beherrscht beschrieb, was – zum Schutz des einzelnen – eine starke Führung notwendig mache, argumentiert Locke dahingehend, daß die Menschen im Naturzustand eher dazu neigten, Verträge mit ihren Mitmenschen zu schließen, um das gemeinsame Überleben zu sichern; diese Absprachen nehmen schließlich die Form moralischer Gesetze an. Locke zweifelte nicht daran, daß diese Gesetze (z. B. das Recht auf Privateigentum) nur mit Hilfe einer staatlichen Autorität reale Geltung erlangen. Jeder Staat, der die natürliche Neigung und das Anrecht des Menschen, moralische Gesetze zu bewahren, nicht beachtet, stellt sich gegen die Natur und ist deshalb als regressiv zu betrachten. In der bürgerlichen Gesellschaft konstituiert ein Vertrag die ideale Beziehung zwischen Staat und Bürgern: den Verfassungsstaat. Die beste Regierungsform war für Locke jene, die eine Gewaltenteilung zwischen Legislative, Exekutive und Judikative vorsah.

GANZ OBEN: DIE VERFASSER DER AMERIKANISCHEN VERFASSUNG WAREN DER POLITISCHEN PHILOSOPHIE JOHN LOCKES VERPFLICHTET. OBEN: NACH DER THRONBESTEIGUNG WILHELMS VON ORANIEN IM JAHR 1650 FLOH LOCKE AUS ENGLAND NACH FRANKREICH.

George Berkeley war einer jener Philosophen, die im späten 17. und 18. Jahrhundert für das Entstehen eines neuen Zweiges der Philosophie, des Empirismus, verantwortlich waren. Auch wenn Berkeleys Werk sich als weniger dauerhaft als das einiger seiner Zeitgenossen erwiesen hat, ist seine Argumentation nicht weniger scharfsinnig. Die Extravaganz großer Teile seiner Philosophie war der Grund dafür, daß die zeitgenössische Rezeption sehr zurückhaltend war. Dafür fasziniert das Werk Berkeleys den nicht mit der Philosophiegeschichte vertrauten heutigen Leser umso mehr. Das bemerkenswerteste Argument Berkeleys besagt, daß die tatsächliche Existenz von Dingen außerhalb unseres Verstandes nicht bewiesen werden kann.

GEORGE BERKELEY (1685–1753)

BERKELEY (OBEN) POSTULIERTE, DASS DIE EINDRÜCKE, DIE WIR MITTELS DER FÜNF SINNE EMPFANGEN NICHT AUS DEN GEGENSTÄNDEN INHÄRENTEN QUALITÄTEN RESULTIEREN, MIT DENEN UNSERE SINNE IN BERÜHRUNG KOMMEN. SO IST ZUM BEISPIEL UNSERE EINSCHÄTZUNG DER ENTFERNUNG NICHT VON DER TATSÄCHLICHEN ENTFERNUNG ZWISCHEN DEN OBJEKTEN VERURSACHT. UNTEN: DAS GEMÄLDE ZEIGT ABRAHAM GOVAERTS INTERPRETATION DER SINNE AUS DEM 16. JAHRHUNDERT.

AUF DEM WEG NACH BERMUDA

Berkeley wurde 1685 in Kilkenny, Irland, geboren. Im Alter von 22 Jahren wurde er an das Trinity College in Dublin berufen, wo er drei Jahre zuvor sein Examen abgelegt hatte. Während seiner Forschungszeit am Trinity College – sie dauerte bis 1724 – verfaßte er seine wichtigsten philosophischen Schriften. 1710 entstand sein bedeutendes Werk *The Dialogues of Hylas and Philonous* („Die Dialoge von Hylas und Philonous"). Im Glauben, die britische Regierung böte ihm finanzielle Unterstützung, verließ Berkeley 1728 Irland und reiste nach Bermuda, um die dort heimischen Indianer zu unterrichten. Als das Geld jedoch auf sich warten ließ, kehrte Berkeley zurück nach England und von dort nach Irland, wo er 1734 Bischof von Cloyne wurde. Abseits der Philosophie ist der Name Berkeley vor allem in Kalifornien bekannt, wo eine Stadt und eine berühmte Universität nach ihm benannt wurde.

HYLAS UND PHILONOUS

Berkeleys Ideen werden klarer, wenn man sie mit jenen vergleicht, die zu seiner Zeit diskutiert wurden. Ein Großteil seines Werkes befaßt sich damit, die einflußreichsten Philosophen des frühen 18. Jahrhunderts herauszufordern – John Locke, René Descartes und die neue Wissenschaft Newtons. Die philosophische Methodik Descartes' bildete für Berkeley den Ausgangspunkt. Sie erforderte Verständnis für ein gesichertes menschliches Wissen, das verfügbar wurde, sobald jeglicher Skeptizismus erst einmal beseitigt oder integriert war. Berkeleys Anwort auf alle Zweifel ist einfach: Nur Begriffe, die der Verstand selbst erkennt und hervorbringt, können als zweifelsfrei gewiß bzw. wahr gelten.

Berkeley entwickelte dieses Argument im Dialog zweier Charaktere: Hylas und Philonous. Hylas vertritt dabei den Standpunkt des gesunden wissenschaftlichen Menschenverstandes, Philonous hingegen Berkeleys eigene Ansichten. Hylas eröffnet die Debatte der beiden, indem er die – seiner Meinung nach – unglaubhaften Thesen von Philonous kritisiert. „Nichts", so Hylas, könne „phantastischer und dem gesunden Menschenverstand mehr zuwiderlaufend sein, ... als zu glauben, es gäbe keine Materie." Philonous entgegnet, daß ganz im Gegenteil unser Verständnis dessen, was wir als tatsächlich existierende Objekte oder Substanzen ansehen und denen wir bestimmte Qualitäten zuordnen, wie etwa weiße Wolken oder heißes Wasser nur in unserem Verstand entstanden sind. Die Gegenstände zwingen uns nicht durch das bloße Faktum ihrer Existenz die Qualitäten auf, die wir ihnen zuschreiben. Philonous führt anschließend mehrere Beispiele an, um Hylas' verständlichen Zweifel zu zerstreuen. Er beginnt mit so offensichtlichen wie Geschmack, Schmerz und Freude und behauptet, daß diese Empfindungen nirgendwo außerhalb des Verstandes angesiedelt sein können. Dann wendet er sich schwierigeren Beispielen zu, z.B. der Farbe. Kann man von einem Gegenstand, der uns als rot erscheint, sagen, daß er unabhängig von unserer Wahrnehmung und Verstandestätigkeit die nötigen Qualitäten des Rotseins besitzt? Berkeley beantwortet die Frage schlicht mit nein. Das Wort „rot" sei eine bloße Kategorie und existiere nicht tatsächlich in der Farbe Rot. Abgesehen von dem naheliegenden Einwand, daß es ein natürliches Phänomen geben muß, das uns glauben macht, ein Tisch sei eher rot als blau, wirft die Philosophie Berkeleys noch eine Reihe weiterer Probleme auf. Wenn wir nur Ideen erkennen können, wie nehmen wir dann unseren eigenen Verstand wahr, der genau erkannt werden muß, um den Gehalt der von Berkeley beschriebenen Ideen zu verstehen?

„Die wichtigste Sache, die ich tue oder vorgebe zu tun, ist nur, den Dunstschleier um die Worte zu lüften. Er hat Unwissenheit und Verwirrung verursacht und dadurch Lehrer und Mathematiker, Anwälte und Geistliche ruiniert."

Die Farben des Spektrums: Berkeley stellte viele bereits akzeptierte wissenschaftliche Annahmen in Frage. 1734 wurde seine harte Arbeit belohnt, und er wurde zum Bischof von Cloyne in Irland ernannt.

Oben links: David Hume war die herrausragende Persönlichkeit der schottischen Aufklärung im 18. Jahrhundert.
Oben rechts: Die akademische Heimat Humes und vieler gleichgesinnter Intellektueller war die Universität von Edinburgh. Das Bild zeigt sie um die Wende zum 20. Jahrhundert.

DAVID HUME (1711–76)

Hume wurde in Edinburgh geboren und erzogen, sein bedeutendstes Werk aber, *A Treatise of Human Nature*, entstand in Frankreich in den Jahren 1734 bis 1737. Hume diente kurzzeitig als Militärattaché und Hauslehrer, dann wurde er Sekretär von Lord Hertford und Unterstaatssekretär des Northern Department. Er selbst beschrieb sich „als ein Mann von sanftem und beherrschtem Wesen, mit offenherzigem, verständnisvollem und fröhlichem Gemüt, der Zuneigung fähig, nicht zur Feindseligkeit neigend und von großer Ausgeglichenheit in all seinen Leidenschaften“. Obwohl er – weit mehr als Descartes – die Verweltlichung des Denkens begrüßte, blieb er dennoch skeptisch gegenüber jeglicher Verherrlichung der Vernunft – vor allem bei Zeitgenossen, die glaubten, Wesen und Grenzen von Wahrheit und Objektivität entdeckt zu haben. In seinem Werk ruht teilweise der Same der Gegenaufklärung, obgleich sein Skeptizismus nicht im Widerspruch stand zur Entfaltung einer aufgeklärten Form der Humanität.

DIE MENSCHLICHE NATUR

Hume glaubte, daß Philosophie „nicht über die Erfahrung hinausgehen kann; und jede Theorie, die vorgibt, die eigentliche, ursprüngliche Beschaffenheit der menschlichen Natur entdeckt zu haben, sollte zuerst einmal als anmaßend und vermessen zurückgewiesen werden“. Dieser Skeptizismus rührt von Humes Überzeugung her, daß die menschliche Wahrnehmung, also unsere Fähigkeit, Aussagen über die Welt zu treffen, ihren Usprung in der Unterscheidung zwischen „Eindrücken“ und „Ideen“ hat. Eindrücke üben auf die Wahrnehmung einen stärkeren Einfluß aus als Ideen, da sie den Sinnen entstammen. Die Eindrücke, die wir durch unsere Erfahrung in der Welt mittels unserer fünf Sinne gewinnen, bilden die Grundlage unserer Ideen. Die Ideen entstehen also im wesentlichen durch Wahrnehmung von Grundmustern in unserer Erfahrung. Allerdings gab Hume zu, daß er den Verursachungszusammenhang solcher menschlicher Eindrücke im Verstand nicht kannte. „Was die Eindrücke betrifft, die von den Sinnen ausge-

hen, so ist ihr letzter Grund, meiner Meinung nach, der menschlichen Vernunft völlig unerklärbar, und es wird immer unmöglich sein, mit Sicherheit zu entscheiden, ob sie direkt dem Gegenstand entspringen, oder ob sie erst durch die schöpferische Kraft des Verstandes hergestellt werden, oder ob sie vom Schöpfer unseres Daseins stammen."

Dieses Zitat offenbart einen weiteren wichtigen Aspekt von Humes Werk: seine Theorie des kausalen Zusammenhangs. Hume zufolge gibt es keine ständigen notwendigen Verbindungen zwischen verschiedenen Objekten. Die Wirkungen, die wir einer bestimmen Ursache zuschreiben, sind lediglich Resultat der Vereinbarkeit mit unserer Erfahrung. Es existieren keine äußeren oder natürlichen Gesetze, die voraussehbare Wirkungen notwendig zur Folge haben.

HUME VERTRAT DIE THESE, DASS ES KEINEN NOTWENDIGEN ZUSAMMENHANG ZWISCHEN URSACHE UND WIRKUNG GIBT – AUCH NICHT BEI SO ELEMENTAREN GEFÜHLEN WIE DENEN DES SCHMERZES.

MORALISCHE VERNUNFT

Im Geist des Säkularismus der Aufklärung verstand Hume unter Moral ein menschlich-rationales Konstrukt, und deshalb eher von der menschlichen Natur her bestimmt als von einer höheren Macht. In seiner Darstellung menschlicher Moral schließt sich Hume Locke an und weist wie dieser die Hobbessche Anthropologie zurück. Sie besagt, daß Menschen von Natur aus selbstsüchtige, gewalttätige und einsame Kreaturen seien. Hume betont vielmehr den gesellschaftlichen Charakter des Menschen.

Von Descartes heißt es zu Recht, er habe die Grundlagen der modernen Philosophie geschaffen. Aber ohne Kant wäre der Weg der Philosophie seit Descartes in eine andere Richtung verlaufen. Er eröffnete der Philosophie viele neue Wege, aber zugleich führte er auch viele philosophische Fäden zusammen. Durch Kant wurde die Philosophie endgültig eine eigene Disziplin, unabhängig von Theologie und Wissenschaft. Außerdem ist sie dazu in der Lage, die Stichhaltigkeit von deren Ansprüchen zu beurteilen. Was auch immer reines und strenges philosophisches Denken sein mag: Kant hat seither unerreichte Maßstäbe gesetzt.

IMMANUEL KANT (1724–1804)

TRANSZENDENTALPHILOSOPHIE

Kant widersprach der Auffassung von Descartes, daß es in unserem menschlichen Verstand der Erfahrung vorausliegende, eingeborene Ideen bzw. Begriffe gäbe, wie z.B. mathematische Wahrheiten. Kants Philosophie beginnt mit der Prämisse, daß wahre Aussagen transzendiert werden durch philosophische Überlegungen, die sie erklären. Er behauptete, daß unser Denken zwar nicht völlig unsere Erfahrungen transzendieren könne, daß es aber eine Grundstruktur unseres Denkens gibt, die der Erfahrung zugrunde- und vorausliegt. („Wissen a priori"). Laut Kant besteht die Aufgabe der Philosophie darin, diese Struktur zu erklären. In der *Kritik der reinen Vernunft* unternimmt es Kant, zu zeigen, auf welche Weise diese Struktur unserer Erfahrung zugrundeliegt und selbige erst ermöglicht. Er räumt der Philosophie den höchsten zu vergebenden Titel ein: Für ihn ist sie die Königin aller Wissenschaften und Grundlage jeglichen Wissens.

Kant ist zweifellos einer der wichtigsten europäischen Philosophen. Er setzte sich kritisch mit den aufklärerischen Philosophen vor ihm auseinander und schuf die Grundlage für alle nachfolgenden Philosophen.

DENKURTEILE

Sein Versuch, die dem Erfahrungswissen zugrundeliegende Struktur des Denkens zu ergründen, führte Kant zu einer Theorie menschlicher Denkurteile. Ihm zufolge gibt es zwei Grundarten: analytische und synthetische. Der Wahrheitsgehalt analytischer Denkurteile resultiert lediglich aus dem Verständnis der in einer These enthaltenen begrifflichen Elemente. Zum Beispiel ist die These: „Alle Junggesellen sind nicht verheiratet" unabhängig von unserer Erfahrung eine wahre Aussage – weil die Bedeutung von „nicht verheiratet“ schon vollständig im Begriff „Junggeselle“ impliziert ist. Deshalb handelt es sich bei dieser Aussage um ein „Wissen a priori“. Synthetische Urteile jedoch sind ungleich schwieriger auf ihren Wahrheitsgehalt hin überprüfbar. So ist zum Beispiel die Behauptung: „Alle Junggesellen wollen nicht heiraten“ ein synthetisches Denkurteil, weil wir ohne konkrete Erfahrung zunächst nicht sicher sein können, ob dies zutrifft.

Die Unterscheidung zwischen analytischen und synthetischen Denkurteilen bildet die Grundlage von Kants Transzendentalphilosophie, in der sich zurechtzufinden zugegebenermaßen schwierig ist. Auf den ersten Blick scheint obige Unterscheidung einfach und einleuchtend zu sein, aber sie hat beträchtliche Konsequenzen für die Philosophie. Denn wenn man bestreitet, daß es ein „Wissen a priori“ gibt bzw. dieses nicht nachvollziehbar ist, dann kann man die Möglichkeit nicht ausschließen, daß Menschen niemals die Wahrheit der Wahrheit erkennen können.

In jüngster Zeit jedoch ist Kants Transzendentalphilosophie ausgesprochen fragwürdig geworden, nicht zuletzt durch neuere philosophische Überlegungen. Denn Kant hat nie die Existenz eines „Wissen a priori“ nachgewiesen, sondern eigentlich nur bestimmte linguistische „Spielregeln“ beschrieben und definiert – ein heiß diskutierter Streitpunkt in der heutigen philosophischen Debatte.

KATEGORISCHER IMPERATIV

Kants Morallehre steht unter der Prämisse, daß jegliche Moral auf der Fähigkeit des Menschen beruht, rational zu handeln, also über Instinkt und Eigeninteresse hinaus, was ihn von Tieren unterscheidet. Für Kant drückt tugendhaftes Handeln keineswegs einen tugendhaften Charakter aus, weil strenggenommen auch Tiere tugendhaft handeln können. Richtig ist, daß Tugendhaftigkeit an Gesetzlichkeit gebunden ist, weil nur sie gesellschaftlichen Zusammenhang garantiert. Umgekehrt jedoch muß sie sich auf die autonome Vernunft der Menschen gründen, die sich ihre eigenen Zwecke setzen, statt sich von vornherein einer abstrakten moralischen Ordnung zu unterwerfen. Deshalb wurzelt Gerechtigkeit in der Rationalität menschlichen Handelns, außerhalb derer sie keine Grundlage hat.

DIE DENKTRADITION SEIT KANT

Von Kant aus haben sich zwei kantianische Denkrichtungen entwickelt: eine eher hintergründige und eine explizit kantianische. Erstere geht im Sinne Kants davon aus, daß es Aufgabe der Philosophie ist, eine Theorie menschlichen Wissens zu entfalten, der Kant'sche Transzendentalismus aber der falsche Weg gewesen sei. Letztere versucht, Kants ursprüngliche Theorien weiterzuentwickeln, vor allem im Bereich der politischen Philosophie.

DAS MENSCHLICHE GEHIRN: DURCH SEIN ARGUMENT, DASS DIE REINE VERNUNFT SICH NICHT NOTWENDIGERWEISE AUF EMPIRISCHE ERFAHRUNGEN BEZIEHEN MUSS, VERÄNDERTE KANT VON GRUND AUF DIE WISSENSCHAFTLICHE SICHT AUF DIE FUNKTIONSWEISE DES MENSCHLICHEN VERSTANDES.

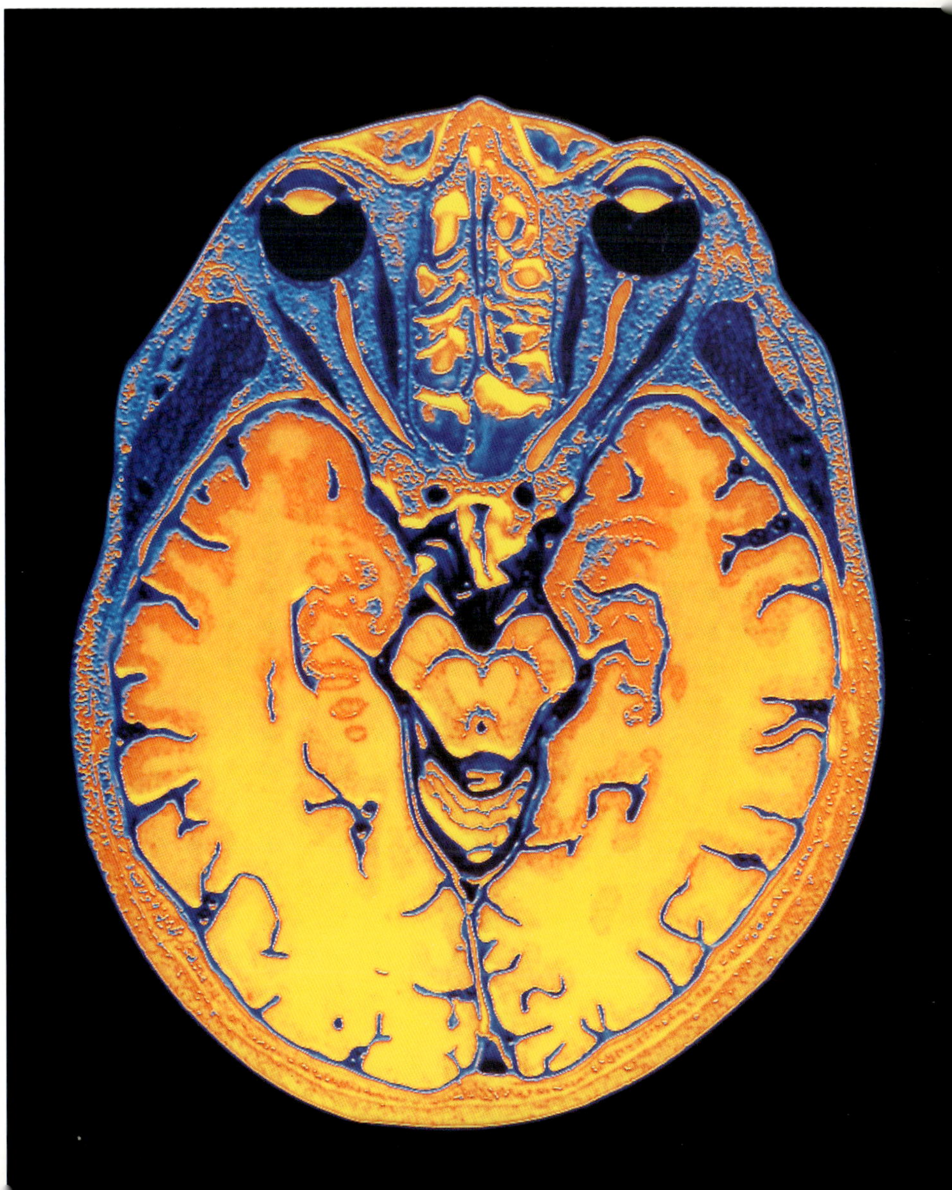

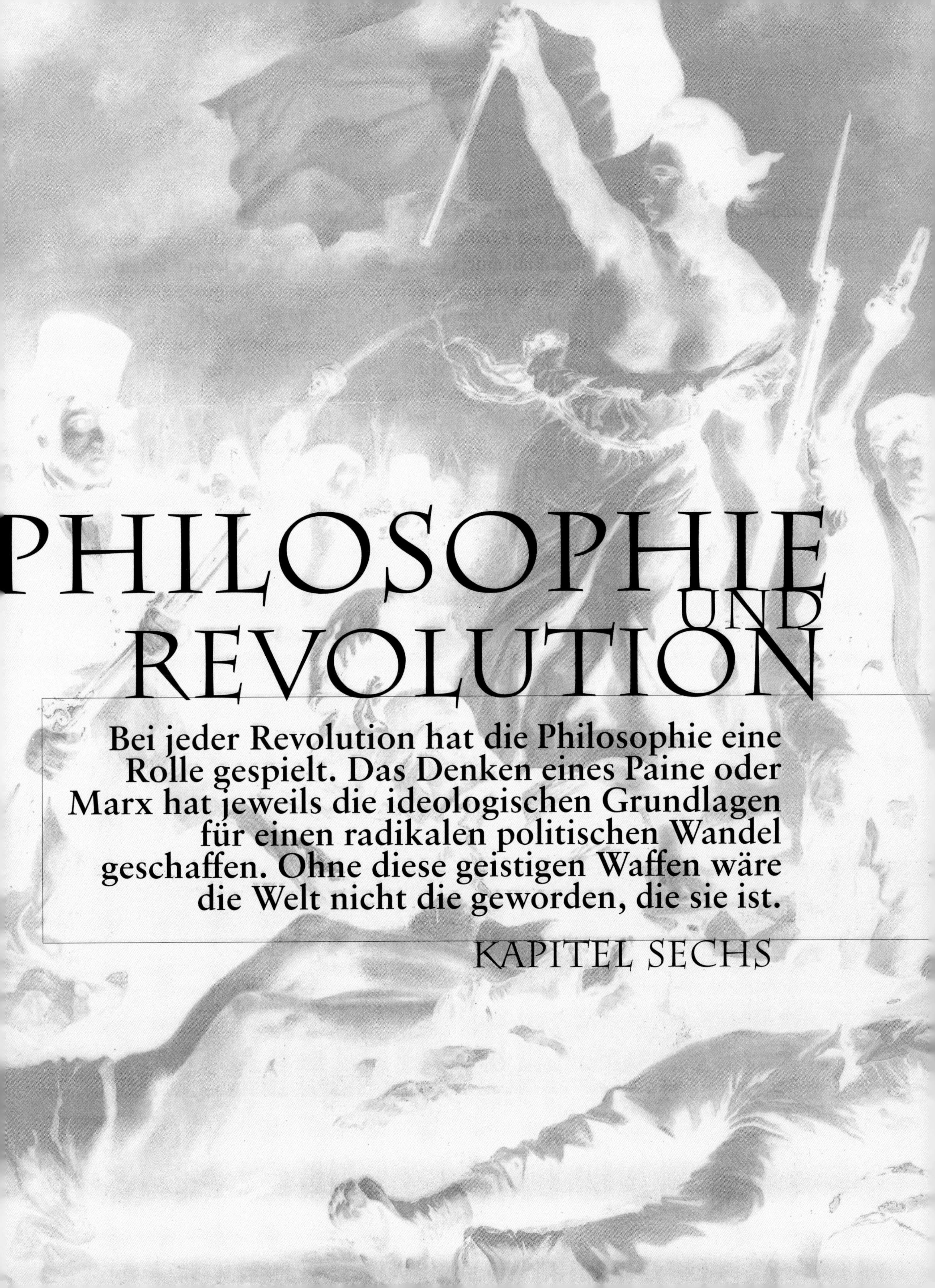

PHILOSOPHIE UND REVOLUTION

Bei jeder Revolution hat die Philosophie eine Rolle gespielt. Das Denken eines Paine oder Marx hat jeweils die ideologischen Grundlagen für einen radikalen politischen Wandel geschaffen. Ohne diese geistigen Waffen wäre die Welt nicht die geworden, die sie ist.

KAPITEL SECHS

Die Französische Revolution von 1789 markiert einen Wendepunkt in der Geschichte der europäischen Zivilisation. Die modernen Begriffe Nation, Bürgertum, Radikalismus, Gleichheit und Demokratie wurden im politischen Klima dieser Revolution geboren. Alle großen Hoffnungen und Ideen der europäischen Politik und Philosophie wurden durch sie in die Welt gesetzt, und noch heute werden ihre Lehren verstanden. Dadurch wurde diese Revolution zum Nährboden philosophischer Überlegungen zu sozialem und politischem Wandel. Viele philosophische Strömungen wären undenkbar ohne sie.

DIE FRANZÖSISCHE REVOLUTION

1793 BESTIEG LUDWIG XVI. DIE GUILLOTINE. SEINE LETZTEN WORTE: „MÖGE MEIN BLUT ZUM SEGEN DES FRANZÖSISCHEN VOLKES FLIESSEN."

MENSCHEN- UND BÜRGERRECHTE

Die Proklamation der Menschen- und Bürgerrechte durch die neugeschaffene Nationalversammlung am 26. August 1789 war ein Wendepunkt auch der Philosophiegeschichte. Ihre Verfasser waren extremem politischen Druck ausgesetzt. Als Vertreter des französischen Bürgertums waren sie darauf bedacht, nach dem Sturz des Feudalsystems eine politische Ordnung zu schaffen, die Eigentums- und Besitzrechte gesetzlich absichern sollte. Aber die vom Revolutionsfieber erfaßten besitzlosen und verarmten Volksmassen wollten weit mehr als Eigentums- und Besitzrechte. Sie forderten, daß der allgemeine Volkswille in der Verfassung festgeschrieben werden müsse. Den Mitgliedern der Nationalversammlung hingegen ging es darum, das Interesse an Sicherheit und Eigentum zu verbinden mit den Fragen der Staatsgewalt und der Bürgerrechte. Deshalb erklärten sie, daß „die Souveränität in der Na-

tion ruht", und daß der Wille der Nation sich in den Entscheidungen ihrer gewählten Vertreter ausdrücke. Im Verlauf des 18. und 19. Jahrhunderts wurde der Begriff der Demokratie anschließend gleichbedeutend mit dem in der Französischen Revolution geprägten Begriff der Volkssouveränität. Diese Auffassung wurde unter Federführung des Revolutionsführers Maximilien Robespierre während der zweiten Revolution von 1792 radikal zugespitzt.

REVOLUTION UND TERROR

Viele der während der Revolution aufgeworfenen philosophischen Fragen kreisten um die damaligen Erklärungen für die 1792 einsetzende Terrorherrschaft, unter der Frankreich stand. Manche vertraten die Auffassung, sie sei ein Beweis für die Gefahren der Demokratie überhaupt. Dieser Theorie zufolge ist eine Tyrannei der Mehrheit die logische Folge des demokratischen Gedankens. Die jakobinische Terrorherrschaft war sicher Resultat der nachrevolutionären Phase in Frankreich. Das hat später zur These geführt, daß in Zeiten radikalen politischen Wandels der Zwang zur Stärkung staatlicher Gewalt wichtiger werden kann, als die Prinzipien, denen sie sich verpflichtet hat.

OBEN: ROBESPIERRE (1758-1794), DER FÜHRER DER FRANZÖSISCHEN REVOLUTION TRIEB DAS PRINZIP DER VOLKSSOUVERÄNITÄT INS EXTREM. UNTEN: MIT DEM STURM AUF DIE BASTILLE 1789 BEGANN DIE FRANZÖSISCHE REVOLUTION.

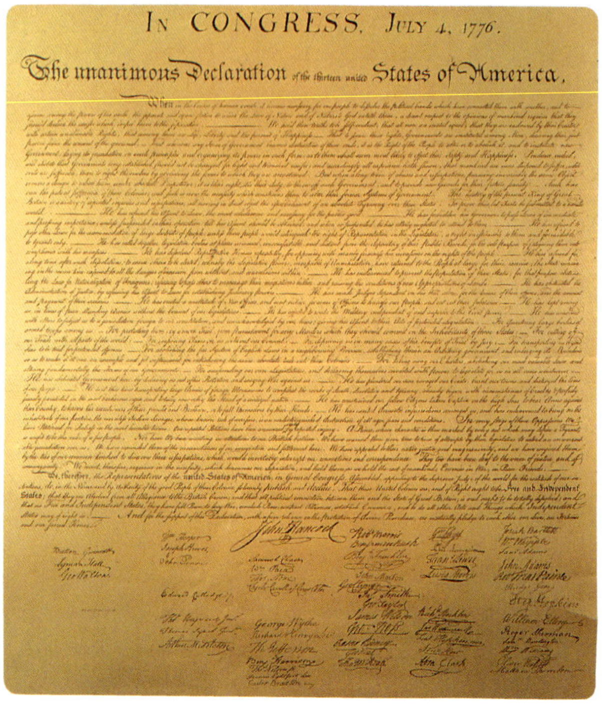

In Congress. July 4. 1776.

The unanimous Declaration of the thirteen united States of America.

Im Juli 1776 verabschiedete der amerikanische Kongress die Unabhängigkeitserklärung der damals 13 Staaten der USA. Für Grossbritannien war dies Anlass, im vergeblichen Versuch, die amerikanische Revolution niederzuschlagen, noch mehr Truppen in die ehemaligen Kolonien zu schicken.

Die Amerikanische Revolution

Wenn man unter Revolution einen gewaltsamen Kampf gegen den Staat mit anschließend tiefgreifenden sozialen und politischen Umbrüchen versteht, dann war die Amerikanische Revolution keine Revolution. Denn im Kern war sie lediglich ein Unabhängigkeitskrieg gegen Großbritannien. Die Forderungen der amerikanischen Revolutionäre waren eher gemäßigt, sie hatten kein gesellschaftliches Utopia im Sinn, wie dies wesentlich später bei der Oktoberrevolution in Rußland 1917 der Fall war. Es ging ihnen nicht um eine Umverteilung gesellschaftlichen Reichtums oder um neue moralische Werte. Vielmehr bestand der revolutionäre Charakter der Amerikanischen Revolution in der Schaffung einer neuen Art von Staat. Der durch die Unabhängigkeitserklärung von 1776 entstandene Verfassungsstaat war zum großen Teil die Verwirklichung der Ideen der europäischen Aufklärung. George Washington formulierte es folgendermaßen: „Die Revolution ... hat uns all jene Schätze des Wissens zu Füßen gelegt, die Generationen von Weisen, Philosophen und Gesetzgebern angesammelt hatten.“ Die nun formulierte verfassungsmäßige Beziehung zwischen Staat und Gesellschaft wurde ihrerseits zum Hintergrund neuer philosophischer Überlegungen.

OBEN: DIE BOSTON TEA PARTY LEITETE DAS ENDE DER BRITISCHEN KOLONIALHERRSCHAFT IN DEN USA EIN.
RECHTS: DER GEISTIGE FÜHRER DER AMERIKANISCHEN REVOLUTION WAR THOMAS JEFFERSON (1743-1826).

DIE REVOLUTION UND IHRE FÜHRER

Nach einer Reihe von willkürlichen politischen Erlassen der britischen Regierung stellten die amerikanischen Kolonisten unter Führung von George Washington mit französischer Unterstützung eine Armee auf, die 1781 endgültig die Briten besiegte. Die all das auslösende Unabhängigkeitserklärung war schon fünf Jahre vorher verkündet worden. Federführend war dabei Thomas Jefferson, dessen Schrift *Defence of Liberty and the Rights of Man* eine Art geistiger Motor der Amerikanischen Revolution war. Folgende Passage aus der Unabhängigkeitserklärung verdeutlicht Jeffersons revolutionäre Ansichten: „Wir halten diese Wahrheiten für in sich einleuchtend: daß alle Menschen gleich geschaffen sind; daß sie von ihrem Schöpfer mit gewissen (angeborenen und) unveräußerlichen Rechten ausgestattet sind, darunter Leben, Freiheit und Streben nach Glück; (...) daß, wenn immer eine Regierungsform diesen Zielen zum Schaden gereicht, es das Recht des Volkes ist, sie zu ändern oder abzuschaffen, und eine neue Regierung einzusetzen, die sich auf solchen Grundsätzen aufbaut und ihre Macht in einer Weise organisiert, wie sie am geeignetsten erscheint, seine Sicherheit und sein Glück zu schaffen." Diese politische Philosophie, angeregt von Locke und Paine, wurde zum Fundament eines völlig neuen Staatswesens. Der Geist der Amerikanischen Revolution war nicht von radikaldemokratischen Träumen geprägt, sondern von den Prinzipien der Freiheit und Unabhängigkeit.

STAAT UND GESELLSCHAFT

Die Väter der amerikanischen Verfassung hatten eine Reihe kniffliger Probleme zu lösen. Hauptproblem war die Frage, wie ein Maximum an persönlicher Freiheit geschaffen werden könne, ohne dabei zu deren Schutz einen übermächtigen Staat entstehen zu lassen. Die Erfahrungen mit der britischen Herrschaft hatten die amerikanischen Revolutionäre hellhörig gemacht gegenüber Willkürherrschaft. Wie aber sollte sich die gerade erst geborene Nation ohne starken Staat gegen die Gefahr einer neuen ausländischen Intervention schützen? Genau diese Frage führte zu hitzigen Debatten unter den Vätern der amerikanischen Verfassung. Schließlich fand man einen Kompromiß, der letztendlich die Souveränität dem Volk zusprach. Diese Verfassung wurde schließlich 1788 verabschiedet.

TRAUMLAND AMERIKA

Für viele Philosophen ist Amerika viel mehr als ein Land, es ist ein politisches Projekt, das alle wegweisenden Gedanken der Aufklärung verkörpert und verwirklicht.

Kein Schriftsteller hat sich intellektuell mehr mit den Revolutionen des späten 18. Jahrhunderts auseinandergesetzt als Thomas Paine; in dieser Hinsicht ist sein Beitrag zur modernen politischen Philosophie unvergleichbar. Die Revolutionen in Amerika und Frankreich waren mehr als nur kritische Momente in der Geschichte, sie waren die Geburtsstunde moderner Politik, denn sie führten zu den heutigen Begriffen von Nation, Menschenrechten, Staatsbürgerschaft und Verfassungsstaat. Paines enormer, auch konkreter Beitrag zu beiden Revolutionen steigert die Bedeutung seines Werkes weit über Philosophie hinaus. Er machte sich vor allem für die Bürgerrechte stark, er kämpfte gegen machthungrige Staaten und ist deshalb in der Gegenwart so aktuell wie im 18. Jahrhundert.

THOMAS PAINE (1737–1809)

DER REVOLUTIONÄRE BÜRGER

Paine wurde in Thetford, England, als Sohn eines Quäkers geboren, und es waren die väterlichen Wertvorstellungen, die den Keim für sein lebenslängliches Engagement für die einfachen und unterprivilegierten Menschen in ihn legten. Paines revolutionäres Leben begann erst in seinen späten Dreißigern, obwohl seine Sensibilität, Korruption anzuprangern, schon früher erwacht war, nämlich während seines Dienstes als staatlicher Steuereinnehmer.

1774, nachdem Paine eine Zeitlang in London verbracht hatte, während der er das neue wissenschaftliche Denken seiner Zeit kennenlernte, brach er nach Amerika auf. Seine Ankunft koinzidierte mit der wachsenden Unzufriedenheit der Amerikaner über die britische Regierung. Paine trug als Herausgeber des *Pennsylvania Magazine* dazu bei, diese Unzufriedenheit in Worte zu fassen. Sein tiefgründigster Beitrag zur sich entwickelnden revolutionären Stimmung in Amerika war die Schrift *Common Sense*, die allein in Amerika eine Auflage von mehr als 150 000 Exemplaren erzielte. Nachdem sich das britische Empire zurückgezogen hatte, und die Aufgabe, eine Verfassung zu erstellen, zum Hauptanliegen wurde, kehrte Paine nach England zurück. 1791, zwei Jahre nach dem Sturm auf die Bastille in Paris, veröffentlichte Paine eine Verteidigung der revolutionären Tugenden mit dem Titel *The Rights of Man* („Die Rechte des Menschen"); dieses Buch avancierte zum Bestseller, in den nächsten zwei Jahren wurden davon allein in England 250 000 Stück verkauft.

„COMMON SENSE"

Paines ganze Verachtung in *Common Sense* galt der Monarchie, insbesondere deren britischer Ausprägung. Der Glorreichen Revolution von 1688 war es laut Paine nicht gelungen, das einer monarchistischen Herrschaft inhärente Potential zum Machtmißbrauch unter Kontrolle zu bringen. Er behauptete, daß „man zwar weise genug gewesen war, der absoluten Monarchie

Oben: Verrückter Tom oder Mann der Menschenrechte? Paines Ruhm machte ihn zu einem bevorzugten Ziel des Spottes. Trotz seiner Verteidigung der Revolution wurde er für seine Beziehungen zu einer politischen Gruppe verhaftet.

die Tür zu verschließen, gleichzeitig jedoch so verrückt, der Krone den Schlüssel dafür anzuvertrauen." Laut Paine herrschen Monarchien nur dadurch, daß sie ihre Unkenntnis der realen Verhältnisse infolge ihrer Abgelöstheit davon zum Prinzip erklären. Diese Irrationalität der Monarchie war für Paine einer der vielen Gründe, warum die Bürger ihr Widerstand leisten sollten. Er gestand den Bürgern das Recht zu, in einer Gesellschaft zu leben, die Freiheit höher bewertet als die Torheit so mancher politischer Tradition, ein Recht, das – wie Paine glaubte – vom amerikanischen Volk aufgegriffen werden könnte, und ein Gedanke, den er in seiner berühmten trockenen Art bereits in einem spöttischen Aufruf vor der Amerikanischen Revolution ausdrückte : „Oh! Ihr, die ihr die Menschheit liebt! Ihr, die ihr wagt, sich nicht nur der Tyrannei zu widersetzen, sondern auch dem Tyrannen, bleibt standhaft!"

„Es ist undenkbar, daß alle Regierungen, die bis heute überall auf der Erde existiert haben, anders als unter totaler Verletzung aller heiligen und moralischen Prinzipien entstanden sind."

OBEN LINKS: PAINE VERFASSTE SEIN BUCH *RIGHTS OF MAN* ALS RECHTFERTIGUNG DER FRANZÖSISCHEN REVOLUTION.
OBEN RECHTS: DIE UNABHÄNGIGKEITSERKLÄRUNG WIRD VOR DER ARMEE VERLESEN. PAINE SETZTE SICH STARK BEI ABGEORDNETEN EIN, DIE DIE UNABHÄNGIGKEITSERKLÄRUNG BEFÜRWORTEN SOLLTEN.

DIE MENSCHENRECHTE

In Erwiderung auf Edmund Burkes Angriff auf die Gefahren der Revolution, fuhr Paine damit fort, den monarchistischen Machtmißbrauch zu geißeln: „Die Idee, solche Ämter wie die eines Gesetzgebers, eines Richters oder eines Geschworenen durch Erbbarkeit und nicht durch Wahl zu erhalten, ist ebenso absurd, wie durch Erbfolge Mathematiker oder Gelehrter werden zu wollen." Im Gegensatz zu Forderungen von Konservativen wie Burke, die auf einen hierarchischen Aufbau der Gesellschaft Wert legten, glaubte Paine an unveräußerliche natürliche Menschenrechte und daß die oberste Aufgabe des Staates darin bestehe, diese Rechte zu garantieren; daher müsse man den Staat als notwendiges Übel akzeptieren. Paines Vorstellung von der schützenden Rolle des Staates überwog die Furcht vor seinen Machtbefugnissen.

Es gab nur wenige politische Philosophen, die gegen das Zeitalter der Vernunft und sein revolutionäres Aufbegehren Front machten und trotzdem wegweisend waren für die Moderne. Edmund Burke war einer von ihnen. Sein Werk war ein Produkt des politischen Klimas zur Zeit der Französischen Revolution, ist aber auch für die heutige Zeit von Bedeutung. Die Schriften Burkes stehen für den Beginn des modernen Konservativismus, wie er in Großbritannien noch heute am reinsten von der Konservativen Partei repräsentiert wird.

EDMUND BURKE (1729–97)

VON DUBLIN NACH LONDON

Edmund Burke wurde 1729 in Dublin geboren. Er ging nach London, um Jura zu studieren und war von 1765 bis 1794 Mitglied des House of Commons. Seine Beschreibung der damaligen Rolle von Parlamentsabgeordneten bleibt bis heute ein Schlüsselwerk für alle, die versuchen die britische parlamentarische Demokratie zu verstehen.

GEDANKEN ÜBER DIE REVOLUTION

Burkes Publikation *Reflections on the Revolution in France* von 1790 erhielt damals großen Beifall für seinen Angriff auf die politischen Prinzipien der radikalen französischen Revolutionäre. Denn seine Ansichten entsprachen jenen der herrschenden politischen Klasse Englands, die fürchtete, der revolutionäre Funke könne sich über den Kanal ausbreiten.

Burke kritisierte an den französischen Revolutionären, daß sie blind abstrakten Prinzipien folgten und mit ihrer Naturrechtsphilosophie die Wirklichkeit leugneten. Er hielt die Beziehungen zwischen den Menschen für vollkommen künstlich – ihm zufolge werden politische

Verträge auf Grundlage von Traditionen und Bräuchen geschlossen, nicht aber aufgrund von Naturrechten oder Gleichheitsidealen. Es existiert keine politisch relevante Gleichheit von Natur aus, und Versuche, dieser Theorie Nachdruck zu verschaffen, sind gefährlich: „Keine Regierung der Welt ist kraft eines Naturrechts legitimiert, das angeblich in völliger Unabhängigkeit von ihr existiert – viel klarer und in einem größeren Ausmaß bloß abstrakter Perfektion. Aber genau diese Abstraktheit führt zu ihrer praktischen Niederlage." Burkes Behauptung geht dahin, daß Herrschaftsformen, die auf Pragmatismus zählen, viel anpassungsfähiger sind, als die von dogmatischen und angeblich für die Ewigkeit bestimmten Prinzipien geleiteten Herrschaftsformen. Überdies schützt die britische, nie schriftlich festgehaltene Verfassung beides: sowohl, was sich aus Tradition heraus bewährt hat, als auch das, was an neuen Ideen wünschenswert ist. „Außerdem wissen die Menschen in England sehr genau, daß die Idee des Erbeigentums ebenso ein Prinzip des Bewahrens darstellt wie ein sicheres Prinzip der Weitergabe; wobei keineswegs das Prinzip der Verbesserung ausgeschlossen ist.

DIE ORGANISCHE GESELLSCHAFT

Burke bezeichnet Gesellschaftsordnungen, die ihre sozialen und politischen Beziehungen zwangsläufig auf Tradition gründen, als „organische Gesellschaften". Diese funktioniert wie ein menschlicher Körper, mit all seinen Teilen, die ihre jeweiligen Aufgaben erfüllen, und erschafft „eine gewohnheitsmäßige soziale Disziplin, nach der die Klügeren, die Spezialisierten und die Reichen die Führung übernehmen. Dadurch schützen Sie die Schwachen, weniger Wissenden und weniger Begüterten".

MODERNER KONSERVATIVISMUS

Burke ist der geistige Vater des modernen Konservativismus. Sein Glaube an Tradition, Pragmatismus und die organische Gesellschaft wurde zu den drei Säulen des traditionellen Konservativismus. Auch wenn jene Art Konservativismus heutzutage weniger Anklang findet, wird der Erfolg seiner Ideen, weithin als ein Schlüsselfaktor für bedeutend weniger soziale Unruhen in Großbritannien als im übrigen Europa gewertet.

OBEN: DURCH SEINE KRITIK DER FRANZÖSISCHEN REVOLUTION LIEFERTE BURKE DIE BESTE VERTEIDIGUNG DES BRITISCHEN REGIERUNGSSYSTEMS, DIE JE GESCHRIEBEN WURDE. NOCH MEHR ALS 200 JAHRE SPÄTER INSPIRIEREN DIE VON BURKE HERAUSGEARBEITETEN PRINZIPIEN DIE BRITISCHE PARLAMENTARISCHE DEMOKRATIE.

LINKS: IM ENGLAND DES 18. JAHRHUNDERTS WAR DIE POLITISCHE SATIRE BESONDERS BEISSEND. AUCH BURKE WAR ZIELSCHEIBE DES SPOTTES.

Rousseau läßt sich als Denker besonders schwer einordnen, seine Schriften wurden – je nachdem – als romantisch, liberal oder totalitär eingeordnet. Sein Werk forderte die damals herrschende soziale und politische Philosophie heraus. Er war der erste Philosoph, der die Verbindung von moralischen und politischen Ideen, die sich im 18. Jahrhundert abzeichnete, in Frage stellte. Auch mehr als 200 Jahre später sträubt sich Rosseaus Philosophie nach wie vor gegen jeden Versuch gängiger Einordnung. Dies mindert aber nicht den Einfluß, den er auf die europäische Gedankenwelt des 18. Jahrhunderts ausübte und die Auswirkungen auf die nachfolgende politische Philosophie. Kein geringerer als Kant hat ihn als den „Newton der Moral" charakterisiert.

Jean Jacques Rousseau (1712–78)

Rousseau war der bekannteste der französischen Philosophen des 18. Jahrhunderts. 1762 musste er aus Frankreich fliehen, nachdem sein Buch „Emile" vom Parlament verurteilt worden war.

Rousseau war der erste Denker, der das Zeitalter der Vernunft hinterfragte ohne dabei religiöse Autoritäten zu verteidigen. Er stand abseits von den aufgeklärten französischen Philosophen und den Enzyklopädisten, aber er war nicht einfach ein Irrationalist. Seine Popularität als politischer Philosoph gründete sich jedoch nicht auf die Rationalität seiner Argumentation, sondern auf seine Beschreibung einer nicht realisierbaren utopischen Zukunft und der idyllischen Schilderung des Lebens vor dem Siegeszug der menschlichen Vernunft. Aus diesem Grund stuft man Rousseau bisweilen als Romantiker ein. Er wurde 1712 in Genf geboren, im Alter von zehn Jahren war er bereits verwaist. Bis zum Alter von 16 Jahren lebte er bei einer Tante, dann verließ er spontan seine Heimatstadt. Als er eines Tages bei einem Abendspaziergang im Umland Genfs nicht auf die Zeit geachtet hatte, kam er erst zu den Stadttoren zurück, als sie bereits geschlossen waren. Wie vorher schon öfter, hätte er bis zum Morgen warten können, um wieder in die Stadt zu gelangen, aber diesmal überredete ihn sein Sinn für Abenteuer, nicht zurückzugehen. Er reiste nach Turin und trat dort zum Katholizismus über. Schließlich ließ er sich in Frankreich nieder, wo er einige Jahre als Musiker verbrachte. Seine philosophische Karriere begann, als er einen literarischen Preis für einen Essay gewann, der sich mit der Frage befaßte: „Hat das Wiederaufleben der Künste und Wissenschaften eher dazu beigetragen, die menschliche Moral zu verderben oder sie zu verbessern?" Seine Antwort war in Kürze, sie habe sich dadurch eindeutig verschlechtert. Diese und weitere Abhandlungen zeigten Rousseau als Befürworter von Idealen, die den natürlichen Neigungen des Menschen Rechnung tragen.

Im Diskurs über die Ungleichheit behauptete Rousseau, der Mensch habe durch die moderne Zivilisation nicht mehr Glück erlangt, als bereits in all den Dingen enthalten war, die ihn auch im „Naturzustand“ umgeben hatten. Unter „Naturzustand“ verstand er nicht isolierte menschliche Instinkte, sondern den Menschen vor der Schaffung der bürgerlichen Gesellschaft. Seine Beschreibung des Naturzustandes glich einem romantischen Zusammenspiel von besitzlosem Gemeinschaftsleben und leidenschaftlichem Eigennutz - so stellte er sich den Menschen in der perfekten politischen Idylle vor.

DER GEMEINWILLE

In der ersten Zeile des Anfangskapitels von Rousseaus *Contrat Social* steht: „Der Mensch ist frei geboren, und überall liegt er in Ketten.“ Rousseau übte Kritik an dem modernen Anliegen, die bestmögliche Form legitimer Macht zu entdecken, die die Menschheit zu ihrer Selbstbefreiung nutzen kann. Nach Rousseau können die Menschen nicht einfach Frieden erlangen, indem sie der Gewalt weichen. „Macht ist körperliche Stärke; ich kann nicht feststellen, wie ihre Auswirkungen moralisches Verhalten hervorrufen kann. Sich der Macht zu unterwerfen, ist notwenig, aber kein Akt des Willens; im besten Fall ist es ein Akt der Klugkeit. In welcher Hinsicht kann es eine moralische Pflicht sein?“ Im *Contrat Social* versucht Rousseau eine ideale Gesellschaft zu entwerfen, die weder von Einzelinteressen, wie z.B. dem Schutz des Eigentums, geleitet wird, diesen Interessen aber auch nicht völlig ablehnend gegenübersteht. „Das Problem“, wie es sich für Rousseau darstellt, „besteht darin, eine Form des Zusammenlebens zu finden, die mit vereinter Kraft die Person und den Besitz jedes einzelnen Mitgliedes schützt und verteidigt, und in dem jeder, obwohl er sich mit allen anderen zusammengeschlossen hat, nur sich selbst gehorcht und auf diese Weise so frei bleibt wie zuvor.“ Er versuchte damit den Konflikt zwischen Freiheit und Gleichheit zu lösen. Er konstatierte ein allgemeines objektives Interesse, das so objektiv ist, daß es gleichzeitig der größtmögliche objektive Ausdruck des Eigeninteresses ist. Dieses Interesse nannte er den „Gemeinwillen“. Rousseaus Angaben, wie und wann dieser Gemeinwille in die Tat umgesetzt werden könnte, waren allerdings sehr vage. Den ganzen *Contrat Social* hindurch jongliert er mit den Begriffen des „Besonderen“ und „Allgemeinen“. Dieser Gegensatz ist für Rousseau untrennbarer Bestandteil modernen Denkens, und der Fortschritt macht es erforderlich, ihn aufzulösen. Kritiker legten es immer darauf an, die Gefahren einer solchen Philosophie hervorzuheben. Vor allem befürchteten sie eine willkürliche Definition des Gemeinwillens.

GANZ LINKS: ROUSSEAU WIRD HÄUFIG FÜR DIE GEISTIGEN GRUNDLAGEN DER FRANZÖSISCHEN REVOLUTION MITVERANTWORTLICH GEMACHT, VOR ALLEM DURCH SEINE THEORIE, FREIHEIT KÖNNE NICHT OHNE DEN „GEMEINWILLEN“, UND SEI ES GEWALTSAM, ERREICHT WERDEN. LINKS: ROUSSEAUS SCHRIFT *CONTRAT SOCIAL* BEGINNT MIT DEN BERÜHMTEN WORTEN: „DER MENSCH IST FREI GEBOREN, UND ÜBERALL LIEGT ER IN KETTEN.“

Links: Godwin war mit vielen zeitgenössischen romantischen Dichtern befreundet, auch mit Percy Bysshe Shelley, der seine Tochter heirat
Links unten: Godwins anarchistische Ideen fin sich in *Frankenstein* wieder.

WILLIAM GODWIN (1756-1836)

Im London des 18. Jahrhunderts war er einfach als „der Philosoph“ bekannt: William Godwin, der die umfangreichste Abhandlung über den Anarchismus geschrieben hat, die je geschrieben wurde. Die meisten Zeitgenossen sahen in ihm nur einen Radikalen – als einen Philosophen der Gerechtigkeit und des Glücks. Aus den Schriften der radikalen Intellektuellen des damaligen London stachen die Werke Godwins aufgrund ihrer Tiefe und philosophischen Glaubwürdigkeit hervor.

DER AHNHERR FRANKENSTEINS

Godwin wurde 1756 in Hoxton nahe London geboren. Den elterlichen Calvinismus, der auch zahlreiche andere bedeutende geistige Persönlichkeiten dieser Zeit geprägt hatte, lehnte er ab. In den 80er Jahren mischte er sich unter die radikalen Intellektuellen in Londons Stadtviertel Soho. Er verdiente sich seinen Lebensunterhalt als Gelegenheitsjournalist und Schriftsteller, bis die Französische Revolution seine Gedanken auf Fragen der Gerechtigkeit, Freiheit und Revolution lenkte. Zwei Jahre nach diesem einschneidenden Ereignis begann er sein wichtigstes Werk *Enquiry Concerning Political Justice*, das 1793 veröffentlicht wurde. Trotz seiner ablehnenden Meinung zur Institution der Ehe, heiratete er die radikale Feministin Mary Wollstonecraft. Mary starb jedoch zehn Tage nach der Geburt einer Tochter, die gleichfalls Mary hieß und später den englischen Dichter Shelley heiratete. Dieser hatte Godwin finanziell geholfen, damit er weiterhin seinen philosophischen Aktivitäten nachgehen und den Haushalt bestreiten konnte.

DAS ÜBEL REGIERUNG

Wie schon Jean Jacques Rousseau, stand auch Godwin der politischen Tradition von Hobbes und Locke, die sich vor allem mit Fragen der Gerechtigkeit und Regierungsform auseinandergesetzt hatten, äußerst kritisch gegenüber. Rousseau behauptete, daß die Menschen keine natürlichen Rechte haben, außer jenen, die einer bestimmten Gemeinschaft zugute kommen. Allerdings kam Godwin zu ganz anderen Schlußfolgerungen als einige Philosophen. Anstatt einen Staat zu favorisieren, der Gerechtigkeit für alle will und erst in zweiter Linie den einzelnen im Auge hat, schlägt Godwin vor: „Eine Regierung ist in jedem Fall von Übel; sie sollte deshalb so zurückhaltend wie möglich etabliert werden. Der Mensch ist eine Spezies, deren Vorzüge in der jeweiligen Individualität liegen; und er kann nur in dem Maße groß und weise sein, wie er unabhängig ist."

Godwin ist der Meinung, daß Regierungen aus Unwissenheit beibehalten werden. Wissen, Wahrheit und Vernunft sind immer höher einzustufen als das Recht. In der Praxis werden die Gesetze entweder für partikuläre Interessen durchgesetzt, oder einfach, weil sie da sind. Das Gesetz ist nicht an Wahrheit und Vernunft interessiert, sondern nur an seiner eigenen Anwendung. Den Institutionen, die Rechte definieren und umsetzen, bringt Godwin die gleiche Verachtung entgegen. Politische und gesellschaftliche Einrichtungen sind geheimnisumwittert und komplex – nicht, weil Vernunft und Wahrheit so schwer zu verstehen wären, sondern weil es darum geht, die Bürger über die Irrationalität der Regierungsaktivitäten und die ihr zugrundeliegenden Interessen zu täuschen.

Gemeinschaft ohne Gesetze

Die Utopie, die Godwin sich statt einer Regierung vorstellt, fordert der menschlichen Natur einiges ab. In seiner Idealvorstellung setzt sich die vollkommene Gesellschaft aus selbstverwalteten Gemeinschaften zusammen. Sie hätten überhaupt keinen Bedarf an Gesetzen oder irgendeiner staatlichen Bürokratie. Wenn ein schwelender Streit ans Tageslicht käme, würde in diesem Fall eine Jury zusammentreten und im Interesse von Wahrheit und Gerechtigkeit, aber über jedem Gesetz stehend, entscheiden. Godwins Kommunen würden hauptsächlich durch die Lauterkeit ihrer Bürger zusammengehalten werden.

Die bekannteste Umsetzung anarchistischer Ideen ereignete sich im Spanischen Bürgerkrieg (1936-39); verschiedene anarchistische Gruppen spielten eine wichtige, wenngleich brüchige Rolle im Kampf gegen Franco und den Faschismus.

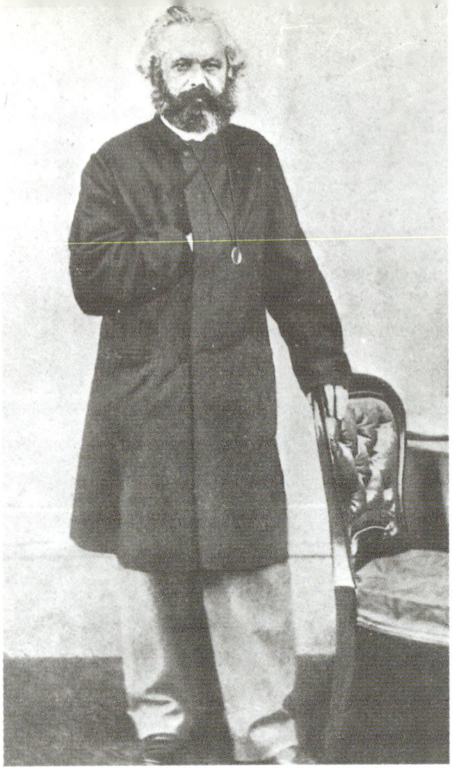

Die Bedeutung der Philosophie von Karl Marx ist enorm. In seinem Namen hat sich die ganze Welt verändert. Eigentümlich ist jedoch, daß er häufiger zitiert als gelesen wird. Marx wurde 1818 in Trier geboren, und nach seinem Studium arbeitete er als Journalist in Paris, Köln und Brüssel. Die Revolutionen in Frankreich und Deutschland erlebte er hautnah mit, ehe er seinen Wohnsitz nach London verlegte. Dort lernte er Friedrich Engels kennen, einen Fabrikantensohn aus Wuppertal, mit dem er gemeinsam das *Kommunistische Manifest* verfaßte. Engels machte Marx mit der Situation der englischen Industriearbeiter und damals populären ökonomischen Theorien vertraut.
In seiner Londoner Zeit schrieb Marx sein berühmtes Werk *Das Kapital*, großteils in der British Library.

KARL MARX (1818–1883)

CONDITION HUMAINE

Ausgangspunkt der Marx'schen Philosophie ist die Beziehung zwischen dem Menschen und der von ihm geschaffenen Welt. Für Marx liegt der Schlüssel zur Erklärung menschlicher Beziehungen und der Geschichte in dem, was der Mensch aus seiner natürlichen Umwelt macht bzw. schafft. Die menschliche Arbeitstätigkeit ist Grundlage jeglicher Geschichte, und die Geschichte der menschlichen Arbeit hat schon immer die gesellschaftliche Entwicklung geprägt. Marx zufolge ist die Arbeit „unablässige, von der Natur auferlegte Grundbedingung der menschlichen Existenz, und als solche ist sie unabhängig von den unterschiedlichen Entwicklungsphasen dieser Existenz, genau gesagt: Sie ist allen gemeinsam." Marx wandte sich gegen alle Philosophien, die den Menschen als ein für alle Mal festgelegtes Lebewesen definieren. Ihm zufolge gibt es nur ein unveränderliches Merkmal der menschlichen Natur: den Zwang zur Arbeitstätigkeit – ansonsten ist die menschliche Natur ebenso veränderbar wie die Geschichte beeinflußbar.

> Der Einfluss von Marx als Philosoph ist so gross, dass er gar nicht hoch genug einzuschätzen ist. Fest steht, dass seine Thesen viel öfter zitiert als gelesen, geschweige denn verstanden werden.

HISTORISCHER MATERIALISMUS

Marx war davon überzeugt, daß die jeweiligen materiellen Verhältnisse, in denen die Menschen leben, den Gang der Geschichte bestimmen. Sie selbst entstehen aus der Dialektik von Produktivkräften und Produktionsverhältnissen. Welche Art von Leben ein Mensch führt, gründet sich deshalb auf seine jeweilige Stellung im gesellschaftlichen Produktionsprozeß – eine Auffassung, die oft als „ökonomischer Determinismus" bezeichnet wird, weil er alle menschlichen Fragen auf ökonomische zurückführt.

GESCHICHTE UND KLASSENKAMPF

Von der Prämisse ausgehend, daß alle Geschichte von den materiellen Verhältnissen bestimmt wird, ging Marx daran, Geschichte als solche zu erklären. Marx sprach von drei entscheidenden Phasen der Geschichte: Feudalismus, Kapitalismus und – als letzter – Kommunismus. Jede von ihnen ist Resultat von Klassenkämpfen, in denen jeweils eine Klasse die andere beherrscht, um irgendwann von ihr gestürzt zu werden. Die Englische Revolution z.B. war demnach eine Art Entscheidungsschlacht zwischen dem aufsteigendem Bürgertum und dem britischen Adel, die mit der Zerschlagung des Feudalsystems endete. Den Kapitalismus betreffend war Marx überzeugt, daß er an seinen immanenten Widersprüchen zugrunde gehen würde. Den Grundwiderspruch sah er im „Wertgesetz" der kapitalistischen Produktionsweise, was besagt: Der Tauschwert von Waren und menschlicher Arbeit im Kapitalismus ist etwas anderes als ihr Gebrauchswert. Denn die Wertgröße einer Ware ergibt sich aus der gesellschaftlich notwendigen Arbeitszeit, um sie zu produzieren. Das Wertgesetz durchdringt im Kapitalismus alles, auch die menschliche Arbeit selbst, die nur nach aufgebrachter Arbeitszeit entlohnt wird, unabhängig davon, was sie an den Waren anhaftenden Warenwert produziert: Mehrwert. Marx glaubte felsenfest, daß die Arbeiterklasse das kapitalistische System stürzen würde, sobald sie dies erkannt habe. Diese Revolution sollte seiner Meinung nach zuerst in Großbritannien und Deutschland stattfinden.

MARX' MONUMENTALES WERK *DAS KAPITAL* ENTSTAND WEITGEHEND IM LESESAAL DER BRITISH LIBRARY IN LONDON.

PIERRE JOSEPH PROUDHON (1809–65)

Proudhon war der erste politische Philosoph, der sich selbst als Anarchisten bezeichnete. Seine Herkunft aus ärmlichen, bäuerlichen Verhältnissen erzeugte bei ihm Zorn und Verachtung für die Ausbeutung der armen Bauernschaft. Sie verbanden sich bei ihm mit den puritanisch geprägten Ansichten der Arbeiterklasse in der französischen Provinz. Proudhons Mißtrauen und Ablehnung jeglicher Autorität gegenüber spiegelte sich auch in seinem Autodidaktentum wider. Seine politischen Pamphlete und Publikationen sowie sein aktives Engagement im Revolutionsjahr 1848 machten ihn berühmt. Auch der Streit zwischen den Anarchisten und Marx zwischen 1840 und 1850 ging von ihm aus. Als Antwort auf Marx' Vorschlag, zusammenzuarbeiten, schrieb Proudhon: „Nach Abschaffung aller a priori-Dogmen sollten doch nicht ausgerechnet wir davon träumen, die Menschen zu indoktrinieren. Wir wollen doch nicht in den Widerspruch Eures Landsmannes Luther zurückfallen, der zunächst die katholische Theologie niedergerissen hat, um dann, mit Exkommunikation und Bannfluch belegt, eine protestantische Theologie zu gründen."

OBEN: AUF DEM WEG ZU EINER ANARCHISTISCHEN GESELLSCHAFT GALT FÜR PROUDHON GEWALT ALS LEGITIMES MITTEL.

Die Karikatur zeigt Proudhons Entführung durch Amerikaner – seine Ideen waren bei Zeitgenossen nicht sonderlich beliebt.

EIGENTUM IST DIEBSTAHL!

Proudhons meistbejubeltes, 1842 veröffentlichtes Werk trug den Titel *Was ist Eigentum?* Seine berühmte Antwort darauf war: „Eigentum ist Diebstahl!" Er war überzeugt, daß kein Mensch ein unveräußerliches Recht auf Eigentum habe. Außerdem führe Eigentum unvermeidlich zur Tyrannei, weil es die Masse der Menschen der Arbeitssklaverei unterwerfe.

GEWALT UND REVOLUTION

Freiheit muß Proudhon zufolge der Leitgedanke jeder Revolution sein. Aber der Drang nach Freiheit kann auch die Freiheit zerstören. Denn viele erwarten von ihr den Schutz vor dem Bösen, was wiederum Kontrolle und Vorherrschaft erfordert. Aber Revolutionen, führt Proudhon fort, dürfen nicht nur die Farbe der Tyrannei ändern, sondern müssen zur völligen Zerschlagung des Staates führen. „Regiert zu werden, bedeutet: Beobachtet, inspiziert, ausgespäht, dirigiert, reguliert, verwaltet, registriert, indoktriniert, kontrolliert, zensiert, bevormundet, taxiert und von Leuten herum kommandiert zu werden, die dafür kein Recht, Wissen und Tugendhaftigkeit besitzen. Das ist ihre Regierung, ihre Gerechtigkeit, ihre Moral." Obwohl Proudhon sich darüber im klaren war, daß gewaltsame Revolutionen zu einer neuerlichen Tyrannei führen können, hielt er revolutionäre Gewalt für unverzichtbar, um der staatlichen Gewalt ein Ende zu setzen.

ANARCHIE

Proudhon glaubte, daß der Mensch von Natur aus weder gut noch böse infolge der historischen Umstände seiner Entwicklung geworden sei. Er sagte: „Der Mensch ist von Natur aus ein Sünder, was heißt: Er handelt nicht seinem Wesen nach falsch, sondern nur unter bestimmten Bedingungen. Deshalb liegt sein Schicksal darin, ständig in sich selbst sein eigenes Ideal wiederherzustellen." Vor Proudhon hatten andere politische Philosophen, vor allem Hobbes, einen allmächtigen Staat postuliert, um durch ihn die angeborene Selbstsüchtigkeit der Menschen zu zügeln. Proudhon war mehr damit beschäftigt, seine revolutionäre Verachtung jeglicher Staatlichkeit zu formulieren, als einen diskutablen Entwurf einer neuen Gesellschaft vorzulegen. Er fordert uns bedingungslos auf, uns eine Gesellschaft vorzustellen, in der staatliche Funktionen nur dem Namen nach existieren – sofern überhaupt notwendig. Keine Regierung, behauptet Proudhon, dürfe wirkliche Machtbefugnisse haben, sondern müsse sie nur ein Forum für den öffentlichen Meinungsaustausch garantieren. Denn erst eine wesentlich aufgeklärtere Menschheit könne die ideale Gesellschaft schaffen. Nötig dafür sei eine „neue menschliche Natur", die wegen ihrer Humanität und ihrem Gerechtigkeitssinn jegliche staatliche Autorität überflüssig macht. Allerdings wußte Proudhon, wie schwierig dies sein würde. „Gerechtigkeitssinn – das sehen wir an Kindern und Wilden – ist die letzte und am langsamsten wachsende Fähigkeit der Seele; sie setzt eine nachdrückliche Erziehung im Kampf und Unglück voraus."

„Der Mensch ist von Natur aus ein Sünder, was heißt: Er handelt nicht seinem Wesen nach falsch, sondern unter bestimmten Bedingungen. Deshalb liegt sein Schicksal darin, ständig in sich selbst sein eigenes Ideal wiederherzustellen."

WAS TUN?

Lenins erster bedeutender Beitrag zur politischen Philosophie war seine Schrift *Was tun?*, und schon der Titel drückt seine ganze Philosophie aus. Er war Ausdruck seiner revolutionären Ungeduld, denn er war langatmige marxistische Debatten leid über die Frage, ob und wann die russische Arbeiterklasse politisch reif sei für die Revolution. Er selbst war skeptisch, ob sie das dafür notwendige revolutionäre Bewußtsein aus eigener Kraft je entwickeln könne: „Wir sind der Auffassung, daß von sozialdemokratischem Bewußtsein unter den russischen Arbeitern noch nicht die Rede sein kann. Es kann nur von außen an sie herangetragen werden. Die Geschichte aller Länder zeigt, daß die Arbeiterklasse, allein aus sich selbst heraus, nur ein gewerkschaftliches Bewußtsein entwickeln kann ..." Lenin war überzeugt, daß den Massen der Gedanke an Revolution durch Intellektuelle nahegebracht werden müsse. Denn für ihn war politisches Bewußtsein mehr als nur Bewußtsein der Ausbeutung – es erforderte auch die Fähigkeit zum radikalen Handeln.

REVOLUTIONÄR UND PRAGMATIKER

Lenin war klar, daß eine konsequente Anwendung der Marx'schen Analyse auf Rußland nötig war, um eine bolschewistisch geführte Revolution zu ermöglichen. Der ursprünglichen marxistischen Lehre zufolge sollte der Kommunismus eine historisch notwendige und unvermeidliche Folge vom Feudalismus und Kapitalismus sein. In diesem Sinne war das feudalistische Rußland im Jahr 1917 dafür nicht reif. Aber Lenin war nicht bereit, auf optimale revolutionäre Bedingungen zu warten. Er war ein ausgesprochen pragmatischer Denker und Lenker der bolschewistischen Partei. Entsprechend seiner Überzeugung, daß der Zündfunke der Revoluti-

UNMITTELBAR NACH DER RÜCKKEHR AUS SEINEM FINNISCHEN EXIL FÜHRTE LENIN NACH DER MÄRZ-REVOLUTION SEINE BOLSCHEWISTISCHE PARTEI 1917 ZUM SIEG IN DER OKTOBERREVOLUTION.

WLADIMIR ILJITSCH LENIN (1870–1924)

Lenins Beitrag zur modernen Philosophie ist vor allem deshalb wichtig, weil er es verstanden hat, seine Ideen praktisch werden zu lassen. Als Führer der Bolschewiki in der Oktoberrevolution 1917 wandte Lenin den Marxismus auf die russischen Verhältnisse an und beeinflußte dadurch maßgeblich den Lauf der Geschichte im 20. Jahrhundert.

LENIN UND STALIN

Seit langem wird darüber diskutiert, ob und inwieweit Stalin das Erbe Lenins fortgesetzt oder verfälscht hat. Die Verteidiger Lenins gegenüber dem Stalinschen Unterdrückungsapparat berufen sich auf ein Schriftstück, in dem Lenin kurz vor seinem Tod vor Stalin warnt. Kritiker Lenins wiederum behaupten, daß große Teile der Ideologie und des Staatsapparates Stalins schon unter Lenin geschaffen worden sind.

on nur Intellektuelle sein können, formte er sie deshalb zu einer straffen Kaderorganisation um, in deren Köpfen und Händen die Ziele und Strategien der zu bewerkstelligenden Revolution bereits vorhanden waren. Ähnlich wie Marx war für Lenin der Marxismus weniger eine Ideologie als eine Wissenschaft. Deshalb mußte innerhalb der Partei ständig studiert und geschult werden, um zu Wahrheit und Gerechtigkeit zu gelangen. Nach der siegreichen Revolution sollte ein „demokratischer Zentralismus" eingeführt werden, in dem die politische Macht weitgehend in Händen der „Zentrale" lag.

DER WEG NACH VORN

In seiner Schrift *Staat und Revolution*, entwarf Lenin seine Vorstellung der nach-revolutionären Gesellschaft. Er behauptete darin, daß der Weg zum marxistischen Traum vom „Absterben des Staates" wesentlich länger sei, als viele Marxisten dachten. Er plädierte deshalb während dieser Übergangszeit für einen starken Staat, um die proletarische Demokratie stärken zu können.

OBEN LINKS: *DER ZAR, DER POPE UND DER REICHE* – EIN KOMMUNISTISCHES PLAKAT AUS DEM JAHR 1918.
OBEN: STALIN SPIELTE DIE PARTEIFRAKTIONEN GEGENEINANDER AUS, UM NACHFOLGER LENINS ZU WERDEN.

Möglicherweise ist Trotzki ausserhalb Russlands der gefeiertste russische Revolutionär – nicht zuletzt, weil sich durch ihn westliche Marxisten vom Stalin-Regime abgrenzen konnten.

Leo Trotsky (1879–1940)

Trotzkis Erbe hat das aller anderen geistigen Führer der Russischen Revolution überdauert. Seine Bedeutung für sie – als Schriftsteller, Redner und Organisator der Roten Armee – war fast so groß wie die Lenins. Trotz seiner engen Zusammenarbeit mit den Bolschewiki bewahrte sich Trotzki genügend intellektuelle Distanz zum Verlauf der Revolution, um für spätere Revolutionäre in aller Welt bedeutsam zu bleiben. Unter seinem Namen existieren auch heute noch überall revolutionäre Gruppen.

Zum Revolutionär geboren

Trotzki wurde 1879 als Sohn einer relativ wohlhabenden jüdischen Bauernfamilie unter dem Namen Lew Dawidowitsch Bronstein geboren. Schon mit 18 Jahren begriff er sich als Revolutionär und war beteiligt an der Gründung einer Gewerkschaft in Südrußland. Wegen seiner politischen Tätigkeit wurde er zu vier Jahren sibirischer Haft verurteilt. Während der Revolution von 1905 wurde er erneut verhaftet und nach Sibirien verbannt. Aber auf dem Transport gelang ihm die Flucht. In der Oktoberrevolution wurde er zu einer Schlüsselfigur, nicht zuletzt wegen seiner einzigartigen Fähigkeiten als Redner. Ein Kampfgenosse aus jener Zeit berichtete später darüber: „Trotzki sprach überall zugleich. Jeder Arbeiter und Soldat kannte ihn und hörte ihm begeistert zu. Sein Einfluß auf die Massen, aber auch ihre Führer war fast unglaublich.“ Während des Bürgerkriegs, der der Revolution folgte, war Trotzkis Führung der Roten Armee von entscheidender Bedeutung, wenngleich äußerst streng, ja brutal. Nach dem Tod Lenins 1924 kam es zwischen Trotzki und Stalin zu einem Machtkampf um die Führung der Kommunistischen Partei. Im Nachhinein betrachtet, war Trotzki wohl nicht übermäßig zum Führer der Sowjetunion prädestiniert, denn er beschäftigte sich eher mit Fragen der marxistischen Orthodoxie als mit notwendigen politischen Führungsaufgaben. Und so kam es zum Sieg Stalins über Trotzki, der bald darauf

Rechts: Obwohl Trotzki als Organisator der Roten Armee entscheidend zum Sieg der Revolution beigetragen hatte, hegte er starke Zweifel an ihrem weiteren Fortgang. Seiner Meinung nach hätte sie von Russland auf ganz Europa ausgedehnt werden müssen. Unten: Das Zimmer, in dem Trotzki in Mexiko mit einem Eispickel ermordet wurde.

zum „Feind des Proletariats" erklärt wurde. Nach jahrelangen Versuchen, andere von der Notwendigkeit einer anderen Fortführung der Revolution zu überzeugen, wurde 1929 die trotzkistische Opposition zerschlagen, er selbst ins mexikanische Exil getrieben. Am 20. August 1940 besuchte ihn ein russischer Geheimagent, der sich als Jacson und Anhänger Trotzkis ausgab. Während Trotzki eine mitgebrachte russische Zeitung las, wurde er von „Jacson" mit einem Eispickel erschlagen.

DIE PERMANENTE REVOLUTION

Trotzkis wesentlicher Beitrag zum revolutionären Marxismus war seine Überzeugung, daß sich die Revolution in einem bestimmten Land nur dann behaupten kann, wenn sich auch jenseits der Grenzen dieses Landes die Revolution ausbreitet. Bis zum Tod glaubte er, daß nur Revolutionen außerhalb Rußlands dessen industriellen „Nachholbedarf" ausgleichen könnten. Dies war auch der Grund für die Gründung der Komintern im Jahr 1919. Aber Trotzkis Konzept der „permanenten Revolution" konnte sich gegen Lenins und später Stalins Konzept vom „Sozialismus in einem Land" nicht durchsetzen.

TROTZKISMUS IM WESTEN

Nach dem 2. Weltkrieg gewannen Trotzkis Auffassungen unter westlichen Marxisten erhebliche Anziehungskraft. Denn als Trotzkisten konnten sie sich glaubhaft vom Stalinismus distanzieren, ohne ihre kommunistischen Ideale aufgeben zu müssen.

„Es war nicht die Opposition des liberalen Bürgertums oder das elementare Aufbegehren der Bauernschaft und auch nicht die Terrorakte von Intellektuellen, sondern der Streik der Arbeiter, die den Zarismus in die Knie zwangen."

EIN WACHER GEIST

Gramscis Wahrnehmung der politischen Kultur des Kapitalismus wurde präformiert durch seine Beteiligung an den Streiks in Turin 1916 und 1919. In den Nachwehen des 1. Weltkriegs erlebte Italien erhebliche revolutionäre Turbulenzen, an denen Gramsci durch seine theoretischen Beiträge teilhatte, die er ab 1919 im Magazin *L'Ordine Nuovo* gemeinsam mit anderen marxistischen Intellektuellen veröffentlichte. Seine Begabung für politische Realität und entsprechende Lösungsstrategien fand ihre konkrete Plattform innerhalb der Kommunistischen Partei Italiens, an deren Gründung er 1921 beteiligt war. 1924, zwei Jahre nach Mussolinis zwar verrücktem, aber erfolgreichem Staatsstreich, wurde Gramsci Mitglied des italienischen Parlaments. Aber seine politische Karriere war von kurzer Dauer. Weil er Gramsci für eine Bedrohung seines Regimes hielt, ließ ihn Mussolini für die restlichen elf Jahre seines Lebens ins Gefängnis werfen. Dort, eingekerkert und schwer krank, schrieb Gramsci seine *Gefängnistagebücher*, ein Manuskript von 4000 Seiten und eine fulminante Kritik des fortgeschrittenen Kapitalismus, wie sie vernichtender nicht einmal Marx selbst hätte schreiben können.

ANTONIO GRAMSCI (1891–1937)

Das Werk des italienischen Philosophen Antonio Gramsci zählt zu den eindrucksvollsten politischen und sozialphilosophischen Schriften des 20. Jahrhunderts - eine Leistung, die umso mehr wiegt, als der Diktator Mussolini jahrelang versucht hat, ihn zum Schweigen zu bringen. Seine scharfsinnige und provokative Kritik des Staatskapitalismus im 20. Jahrhundert formulierte er bereits, als dieses Jahrhundert knapp 30 Jahre alt war. Aber viele sind der Meinung, daß Gramscis Ideen so aktuell sind wie vor 70 Jahren. Dazu gehören selbst Menschen, die ansonsten dem Marxismus eher ablehnend gegenüberstehen.

KAPITALISMUS

Die grundlegende Bedeutung von Gramscis Beitrag zum modernen Marxismus liegt darin, daß er die Stärke und Durchsetzungskraft der kapitalistischen Ideologie richtig eingeschätzt hat. Marx selbst, und noch mehr seine meist orthodoxen Schüler, hatten bis dahin behauptet, die herrschenden Klassen hätten ihre Macht lediglich durch die Kontrolle über die Produktionsmittel errungen, notfalls mit Gewalt. Im Gegensatz dazu argumentierte Gramsci – als Marxist – daß Gewalt die Probleme der jeweils herrschenden Klasse nur

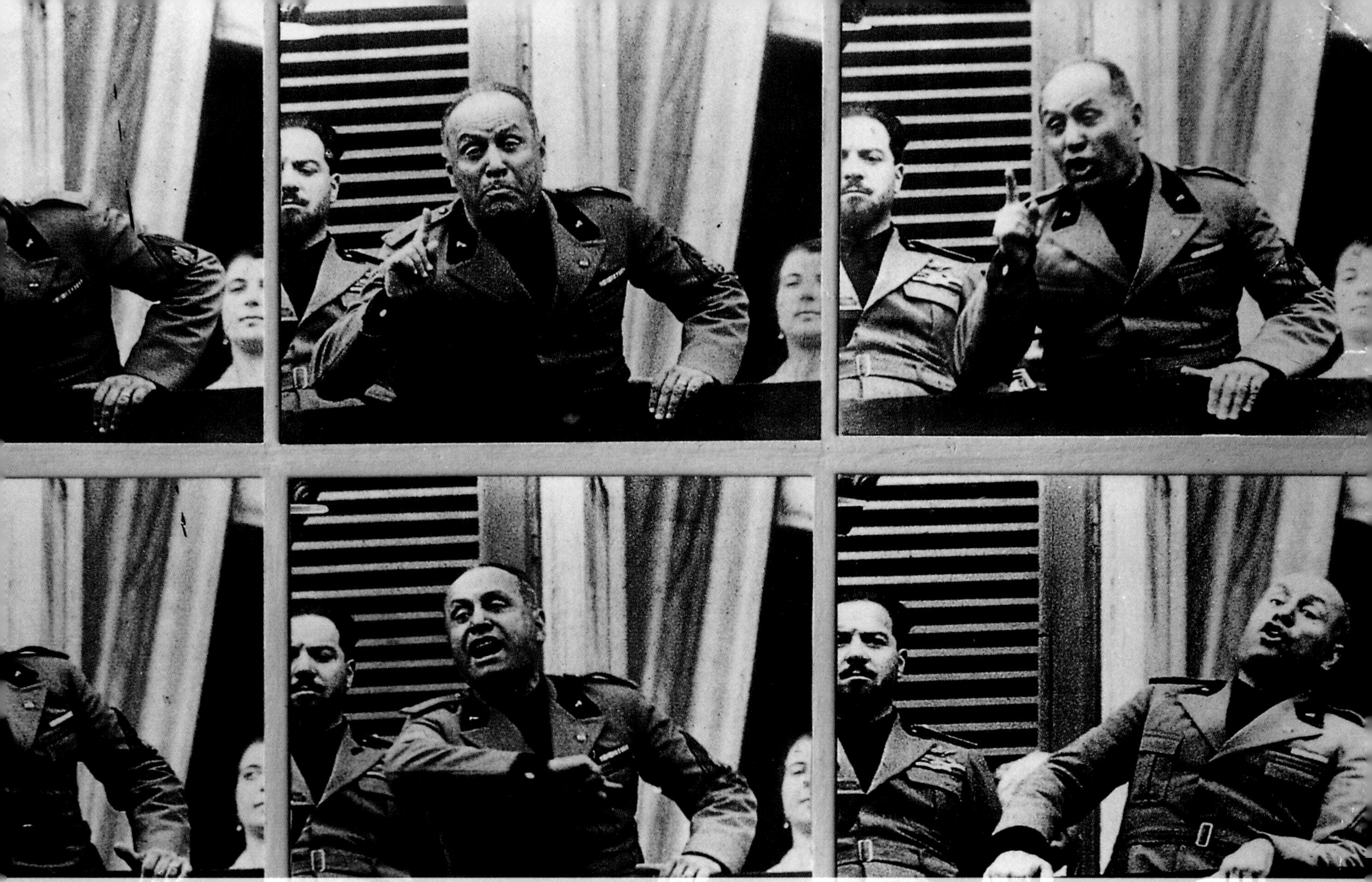

kurzfristig lösen kann – denn sie braucht einen allgemeinen Konsens mit der Arbeiterklasse, um wirklich und effizient herrschen zu können. Bewerkstelligt wird dieser Konsens durch weitverzweigte kulturelle Institutionen, deren Aufgabe darin besteht, chiffriert und verschleiert kapitalistische Ideologien zu verbreiten und unhinterfragbar zu machen: Bildungssystem, Religion, Medien, Bürokratie. Hauptsache, die Grundlagen des Kapitalismus geraten dadurch in Vergessenheit, und es herrscht Ordnung.

REVOLUTION

Anders als viele Marxisten war Gramsci überzeugt, daß die erhoffte und notwendige Revolution nicht spontan erfolgen würde. Denn die Arbeiterklasse könne nicht von heute auf morgen begreifen, daß die herrschende Klasse gestürzt werden muß.

„Für die breite Masse, sofern sie dazu gebracht werden soll, zusammenhängend über die heutige Welt nachzudenken, ist ein 'philosophisches' Ereignis wesentlich wichtiger, als irgendwelche Wahrheiten, die nur einige Intellektuelle verstehen können."

Konfrontiert mit dem durchschlagenden Erfolg der kapitalistischen Ideologie, besteht die Aufgabe des an radikalem politischen Wandel interessierten Intellektuellen darin, sich nicht abzukapseln von der kapitalistisch geprägten Kultur, die er beeinflussen will. „Eine globale Wirtschaft und Politik, die einen weltweiten Sozialismus schaffen und sichern will, darf nicht den Kontakt verlieren mit dem angeblich so trivialen, banalen, schlichten, primitiven Alltagsleben – mit den Bedürfnissen der breiten Massen ..."

LINKS: ANTONIO GRAMSCIS BEITRAG ZUR PHILOSOPHIE BESTAND DARIN, DEN MARXISMUS INS 20. JAHRHUNDERT ZU ÜBERTRAGEN.
OBEN: MUSSOLINI HIELT GRAMSCI FÜR EINE GROSSE BEDROHUNG SEINES REGIMES, WESHALB ER IHN 1926 VERHAFTEN LIESS. IM GEFÄNGNIS SCHRIEB GRAMSCI SEINE IDEEN NIEDER, DIE ÜBER DIE GEDANKEN VON MARX HINAUSGEHEN.

CAFE

DIE GEGENAUFKLÄRUNG

Indem sie die sehr dunklen und ungewissen Aspekte des menschlichen Lebens betonten, produzierten die Philosophen der Gegenaufklärung eine Art Sperrfeuer gegen den Triumphzug der Aufklärung. Repräsentativ dafür stehen Namen wie Hegel, Nietzsche und Sartre.

KAPITEL SIEBEN

An der Herausbildung der europäischen Romantik im 18. und 19. Jahrhundert hatten Philosophen, Dichter, Schriftsteller und bildende Künstler gleichermaßen Anteil. Das dichterische Werk Goethes und Byrons, Rousseaus und Shelleys, die Philosophie Schopenhauers und Nietzsches vereinigte sich hier in einer einzigen Bewegung. Die besondere ästhetische, literarische und philosophische Qualität jedes einzelnen Romantikers läßt jedoch jegliche Kategorisierung als ein allzu plumpes Vorhaben scheitern. Grundsätzlich verband die Romantiker, daß sie alle die Aufklärung in Frage stellten. Doch erleichtert dies dem Historiker und Philosophen nicht unbedingt, die Romantiker und ihr Werk als Ganzes zu erfassen.

DIE ROMANTIKER

Nebukadnezar (Blake) – Die Romantiker zeigten den Menschen im Naturzustand und stellten so das Lob der Vernunft in Frage.

Die Romantiker stellten das machtvolle Ideal der Vernunft in Frage und richteten ihre Aufmerksamkeit auf Empfindungen und Sehnsüchte, auf Gefühle also, die auch jene bedrängen, die dem Rationalen huldigen. Um die Eigenschaften zu studieren, die durch den vernunftgeleiteten Blick der Aufklärung nicht eigentlich ins Bewußtsein gelangen konnten, wandten sich die Romantiker der Ästhetik zu. Man kann sagen, daß die romantischen Dichter und Schriftsteller ihr literarisches Schaffen in den Dienst einer gegenaufklärerischen Wahrnehmung menschlichen Seins stellten. Dadurch brachten sie eine Art philosophisches Spannungsfeld hervor, das bis heute die Diskussion über Vorstellung und Bedeutung menschlichen Seins, menschlicher Erkenntnis, politischen Handelns sowie des „wahren Lebens" beeinflußt.

DAS ZEITALTER DER EMPFINDSAMKEIT

Die Aufklärung ging davon aus, daß allem voran die Vernunft jenes Attribut sei, das die Menschen von den Tieren unterscheidet. Ausgehend von diesem Grundsatz formulierten die Philosophen der Aufklärung ein ganzes System von Unterscheidungsmerkmalen zwischen Geist und Körper, zwischen Intellekt und Gefühl, das den Schlüssel zum Verständnis unseres besonderen Status als menschliches Wesen darstellt. „Gefühl" und „Körper" waren demnach jene Bereiche, die Mensch und Tier gemeinsam sind. Der Intellekt aber kontrolliert die Gefühle, und nur wenn der Intellekt den Körper vollständig kontrolliert, ist es möglich, „Wahrheit" und „Recht" zu formulieren, und eben deshalb beruhen Wahrheit und Recht auf der Vernunft.

„Gefühle" hingegen hat die Aufklärung als etwas Negatives dargestellt, weshalb sie kontrolliert werden müssen. Die romantische Philosophie entwickelte sich als eine Art Reaktion gegen dieses Bezugssystem und die Verherrlichung der „reinen Vernunft". Für die Romantiker kann der Intellekt in keiner Weise von den Leidenschaften menschlichen Lebens abgespalten werden, da diese auch den Intellekt vereinnahmen. Denn Leidenschaft, Schönheit und Glück, all diese Aspekte von „Gefühl" und „Begehren", sind integraler Bestandteil jeglicher Form menschlichen Wünschens, Wollens und Strebens.

GARRICK AND MRS. PRITCHARD IN MACBETH VON HENRY FUESLI (1812). LEIDENSCHAFT, TRAGIK UND FATALISMUS, WIE WIR SIE AUCH IN SHAKESPEARES *MACBETH* FINDEN, SIND TYPISCHE BESTANDTEILE ROMANTISCHER LITERATUR.

DER ROMANTISCHE BLICK AUF DIE MENSCHLICHE NATUR

Die Philosophen der Romantik gelangten bei ihren Betrachtungen über das „wahre Leben" oft zu sehr unterschiedlichen Schlußfolgerungen. Viele gaben sich gewissen nostalgischen Vorstellungen bezüglich der natürlichen Beschaffenheit des Menschen hin. Diese Nostalgie eröffnete jedoch einen wesentlich optimistischeren Blick auf die menschliche Natur als jener der Aufklärung, die den Menschen von Natur aus als wild und egoistisch betrachtete. Demgegenüber erfreute sich der Mensch nach Meinung der Romantiker in seiner natürlichen Beschaffenheit einer vollkommenen Harmonie seiner Gefühlswelt, seiner Leidenschaft, seines Begehrens, seines Glücksempfindens und seines inneren Friedens. Andererseits führte das romantische Ideal ästhetischer Größe zu der Vorstellung, daß das „wahre Leben" durch Transzendierung der gewöhnlichen, ja banalen Belange des Individuums erreicht werden könne. Diese Perspektive führte paradoxerweise vielfach dazu, daß man die großen Errungenschaften menschlichen Fortschritts feierte, die das Individuum, aber z. B. auch den Staat erhöht hatten. Schon Jean-Jacques Rousseau, einer der Väter der Romantik, hatte versucht, diese Aspekte zusammenzufassen. Er glaubte, das „wahre Leben" läge in der Verwirklichung des Gemeinwillens, der beide Ideale verkörpere. Dieses Ideal war jedoch letztlich undenkbar und nicht beschreibbar.

Das Undenkbare bildete ein durchgängiges Charakteristikum romantischen Denkens. Es stand damit in starkem Kontrast zur Philosophie der Aufklärung, die immer danach trachtete, von gesicherten Erkenntnissen auszugehen. Die Aufklärung verkörperte Werte wie Logik, Gewißheit und Beständigkeit – die Romantik schwelgte in Widerspruch und Unsicherheit.

URSPRÜNGE DES EXISTENTIALISMUS

Der erste Philosoph, der als Existentialist bezeichnet werden kann, war der Däne Sören Kierkegaard. „Wenn wir eine Wahl treffen, kommt es weniger darauf an, daß es die richtige ist; wichtiger sind vielmehr die Energie, der Ernst und das Pathos, mit dem wir unseren Entschluß fassen. Dadurch verkündet die Persönlichkeit ihre innere Unendlichkeit, und dadurch wiederum festigt sich die Persönlichkeit." Kierkegaard legte mehr Gewicht auf die Formung menschlicher Identität als auf die vernunftgemäßen Grundlagen der menschlichen Existenz. In dieser Hinsicht kann er als Vorläufer späterer Existentialisten und ihrer Theorien über „Leben" und die Wahl individuellen Lebens gelten. Kierkegaards eigenes Leben war modellhaft für eine „existentialistische Existenz". Wenn Gott ihm die Wahl zwischen Wohlergehen einerseits und einem Leben voller Kampf und Mühen andererseits böte, würde er sich ohne Zögern für letzteres entscheiden, sagte er einmal.

FREIER WILLE

Die existentialistische Philosophie konzentriert sich auf unser Leben in der Welt. Sie befaßt sich in erster Linie mit den Verhältnissen, die wir selbst für unser Leben schaffen, statt mit den naturgegebenen. Existentialisten bewerten diese Verhältnisse gewöhnlich danach, in welchem Maße sie sich auf die Selbstbestimmtheit des Menschen auswirken – im Bewußtsein, daß die menschliche Fähigkeit zum freien Willen dabei sehr schwer zu messen ist. Wie ist es z. B. möglich, eine frei von allen äußeren Einflüssen getroffene Entscheidung von einer zu unterscheiden, die unser Unterbewußtsein trifft, weil wir die sozialen Normen verinnerlicht haben, die uns so, und nur so, entscheiden lassen? Existentialisten begegnen dieser Frage mit dem Argument, daß die Identität jedes Einzelnen dessen eigene und einzigartige Schöpfung sei. Das bedeutet allerdings nicht, daß alle Menschen gleich autonom sind. Um aus seinem freien

EXISTENTIALISMUS

OBWOHL DER EXISTENTIALISMUS EINE PHILOSOPHISCHE SCHULE IST, ASSOZIIERT MAN DABEI HÄUFIG EINEN BESTIMMTEN, VON EXZESSEN UND EXZENTRIK GEPRÄGTEN LEBENSSTIL.

1968

Die Pariser Studentenunruhen werden oft als Höhepunkt existentialistischer Aktivität angesehen. Die Ursachen der Revolte und die besonderen politischen Spannungen, die sie ausbrechen ließen, können kaum mit Sartres Diskurs in „Das Sein und das Nichts" in Verbindung gebracht werden. Nichtsdestoweniger verdanken zahlreiche Parolen der Studenten ihren Ursprung der existentialistischen Bewegung. Der Protest richtete sich gegen das Individualität unterdrückende, staatlich verordnete Bildungssystem.

Willen vollen Nutzen zu ziehen, muß man seiner eigenen Existenz aktiv einen Sinn verleihen.

GLÜCK

Die Existentialisten beschäftigen sich weitaus weniger mit dem Begriff Glück als mit dem freien Willen. Für sie ist Glück kein Zustand, der Kreativität freisetzt. Glück gleicht für sie einem Zustand von Betäubung, in dem das Individuum sich mit seinem Los abgefunden hat; sein Leben ist von fremder Sinnhaftigkeit bestimmt, die den freien Willen verkümmern läßt.

EIN LEERER BEGRIFF

Der Existentialismus ist heute eine weitgehend anerkannte philosophische Strömung. Nach Meinung Jean-Paul Sartres, des Mannes, der am meisten zu seiner Verbreitung beitrug, wurde er jedoch zu erfolgreich: „Das Wort Existentialismus wird heutzutage so locker mit so vielen Dingen in Verbindung gebracht, daß es überhaupt nichts mehr bedeutet."

OBEN: DIE POLITISCHEN THEORIEN, DIE HINTER DEN STUDENTENUNRUHEN IM FRANKREICH DES JAHRES 1968 STANDEN, WURZELTEN VIELFACH IM EXISTENTIALISMUS.
LINKS: HAUPTANGRIFFSZIEL DES EXISTENTIALISMUS WAR DIE MONOTONIE DES MODERNEN LEBENS.

DIALEKTIK

Hegels komplexes Gedankengebäude geht von der Vorstellung aus, daß es irrational ist, die Welt als ein Konglomerat von einander isolierten Dingen und Tatsachen zu sehen. Erst wenn Objekte und Fakten in einem Ganzen (Hegel nennt es das Absolute) in Zusammenhang gebracht werden, kann von Rationalität die Rede sein; ein „Ding an sich", wie von Kant behauptet, ist schlichtweg nicht möglich. Versuche, ein „Ding" in seiner Gesamtheit zu erfassen, müssen in Widersprüchen enden, wenn man es isoliert betrachtet. Wir können beispielsweise einen Gegenstand wie einen Hammer nur vollständig erklären, wenn wir auch seine Funktion, d. h. seine Beziehung zu anderen Objekten, betrachten.

G.W.F. HEGEL (1770–1831)

Hegel war einer der größten und anspruchsvollsten Philosophen der Geschichte. Er wurde als Sohn eines höheren Beamten in Stuttgart geboren. Nach dem Studium der Theologie in Tübingen entwickelte er seine Philosophie als Dozent in Jena, Nürnberg und Berlin. Die höchst ambitionierte Aufgabe, die er sich gestellt hatte, bestand in nichts Geringerem als in einer vollständigen Darstellung menschlicher Erfahrung und Existenz. Für ihn galt: „Nur das Ganze ist die Wahrheit". Deshalb versuchte er alle Phänomene in sein philosophisches System einzubeziehen.

Daß wir ein Ding und seine Verbindungen mit anderen Dingen verstehen, ist wiederum von dem Ding selbst nicht zu trennen: Es gibt keine objektive Welt außerhalb unserer Versuche, sie uns rational anzueignen. Für Hegel ist die Wahrheit etwas so Absolutes, daß sie ein einzigartiges Ganzes darstellt – die Realität ist für ihn kein Bündel von einzelnen Begriffen. „Das Wirkliche ist das Vernünftige, und das Vernünftige ist das Wirkliche." Alles Wirkliche besteht also im Aneignen von Begriffen, und die Begriffe konstituieren das Wirkliche – das ist der Ausgangspunkt der Hegelschen Dialektik.

OBEN LINKS: OBWOHL NICHT EINFACH ZU VERSTEHEN, ZEITIGTE HEGELS PHILOSOPHIE EINE NACHHALTIGE WIRKUNG. OBEN: PLATON. HEGELS IDEE VON FREIHEIT ALS HANDELN IM EINKLANG MIT UNIVERSELL GÜLTIGEN PRINZIPIEN KANN AUF PLATONS DARSTELLUNG DES IDEALEN STAATES ZURÜCKGEFÜHRT WERDEN.

Beziehungen, Unterschiede und Gegensätze von Begriffen sind Bestandteile eines zusammenhängenden, wechselwirkenden Ganzen. Etwas wie einen unabhängig in sich geschlossenen Begriff kann es nicht geben. Der Begriff (die These) repräsentiert die Wirklichkeit nur ungenügend, weil und solange er sein Gegenteil (die Antithese) nicht mit einschließt. Ohne ihn ist der Begriff jedoch nicht sinnvoll oder hinreichend. Die logisch zwingende Folgerung ist die Synthese aus These und Antithese. Ist die Synthese einmal hergestellt, wird sie jedoch, in ihrer Unzulänglichkeit, die Wirklichkeit abzubilden, zu einer neuen These – was wiederum Antithese und Synthese nach sich zieht, und so weiter und so fort. „Wo immer Bewegung und Leben ist, wo immer in der wirklichen Welt etwas bewegt wird, ist Dialektik am Werk.“

Paul Gauguins Gemälde *Woher kommen wir? Wer sind wir? Wohin gehen wir?* läßt an das ehrgeizige Ziel Hegels denken, in seiner Philosophie die gesamte Menschheitserfahrung so umfassend wie möglich darzulegen.

Staat und Freiheit

Hegel glaubte an eine Macht, durch die diese Dialektik vorangetrieben wird. Es ist dies die alles umfassende Dialektik der Geschichte: Nichts in der Geschichte kann auf ein singuläres Ereignis reduziert werden. Die Logik der Dialektik ist augenscheinlich die Vernunft, die Antriebskraft der Vernunft aber ist die Freiheit. Für Hegel bedeutet Freiheit nicht, seine Absichten in die Tat umsetzen zu können, sondern in Übereinstimmung mit universell gültigen Prinzipien zu handeln – und diese damit weiter zu entwickeln. Wir können also nur frei sein, wenn wir die universale Vernunft voranbringen. Denn je ausgereifter unsere Vorstellung von Freiheit ist, desto allgemeingültiger wird sie. Für Hegel ist der Staat die absolute Verkörperung der Vernunft. Durch seine Kontrolle bewirkt er die Synthese sämtlicher Differenzen und Konflikte innerhalb der Gesellschaft. „Der Staat hingegen kennt keine selbständigen Individuen, von denen jedes nur sein eigenes Wohl im Auge haben und verfolgen dürfte. Im Staate ist das Ganze Zweck und der Einzelne nur Mittel.“

Arthur Schopenhauer (1788–1860)

Schopenhauers Werk ist, ähnlich wie das von Nietzsche und Rousseau, nicht nur auf philosophisches, sondern auch literarisches Interesse gestoßen. Deshalb, und weil er ein Gegner des Rationalismus der Aufklärung war, ist er oft der Romantik zugerechnet worden. Er wurde 1788 im damals deutschen Danzig als Sohn wohlhabender Eltern geboren. Er weigerte sich, das Familienunternehmen weiterzuführen und widmete sich stattdessen philosophischen Studien. Vorher allerdings studierte er bis 1811 in Göttingen Medizin. Aber schon sieben Jahre später hatte er sein philosophisches Hauptwerk „Die Welt als Wille und Vorstellung" vollendet.

Schopenhauer war felsenfest davon überzeugt, dass seine angebliche Überlegenheit gegenüber dem grössten deutschen Philosophen, Immanuel Kant, ihn selbst zum grössten europäischen Philosophen machen würde.

RUHM UND KANT

Schopenhauer war sich sicher, daß ihn sein Buch „Die Welt als Wille und Vorstellung“ zum größten europäischen Philosophen machen würde. Er täuschte sich: Sein Ruhm kam erst nach seinem Tod. Schopenhauers Selbstbewußtsein gründete sich auf seine Überzeugung, als einziger den großen Kant voll und ganz verstanden zu haben. Er definierte sich zeitlebens in Bezug auf Kant, als sei dieser eine Art Über-Ich. Für Schopenhauer war es nahezu gleichbedeutend, Kants Philosophie entsprechend verstanden zu haben, und auf dessen Schultern seine eigene Philosophie zu entwickeln.

Der zentrale Punkt in Kants Philosophie war seine Erklärung von Ursprung und Struktur menschlichen Wissens. Er selbst griff dabei auf Überlegungen von Hume zurück, die besagten, daß alles menschliche Wissen nur Erfahrungswissen sei. Gemeint war damit, daß es innerhalb des menschlichen Verstandes keinerlei objektive Wahrheitskriterien gibt. Kant war klar, daß Hume unrecht hatte, aber er hatte Schwierigkeiten, dies zu beweisen. Er wußte, daß es keinen Zweifel an der Wahrheit geben kann, daß 2 x 2 = 4 ist. Aber wie diese Gewißheit, unabhängig von der sinnlichen Erfahrung gegenüber Hume zu beweisen sei, war zunächst Kants Problem.

DER WILLE

Schopenhauers Absicht war, Kants Begriff des Wissens zu erweitern. Von daher könnte man glauben, daß Schopenhauers Philosophie ähnlich schwierig und streng systematisch wie die von Kant sei. Weitgefehlt: Schopenhauers Sprache und Begrifflichkeit sind klar, verständlich und zugleich schwärmerisch: „Der wahre Philosoph wird immer nach einer Lichtkeit und Klarheit ähnlich einem Schweizer suchen. Denn dessen Ruhe vereint Tiefe mit Klarheit, wobei sich die Tiefe als Klarheit enthüllt – ganz im Gegensatz zu einem ungestümen Wasserfall.“ Wie vielen seiner romantischen Zeitgenossen ging es Schopenhauer weniger darum, der Wahrheit auf systematisch-logische, sondern auf einfühlsam-literarische Weise auf die Spur zu kommen. Als „Brunnen menschlichen Wissens“ galt Schopenhauer das menschliche Wollen, genau gesagt: „der Wille“. Laut Schopenhauer „existiert er unabhängig von unserer Wahrnehmung als das, was wirklich ist. Für Demokrit war es die Materie; grundsätzlich gesehen galt dies auch für Locke; für Kant war es = x; für mich ist es der Wille.“ Es ist schwierig zu erklären, was Schopenhauer damit meinte, denn trotz aller Klarheit seines philosophischen Ausdrucks, geht es eigentlich immer nur um die Auslegung des Begriffs „Wille“. Letztendlich führt Schopenhauer alle Handlungen und das Wissen auf den menschlichen Willen zurück. „Nur in der Vorstellung scheinen Wille und Tat verschieden zu sein. Aber in Wirklichkeit sind sie eins.“ Schopenhauer charakterisiert diesen alles einschließenden menschlichen Willen als eine Art unsichtbar wirkende Kraft, „die sich jedem unmittelbar als Innerstes seines menschlichen Seins enthüllt.“

Schopenhauer war kein Freund des Christentums, seine Philosophie enthält viele hinduistische und buddhistische Elemente.

FRIEDRICH NIETZSCHE (1844–90)

Nietzsche ist der Welt berühmt-berüchtigster Philosoph. Wie bei vielen großen Denkern, wird sein Werk gleichermaßen bewundert wie verurteilt. Als kultureller Aristokrat verabscheute er die zunehmende Dekadenz der europäischen Kultur im 19. Jahrhundert. Er sah ihre Ursachen im Überhandnehmen demokratischer Ideen, christlicher Werte und der „Unreinheit" der dominanten europäischen Rassen. Derartiges Gedankengut ging später in Adolf Hitlers *Mein Kampf* ein. Dieses Vermächtnis hat viel zu Nietzsches zwiespältigem Ruhm beigetragen – dennoch darf man die Qualität seines Werkes nicht unterschätzen.

EIN PREUSSISCHES WUNDERKIND

Nietzsche wurde als Sohn eines Pastors am 15. Oktober 1844 in Rochen, Preußen, geboren. Mit 25 Jahren – noch ehe er seine Dissertation vollendet hatte – wurde seine intellektuelle Brillanz mit dem Rang eines Professors für klassische Philologie an der Universität Basel honoriert. Es war um diese Zeit, daß Nietzsche sich mit dem deutschen Komponisten Wagner anfreundete. Die beiden Männer schätzten sich gegenseitig sehr, aber sie stritten sich auch oft.

1872 veröffentlichte Nietzsche sein erstes Buch *Die Geburt der Tragödie*. 1878 ging sein zukunftweisendes, gefeiertes Werk *Menschliches, Allzumenschliches* in Druck. Aber die anschließende Karriere Nietzsches war stark von seinem schlechten Gesundheitszustand beeinträchtigt. 1879 mußte er deshalb seinen Lehrstuhl in Basel verlassen. Zehn Jahre lang führte er ein sehr einsames Leben auf seiner Wanderung von einem Hotelzimmer zum anderen. Er hat nie geheiratet und seine Furcht vor Frauen sowie deren Geringschätzung hat sich auch in seinen Schriften niedergeschlagen.

Aber trotz dieses nomadischen Lebens schrieb Nietzsche einige seiner wichtigsten Werke während dieses Zeitraums: *Also sprach Zarathustra* (1883), *Jenseits von Gut und Böse* (1886), *Zur Genealogie der Moral* (1887), *Der Antichrist* (1888), *Ecce Homo* (1888) und *Götzen-Dämmerung* (1889).

NIETZSCHES SCHLECHTER RUF

Im Lauf des Jahres 1889 verschlechterte sich Nietzsches Geisteszustand dramatisch, und am 25. August 1890 starb er einsam und geistig umnachtet. Nietzsche hatte schon vorher erklärt, daß seine Schriften für die Zukunft verfaßt seien und die Zeitgenossen sie nicht verstehen würden. Er sollte recht behalten, denn das Interesse an seinem Werk wuchs erst im 20. Jahrhundert, vor allem in Frankreich und Amerika.

WAHRHEIT UND SKEPTIZISMUS

Viele Interpreten haben Nietzsches Ethik verurteilt, obwohl sie auf der anderen Seite seine philosophischen Einsichten rühmten. Beides läßt sich jedoch nicht voneinander trennen, ohne Nietzsches Philosophie völlig zu verwässern. Den Schlüssel zu Nietzsches Denken bildet sein philosophischer Skeptizismus. Er glaubte, daß Wahrheit lediglich eine kulturelle Notwendigkeit ist. Das heißt, daß es keine grundlegende Wahrheit gibt, die der Sprache zugrundeliegt und die sich im Wesen der Dinge äußert. Es gibt weder eine moralische Wahrheit, noch eine wissenschaftlich bewiesene, angeborene

OBWOHL NIETZSCHE IN DER MITTE DES 19. JAHRHUNDERTS GEBOREN WURDE, HAT SEIN GEGENAUFKLÄRERISCHES DENKEN BEI VIELEN MODERNEN KÖPFEN EINE BESTIMMTE SAITE ANGESCHLAGEN. STARKE FÜHRUNG HIELT ER FÜR WICHTIG. ES ÜBERRASCHT DESHALB NICHT, DASS HITLER NIETZSCHES WERK ZUR UNTERSTÜTZUNG SEINER FASCHISTISCHEN PHILOSOPHIE VERWENDETE.

Wahrheit, die unsere Existenz prägt. Nietzsche war der Meinung, Wahrheit würde vom kulturellen Bedürfnis, unsere Erfahrungen in der Welt zu kategorisieren und zu kontrollieren, gelenkt. Ihm zufolge ist Wahrheit deshalb nur eine nützliche Funktion der Sprache.

Wenn es aber keine moralische Wahrheit gibt, dann existiert auch kein Begriff von Gut und Böse. Nietzsche hielt es für einen Fehler, nach dem Sieg des Guten und der Vernichtung des Bösen zu streben. Dieses Streben kennzeichne das Christentum, aber Nietzsche machte es für die Hervorbringung einer, wie er es nannte, „Sklavenmoral“ verantwortlich. Er spürte, daß das Christentum das Herz der Menschen zähmte. Auch daß es für das Verbot vieler Werte zu verurteilen ist, wie den „eines überschäumenden Geistes, Lebenskraft, Kriegs- und Eroberungs-Instinkten, der Vergötterung von Leidenschaft, Rache, Wut, Begehrlichkeit, Abenteuer, Wissen“. Wenn man nicht von Gut und Böse sprechen kann, so Nietzsche, bleibt einem nur übrig, den Wert der Dinge und Menschen in Begriffen von Größe und Erhabenheit zu bemessen. Das Maß der Größe ist stets der „Wille zur Macht“. Es bedeutet, den Willen zur Macht so zu verstehen, daß Moral und Leid der anderen überwunden werden müssen, um zu großer Kunst und harter Führung zu gelangen.

GOTT IST TOT

Nietzsche prophezeite eine ganze Menge, und in *Also sprach Zarathustra* stellte er seine berühmte These „Gott ist tot“ auf. Er war der festen Überzeugung, daß die „Sklavenmentalität“ der europäischen Kultur absterben werde und sich das Verständnis für Gut und Böse in Ungewißheit auflösen würde. Diese Prophezeiung war zutreffender als einige der marxistischen Vorhersagen. Seine beißenden Kommentare zur westlichen Kultur sowie sein machtvolles gegenaufklärerisches Denken haben dazu beigetragen, daß Nietzsches Popularität seit seinem allzu frühen Tod ständig gewachsen ist.

NIETZSCHES VERMÄCHTNIS

Der Einfluß Nietzsches auf die Philosophie des 20. Jahrhunderts ist gewaltig. Nietzsche stellte die Gewißheiten des westlichen Denkens in Frage – er begründete eine Tradition, die sich in den philosophischen Bewegungen des 20. Jahrhunderts fortsetzte. Nietzsches Einfluß zeigt sich vor allem in der Philosophie Heideggers und Sartres. Ganz ausdrücklich nimmt sie in den postmodernen Strömungen der 90er Jahre Gestalt an. Diese haben Nietzsches zerstörerische Interpretation der vorherrschenden Werte menschlicher Existenz weitgehend übernommen.

MARTIN HEIDEGGER (1889-1976)

Heidegger gehört zu den rätselhaftesten Philosophen des 20. Jahrhunderts. Seine Philosophie ist bekanntermaßen ausgesprochen komplex und zugegebenermaßen mysteriös. Schwierig ist sie nicht aufgrund irgendwelcher philosophischer Ambitionen, sondern weil die Aufgaben, die er sich gestellt hatte, riesig waren. Sie brachten nicht weniger mit sich, als sämtliche Fundamente westlichen Denkens niederzureißen. Platon habe – so Heidegger – diese Fundamente errichtet, in der Aufklärung seien sie gefestigt worden und haben seither unser Weltverständnis geprägt.

Heidegger wurde 1889 in Meßkirch (Baden) geboren, und sein ursprüngliches Streben galt der Theologie. Allerdings schlugen seine Versuche, Priester und Professor der katholischen Theologie zu werden, fehl. Dies lag einerseits an seiner angeschlagenen Gesundheit, andererseits an den Beurteilungen der Akademiker, die ihn für ungeeignet hielten. Diese Zurückweisung spornte Heideggers Ehrgeiz an und erweckte auch einen gewissen charakterlichen Unmut bei ihm. Im April 1933 wurde er zum Rektor der Universität Freiburg gewählt. Bald darauf trat er in die Nationalsozialistische Partei ein. Aber die Nazis ignorierten Heideggers Wichtigtuerei, denn sie brauchten vor allem einen linientreuen Bürokraten, der Veränderungen an den Universitäten umsetzen sollte, und nicht einen geistigen Führer. Der Mangel an Anerkennung frustrierte Heidegger dermaßen, daß er 1934 als Rektor zurücktrat.

„SEIN UND ZEIT"

In seinem bedeutendsten Werk *Sein und Zeit* stellt Heidegger die Frage: Was ist Sein? Er nimmt sich vor, die Anschauungen Platons, die seit 2000 Jahren im Westen vorherrschten, zu demontieren. Es war Platons Grundgedanke, menschliche Wesen hätten eine Seele, und die Welt bestehe aus Entitäten, die klassifiziert, auf eine einfache Formel gebracht und berechnet werden können. Die meisten Philosophen hatten zuerst angenommen, daß die Welt aus solchen Entitäten besteht und deshalb nur versucht, sie zu lokalisieren und ihre Beziehungen untereinander zu bestimmen. Nach Heidegger haben diese Philosophen es jedoch versäumt, die Bedingungen zu untersuchen, die uns die Welt erkennen und verstehen lassen. Sprache und Kultur sind wesentlich für diese Bedingungen, aber auch die im Alltagsleben geltenden Werte, Haltungen und Gefühle, die das menschliche Leben ausmachen. Eine Untersuchung dieser Bedingungen macht deutlich, daß gerade die Werte und Zufälligkeiten, die beim Verstehen der Entitäten eine Rolle spielen, selbst wesentlich zu ihrer Bestimmung beitragen. Die Entitäten selbst bestimmen in weitaus geringerem Umfang die Bedeutungen, die wir der Welt beimessen. Entitäten, die wir in gewis-

> EINIGE AKADEMIKER HABEN BEHAUPTET, DASS SICH DIE INTELLEKTUELLEN ENTWÜRFE DES 20. JAHRHUNDERTS OHNE HEIDEGGERS PHILOSOPHIE NICHT VERSTEHEN LASSEN.

ser Weise als wirklich erkennen, sind jedoch lediglich subjektive Bedeutungszuschreibungen.

DIE SPRACHE

Heidegger war der Meinung, daß wir in eine Welt geboren, gleichsam „geworfen" werden, die festgefügte Normen und Maßstäbe für uns bereithält – sie beinhaltet auch die Mittel, die wir benutzen, um uns selbst und unser Verhältnis zur Welt zu beschreiben. Das Instrumentarium der Vernunft ist uns nicht angeboren. Aber Heidegger setzt nicht einfach Erziehung über Natur. Denn er betrachtet Sprache nicht nur als Medium, das uns erlaubt, unsere unausgereiften Ansichten über die Welt auszudrücken, sondern Sprache ist für ihn die Welt. Etwas anderes anzunehmen, hieße zu glauben, daß Natur und Wahrheit irgendwie über eine Sprache verfügen, die uns eher geschenkt wurde, als daß wir sie erfunden hätten.

HEIDEGGER UND DIE NAZIS

Nachdem Heidegger sich der NSDAP angeschlossen hatte, war es sein Anliegen, die Ideologie des Nationalsozialismus philosophisch zu unterstützen. Er glaubte, das Dritte Reich könne der Welt einen neuen Anfang bescheren, wie es das antike Griechenland getan hatte. Immer noch spekulieren Philosophen, ob sein Denken eine Affinität zum Nationalsozialismus aufweist. Verständlicherweise, weil man nach der Lektüre Heideggers glauben könnte, alle politischen und rechtlichen Institutionen, die Aufklärung und politische Theorien des 18. und 19. Jahrhunderts hervorgebracht haben, hätten keine rationale Grundlage, die unseren Respekt verdienen.

OBEN: EIN GROSSTEIL DER HEIDEGGER'SCHEN PHILOSOPHIE BASIERT AUF DER BEDEUTUNG, DIE ER DEN ALTEN GRIECHEN ZUMISST. HIER SIND IN ERSTER LINIE DIE VORSOKRATIKER, BESONDERS THALES, GEMEINT.
UNTEN: ES WURDE VIEL DARÜBER DISKUTIERT, OB HEIDEGGERS PHILOSOPHIE FÜR DEN NATIONALSOZIALISMUS ANFÄLLIG WAR.

„DER EKEL“

Am besten versteht man Sartres Philosophie in seinen Romanen und Theaterstücken. Sein tiefsinnigster philosophischer Roman ist *Der Ekel.* Die zentrale Figur des Buches – Antoine Roquentin – wird darin als ein Mensch beschrieben, dessen scheinbar gelassener Rationalismus auf unerklärliche Weise von einem ihn überwältigenden Zweifel an der Realität und seiner Stellung in ihr erschüttert wird. Wenn er einen Stein in die Hand nimmt oder sein Gesicht im Spiegel betrachtet, überfällt ihn sofort die Frage, was es für die Dinge bedeutet, zu existieren, und – am bedrückendsten – was seine eigene Existenz bedeutet, ihre Vergangenheit, Gegenwart, Zukunft. Er beschreibt seine Verzweiflung so: „Es raubte mir den Atem ... auf einen Schlag war es da ... Die Vielfalt der Dinge und ihre Individualität waren nur Äußerlichkeit, Firnis. Dieser Firnis war geschmolzen. Übriggeblieben war ein Durcheinander von gräßlichen weichen Massen, auf eine furchterregende Weise nackt.“ Er begreift, daß die Ereignisse seines Lebens kein Gesamtbild ergeben – die Vergangenheit kann nur bruchstückhaft erinnert werden, und er ist sich ihres Wahrheitsgehalts nicht sicher. Vielleicht kann nur die Gegenwart wirklich sein, aber was

JEAN-PAUL SARTRE (1905–80)

Jean-Paul Sartre ist heute ebenso berühmt wie Platon, Aristoteles oder Kant. Im Nachkriegs-Frankreich erreichte er Kult-Status, und als er 1980 starb, nahmen die Einwohner von Paris in noch nie dagewesener Zahl an der Beisetzung teil. Es gibt einen guten Grund für Sartres Popularität: Obwohl seine philosophischen Werke weitgehend von philosophischer Fachsprache geprägt sind, lassen sich seine Ideen in Werte übertragen, die auch im täglichen Leben angewandt werden können. Sartre schuf eine Philosophie, an der jedes Individuum sein Handeln ausrichten könnte.

OBEN LINKS: JEAN-PAUL SARTRE WAR EINE DER RÄTSELHAFTESTEN GESTALTEN DER EUROPÄISCHEN PHILOSOPHIE IM 20. JAHRHUNDERT.
OBEN: CAFÉ-BESUCHER IM PARIS DER DREISSIGERJAHRE NAHMEN DEN GEIST VON SARTRES EXISTENTIALISMUS AUF.

ist die Gegenwart? Sie findet in Wahrheit niemals statt – sie ist nur ein „Ich“, das er nicht erklären kann. Dieser Zweifel an der Welt ist eine vertraute philosophische Taktik, die als Einleitung zur Entdeckung von Erkenntnis oder Wahrheit dient. In den „Meditationes de prima philosophia“ geht Descartes' philosophischen Enthüllungen ein allumfassender Zweifel voran, den zu erhellen er sich verpflichtet fühlt. Roquentins Zweifel wird jedoch auf andere Weise als bei Descartes beantwortet. Er errichtet kein System philosophischer Gedanken, das es ihm zu verstehen erlaubt, was real ist und was nicht. Durch das Beispiel kunstvoll komponierter Musik, die er sich anhört, begreift Roquentin, daß er die Qualen des Zweifels überwinden kann, indem er etwas Eigenes schafft. Dies ermöglicht es ihm, mit dem Bewußtsein auf sein Leben zurückzublicken, daß seine Vergangenheit ein stufenweises Fortschreiten zu seiner eigenen Erschaffung der Gegenwart war.

„DAS SEIN UND DAS NICHTS“

Sartres bedeutendster Beitrag zur Philosophie ist *Das Sein und das Nichts*, ein philosophisches Werk, in dem er über die Frage der menschlichen Existenz reflektiert. Seine Philosophie geht von der Mutmaßung aus, daß jedermann unvermeidlich ein Gespür für die nackte Tatsache seiner eigenen Existenz hat. Dieses Gespür ist zwar undeutlich und verschwommen, aber auch unerschütterlich. Sartre nennt diesen Zustand „In sich selbst ruhen“. Diese Unbestimmheit kann zwar jeden Menschen überwältigen, aber im Wesentlichen bedeutet sie, daß jedes Individuum seine oder ihre eigene Welt ist.

BÖSE ABSICHT UND FREIHEIT

Sartre behauptete, es gäbe ebenso viele Welten wie Individuen und widersprach damit der Auffassung, der Sinn des Lebens sei durch die objektive natürliche Welt festgelegt. Er vertrat die These, die Welt hätte keinerlei Sinn, wenn nicht menschliche Wesen agieren würden, Möglichkeiten erwögen und Entscheidungen träfen, die ihr erst einen Sinn geben. Für Sartre bringt Freiheit die Verwirklichung dieses Zustandes mit sich, der dem moralisch Handelnden zeigen sollte, daß er selbst derjenige ist, der die Werte setzt. Dadurch kam die Freiheit des Individuums zum Bewußtsein ihrer selbst und enthüllte die Angst als einzige Quelle des Wertes und des Nichts, durch die die Welt existiert.

OBEN LINKS: SARTRE MACHTE MIT ROMANEN UND DRAMEN SEINE EXISTENTIALISTISCHEN IDEEN EINEM BREITEN PUBLIKUM ZUGÄNGLICH. EINE INSZENIERUNG DER *FLIEGEN* AUS DEM JAHR 1952 ZEIGT EIN TYPISCH SARTRE-KARGES SZENENBILD. LINKS: SARTRES LEBENSGEFÄHRTIN SIMONE DE BEAUVOIR LEISTETE EINEN GLEICHERMASSEN BEDEUTENDEN BEITRAG ZUR PHILOSOPHIE DES EXISTENTIALISMUS.

WISSENSCHAFT UND NÜTZLICHKEIT

Meist gilt Philosophie als rein akademische Disziplin ohne praktische Anwendungsmöglichkeiten oder Fundierung in der Alltagswirklichkeit. Im 19. Jahrhundert jedoch entstand eine philosophische Richtung, der es um Empirie und Praktikabilität ging.

KAPITEL ACHT

DER WIENER KREIS

Während der 20er und 30er Jahre des 20. Jahrhunderts traf sich in Wien regelmäßig eine Gruppe von Philosophen, Wissenschaftlern und Mathematikern um über die Grundlagen von Wissenschaft und Philosophie zu diskutieren. Ins Leben gerufen hatte diesen „Wiener Kreis" der Philosophieprofessor Moritz von Schlick. Zu seinen bekanntesten Mitgliedern zählten Rudolf Carnap, Herbert Feigl, Karl Godel, Otto Neurath und Friedrich Waismann. Ihr Ziel war, Philosophie vollständig von jeglichem metaphysischem Ballast zu befreien. Was zugleich beinhaltete, innerhalb der Philosophie alles zu eliminieren, was beanspruchte, über den damaligen Stand der Wissenschaft hinaus-

WIEN UND OXBRIDGE

zugehen, aber eben deshalb nicht beweisbar war. Hauptangriffspunkt des Wiener Kreises war die Philosophie Platons, dem bis dahin unumstritten anerkannten Stammvater der westlichen Philosophie. Denn schließlich war er es, der die Existenz universaler Ideen, Formen und Substanzen behauptet hatte, die nur philosophisch erschlossen werden könnten. Die Suche danach hatte anschließend mehr als 2000 Jahre lang die westliche Philosophie in Bewegung gehalten – für den Wiener Kreis nahezu absurd. Dem wollte er ein Ende setzen und erwarb sich dadurch schon bald in Fachkreisen einen Ruf wegen der Schonungslosigkeit, mit der er dabei vorging. Alles Metaphysische und rein Spekulative wurde konsequent beiseite geschoben

Der in den 20er Jahren gegründete Wiener Kreis bestand aus Wissenschaftlern, Mathematikern und Philosophen, die einsam nach gesicherten Grundlagen der wissenschaftlichen Ratio suchten, um so das „Ende der Metaphysik“ zu besiegeln.

Argumentative Strenge charakterisierte die philosophischen Debatten der Oxbridge-Philosophen, die versuchten, durch ihre Analytische Philosophie die Brücke zur Wissenschaft zu schlagen.

und stattdessen die Frage gestellt: Was kann überhaupt wissenschaftlich und philosophisch vertretbar ausgesagt werden? Anders ausgedrückt: Was sind die Kriterien, um wahre und falsche Aussagen bzw. Behauptungen als solche zu beweisen?

DIE OXBRIDGE-PHILOSOPHIEN

Die so bezeichnete Gruppe von Philosophen bildete keinen so engen Kreis wie der in Wien. Zusammenfassen kann man sie eigentlich nur unter dem Begriff, um den es ihnen ging: Analytische Philosophie. Seit Mitte des 19. Jahrhunderts wurde sie vor allem von englischsprachigen Philosophen betrieben. Analytische Philosophie – für die in erster Linie Namen wie Bertrand Russell und Ludwig Wittgenstein stehen – beschäftigt sich hauptsächlich mit Begriffen und Behauptungen unter logischen Aspekten. Es geht ihr darum, ein brauchbares begriffliches Instrumentarium zu schaffen, um die logisch nachvollziehbare Form der Wirklichkeit beschreibbar zu machen. Wittgenstein zufolge, dem Nachfolger Bertrand Russells in Cambridge in der ersten Hälfte des 20. Jahrhunderts, enthielt die Struktur der Sprache die Struktur der Welt. Jeder Satz mit einer Bedeutung findet seine Entsprechung in den kleinsten Bausteinen der Wirklichkeit.

Nach Wittgenstein wurde Analytische Philosophie in Oxford und Cambridge allmählich beherrscht von dem, was „Ordinary Language Philosophy“ genannt wurde. Deren Vertreter konzentrierten sich auf den Wortgebrauch im Alltagsleben von „Normalbürgern“, um so allem philosophischen Wirrwarr zu entgehen. Entstanden ist er nach Meinung dieser Philosophen durch die völlig normale Tendenz in actu des Philosophierens durch die grammatikalische Struktur der Sätze irregeführt zu werden, innerhalb derer sich Philosophieren vollzieht. Ein Beispiel dafür ist das Philosophem Heideggers, daß selbst das Wort „Nichts“ noch etwas Bestimmtes bezeichne, was auch immer es sein mag. Die analytische Philosophie verfügt über ein Gespür für die Naturwissenschaft. Dies äußert sich besonders in der Verbreitung ihrer Forschungsergebnisse, die man lieber den Kollegen dort mitteilt als der Welt draußen.

JEREMY BENTHAM (1748-1832)

Die Aufklärung trug viel dazu bei, Anschauungen zu Wissenschaft, Religion und der Rolle des Staates zu verändern, aber ihre Leistungen auf dem Gebiet gesellschaftlicher Gestaltung waren weniger eindrucksvoll. Die rationale Betrachtung staatlicher Autorität, die mit der Aufklärung einsetzte, mußte religiöse Ideen zur gesellschaftlichen Ordnung zwangsläufig verwässern. Als Ersatz oder Ergänzung zur überkommenen Ordnung war dringend ein neues Wertesystem vonnöten. Der Engländer Jeremy Bentham war einer jener Philosophen, die sich damit beschäftigten, solch ein neues Wertesystem zu entwickeln, das das religiöse ablösen sollte. Bentham war allerdings mehr als nur Philosoph; er war einer der Architekten jener Gesellschaftsordnung, die zum modernen Westeuropa führen sollte. Insbesondere seine Ethik und seine Ansichten zur Gesetzgebung lieferten zahlreiche Bausteine der gesellschaftlichen Basis der liberalen Demokratien.

JURISTISCHE VORGESCHICHTE

Bentham wurde 1748 als Sohn eines Londoner Rechtsanwalts geboren. Sein Studium in Oxford absolvierte er in wesentlich jüngeren Jahren als seine Zeitgenossen; sein Erwachsenenleben begann er als Jurist. Schon bald jedoch wurde Bentham der, seiner Meinung nach, irrationalen Grundlage der Rechtsordnung in England überdrüssig. Er hegte die Hoffnung, daß die die Rechtsprechung leitenden Prinzipien eher von den Wissenschaften inspiriert sein müßten, statt, wie im 18. Jahrhundert der Fall war, nur Ausdruck von Privilegien, Eigennutz und Aberglaube zu sein. Von seinem Vater finananziell unterstützt, widmete sich Bentham juristischer Forschung und Publikation. Wie er selbst einräumte, zeitigte sein Werk aber wenig Wirkung, bevor er sich Anfang des 19. Jahrhunderts spezifischen praktischen Aspekten sozialer Politik und Regierungsausübung zuwandte.

Links: Benthams revolutionärer Entwurf eines perfekten Gefängnisses – das Panopticon – wurde anfangs von der britischen Regierung abgelehnt.

DAS GRÖSSTMÖGLICHE GLÜCK

In seinem bekanntesten Buch, *An Introduction to the Principles of Morals and Legislation*, gab Bentham einen Überblick über die Grundlage seiner Philosophie. Er schrieb: „Die Natur hat die Menschheit unter die Herrschaft zweier souveräner Meister gestellt, Schmerz und Freude. An ihnen ist es, unsere Aufmerksamkeit auf das zu lenken, was wir tun sollten, und desgleichen zu bestimmen, was wir tun werden. Auf der einen Seite ihres Throns ist die Richtschnur von richtig und falsch angebracht, auf der anderen die Kette der Ursachen und Wirkungen." In *The Rationale of Judicial Evidence* schrieb er später: „In der Moral, wie in der Gesetzgebung ist das Prinzip der Nützlichkeit, das die Ansicht stützt, als einzige Quelle und einziges Kriterium für richtig oder falsch, sei es menschliches Leiden und Vergnügen, Schmerz und Freude anzunehmen." Zusammen genommen sind diese beiden Aussagen der Schlüssel zu Benthams Philosophie, deren Grundlage eine extrem einfache Formel bildet: Freude ist gut, Leid ist böse. Regierungen sollten daher folgendes Prinzip beachten: „ ... die größte Zahl von Menschen zu berücksichtigen, wenn es nicht möglich ist, gleiches Glück für alle bereitzuhalten. Dadurch ergibt sich die Notwendigkeit, das Glück einiger weniger zu beschneiden oder zu opfern, um den übrigen Menschen das größere Glück zu garantieren." Das wirklich Radikale an Benthams Herangehensweise war jedoch die Art, wie er dieses Prinzip auf gesellschaftliche und politische Probleme übertrug.

BENTHAMS THEORIE DER STRAFE

Die Lehre vom Strafvollzug nahm einen großen Teil von Benthams praxisorientiertem Werk ein; sein juristischer Hintergrund half ihm, seine Ideen in diese Richtung zu entwickeln. Den Schlüssel zu seiner Theorie der Strafe bildet das „Hedonistic Calculus", eine Variation des Prinzips der größtmöglichen Zahl. Nach Bentham sollte die Härte der Bestrafung dem Ausmaß der Verfehlung proportional sein. Allerdings muß die Höhe der Strafe so bemessen sein, daß der Grad der wegen einer kriminellen Tat auferlegten Buße gewichtiger ist als die Vorteile, die der Täter aus der illegalen Handlung erzielt hat.

OBEN: DEMONSTRATION FÜR DAS ALLGEMEINE WAHLRECHT. BENTHAM ZEICHNETE SICH DURCH DIE ART UND WEISE AUS, MIT DER ER POLITISCHE PHILOSOPHIE UND SOZIALPHILOSOPHIE AUF PRAKTISCHE PROBLEME ANWENDETE. UNTEN: GEORGE III. – BENTHAM NAHM DIE MONARCHIE SEINER ZEIT ALS MODELL FÜR SEINE MORALPHILOSOPHIE.

Die von Descartes begründete philosophische Tradition kulminierte in der Analytischen Philosophie von Bertrand Russell. Ihr bedeutendster Vorläufer war der deutsche Philosoph Gottlob Frege (1848-1925). Dessen Denken lag die Ablehnung aller früheren Versuche zugrunde, die Wahrheit über menschliches Wissen auf irgendwelche Spekulationen über die natürliche oder psychologische Beschaffenheit des Menschseins zu gründen. Die von ihm begründete Analytische Philosophie reduzierte Philosophie bewußt auf streng logische Denkmethoden. Im Denken von Bertrand Russell schließlich erreichte diese Art von Philosophie in bewußter Abgrenzung von jeglichem Idealismus oder Utopismus eine weder vorher noch nachher erreichte Strenge und Reinheit. Darüberhinaus beinhaltet Russells umfangreiches Werk aber auch politische und sozialpolitische Fragestellungen. All das hat ihn berühmt gemacht.

BERTRAND RUSSELL (1872–1970)

PHILOSOPH UND MATHEMATIKER

Russell widmete sich völlig seinem Werk und schrieb über 40 Bücher. Dennoch führte er ein ereignisreiches öffentliches Leben. Als Sohn des Earl Russell wurde er ganz im Sinne des britischen Hochadels erzogen und studierte schließlich ab 1890 am Trinity College in Cambridge Mathematik. Nach Erlangung des Fellowship bereiste er die USA und Deutschland. Dort schrieb er sein erstes Buch, und zwar über die deutsche Sozialdemokratie. Sein erstes ernstzunehmendes philosophisches Werk mit dem Titel Die Prinzipien der Mathematik erschien 1903.

Russells philosophisches Interesse entzündete sich an seiner Enttäuschung über die Mathematik. Ihn störte die unzureichende Auseinandersetzung innerhalb dieser Disziplin mit Wesen und Charakter mathematischer Wahrheiten. Dennoch hat Russell nie aufgehört, mathematisch zu denken und hat seine Philosophie mit mathematischer Strenge und Konsequenz entwickelt. Sein Ziel war dabei stets, Philosophie von allen spekulativen Elementen zu reinigen und sie nur auf klare Tatsachen zu gründen. Seiner Meinung nach konstituieren sich die Tatsachen in einer Welt unabhängiger Entitäten. Aber nicht alle davon sind echte Entitäten. Manche sind nur logische Konstruktionen, deren Bedeutung nur von vorausliegenden, einfacheren Elementen abgeleitet wurde. Mit anderen Worten: Alle wahren Aussagen beinhalten eine Reihe logisch voneinander unabhängiger Tatsachen, die dennoch in einem logischen Zusammenhang stehen.

WEGEN SEINES PAZIFISTISCHEN ENGAGEMENTS WAR RUSSELL WÄHREND DES 1. WELTKRIEGES INHAFTIERT. EINE SPÄTERE REISE IN DIE UDSSR WAR FÜR IHN EINE HERBE ENTTÄUSCHUNG.

RUSSELS HINGABE AN DIE PHILOSOPHIE WAR BEDINGUNGSLOS UND ENTSPRACH SEINEN STRENGEN WERTVORSTELLUNGEN, DIE ER IN DER PHILOSOPHIE FÜR UNVERZICHTBAR HIELT. ER SCHRIEB MEHR ALS VIERZIG BÜCHER.

WITTGENSTEIN UND LENIN

Das bedeutendste Ereignis in Russells Leben war seine Beziehung mit dem Philosophen Ludwig Wittgenstein, der 1912 nach Cambridge kam. Denn Russell war schockiert von Wittgensteins kompromißloser Destruktion der Idee, daß jemals eine rein philosophische Theorie des Wissens möglich sei.

Während des 1. Weltkrieges saß Russell wegen seines Pazifismus im Gefängnis. 1920 reiste er in die neugegründete Sowjetunion, um dort eine Alternative zum seines Erachtens zerstörerischen Kapitalismus zu finden. Aber seine Hoffnungen wurden schnell enttäuscht. Ungeachtet seiner Ablehnung des Leninschen Kommunismus, die er in seinem Buch *Theorie und Praxis des Bolschewismus* begründete, wurde Russell in Großbritannien gewissermaßen zum Staranwalt radikaler politischer Reformen. Er übertrug dabei die Klarheit und Strenge seines philosophischen Denkens in seine journalistischen und politischen Streitschriften, die auch stets ein breites Publikum erreichten.

JOHN DEWEY (1859–1952)

John Dewey war der führende Vertreter des Pragmatismus, der von amerikanischem Boden ausgehenden philosophischen Richtung. Der Umstand, daß diese Denkschule in den USA entstand, ist bedeutsam: Westliche Philosophie vor der Entstehung des Pragmatismus war Sache Europas; dort bewegte sich damals das philosophische Denken im Bannkreis der Werke Kants und Hegels. Vom Philosophen William James (1842-1910) entwickelt, enthielt der Pragmatismus typisch amerikanische Wertvorstellungen, die zuvor als mit westlicher Philosophie unvereinbar gegolten hatten. Der Anti-Intellektualismus der amerikanischen Kultur scheute den Kontakt mit dem kulturellen Elitedenken, das mit europäischer Philosophie assoziiert wurde, und hatte zunächst kein philosophisches Ventil – im Pragmatismus fand sich eines. Europäische Intellektuelle reagierten negtiv auf den Pragmatismus.

PHILOSOPH UND PÄDAGOGE

John Dewey wurde 1859 in Burlington (Vermont) geboren. Nach dem Studium an der staatlichen Universität, später an der John-Hopkins-Akademie, fand er eine erste Anstellung als Gymnasiallehrer in Oil City. Schließlich wurde er Professor der Philosophie in Chicago und an der Columbia-Universität. Gleichermaßen bedeutsam waren Deweys Leistungen als Pädagoge. Er verfocht ein fortschrittlicheres Erziehungskonzept und beeinflußte damit nachhaltig das amerikanische Schulsystem. Sein Rat, das herkömmliche Auswendiglernen durch eine Unterrichtsmethode zu ersetzen, die den Schüler aktiv in den Lehrstoff einbezog, stieß seinerzeit auf viel Kritik, ist heute jedoch zentraler Bestandteil der Pädagogik. Dewey war darüber hinaus ein leidenschaftlicher Demokrat, was sich in seinem umfangreichen literarischen Werk widerspiegelt. Seine politische Begeisterung führte ihn bis nach Japan und China.

PRAGMATISMUS

In *The Quest for Certainty* legt Dewey dar, daß das traditionelle philosophische Streben nach Entdeckung ewiger Wahrheiten auf der Grundlage gesicherten, unveränderlichen Wissens eine vergebliche Bemühung ist. Für Dewey ist die Welt, die die Philosophen in gesichertem Wissen einzufangen trachteten, eine sich fortwährend verändernde. Das Kriterium für Wahrheit entspringt nicht dauerhaften Strukturen der Realität, sondern der Erfahrung. Aus diesem Grund spiele die Philosophie in ihrem Bemühen, ein Archimedisches Prinzip für Objektivität zu finden, im praktischen Leben kaum eine Rolle. Philosophen könnten darauf zwar erwidern, reine Philosophie müsse sich nicht zwangsläufig mit ihrer praktischen Umsetzung befassen; sie könnte dessen ungeachtet mit ihrer Suche nach Wahrheit fortfahren. Dewey begegnete diesem Argument, indem er diese Suche noch weiter in Frage stellte: „Kann man erwarten, bei allen speziellen Überprüfungen eine Eigenschaft zu entdecken,

die sich in dem einzigen absoluten Wort 'Wahrheit' zusammenfassen läßt?" Dewey verneint dies; ihm zufolge ist Wahrheit ein Zusammentragen von Wahrheiten. Wahrheit ist einfach dann gegeben, wenn wir übereinstimmend Aussagen mit dem Wort „wahr" charakterisieren. Dewey wollte die Rolle, die sich die Philosophie selbst zugesprochen hatte, ändern: Von einer Disziplin, die zwischen unterschiedlichen Ansprüchen auf Wahrheit in der äußeren Welt zu vermitteln sucht, sollte sie zu einer werden, die tatsächlich unser Wohlergehen fördert.

Das beste Beispiel für Deweys Pragmatismus war dessen Anwendung auf gesellschaftliche und politische Bereiche. Anstatt unsere politische Phantasie darauf zu richten, was wir für die „wahreren" Fragen der menschlichen Natur und der menschlichen Bedürfnisse halten, sollten wir ihr die Ideen zugrunde legen, die von weitestmöglicher Zustimmung getragen sind. Das bestmögliche politische System muß eines sein, das die Bedingungen für einen größtmöglichen Konsens über die zukünftige Entwicklung bereitstellt. Unter diesem Aspekt sei die Demokratie allen anderen Systemen überlegen. Allerdings kann die Übereinkunft über den einzuschlagenden Weg nur dann bindend sein, wenn alle davon Betroffenen in gleichem Maß an ihrer Ausgestaltung teilhaben können. Dewey war der festen Überzeugung, daß die liberale Demokratie, obwohl sie das beste denkbare politische System sei, noch weit davon entfernt war, allen die gleiche Teilhabe an ihr zu bieten.

OBEN: DEWEY WAR EIN LEIDENSCHAFTLICHER KOMMENTATOR SOZIALER UND POLITISCHER ANGELEGENHEITEN. ER GLAUBTE, DASS DIE PRINZIPIEN DER AMERIKANISCHEN DEMOKRATIE SOWOHL DIE BASIS FÜR IHRE FORTENTWICKLUNG ALS AUCH, PARADOXERWEISE, EINE POTENTIELLE BEDROHUNG BILDETEN.
LINKS: DEWEY IST FÜR SEIN PÄDAGOGISCHES ENGAGEMENT EBENSO BERÜHMT WIE FÜR SEIN PHILOSOPHISCHES WERK. IN AMERIKA NAHM ES BETRÄCHTLICHEN EINFLUSS AUF DIE UNTERRICHTSMETHODEN. ER WAR AUCH DER ERFINDER DES NACH IHM BENANNTEN DEZIMALEN SYSTEMS ZUR BIBLIOTHEKS-KATALOGISIERUNG.

Links: Popper entwickelte einen der überzeugendensten Beiträge zur Wissenschaftstheorie. Er glaubte, dass die wissenschaftliche Methode der Deduktion – mehr als die der Induktion – den Verlauf der Wissenschaft vom Mathematiker Pythagoras (unten abgebildet mit Boethius) bis zur heutigen wissenschaftlichen Gemeinde bestimmt hat.

KARL POPPER (1902–95)

Seit dem 18. Jahrhundert versucht die Philosophie beharrlich, den Erfolg der Wissenschaft zu erklären. Diese Thematik ist ihr deshalb so wichtig, weil der wissenschaftliche Fortschritt nicht nur die westliche Zivilisation beherrscht, sondern auch die Bedeutung und den Wert der Philosophie in Frage stellt. Warum sollten Akademiker der Philosophie nachgehen, wenn die Wissenschaft auf die Frage nach dem Sinn der Existenz wirksamere und sicherere Anworten geben kann? An der Wende zum 20. Jahrhundert waren Philosophen in höherem Maße willens, die Wissenschaft auch auf Gebieten für überlegen zu halten, die früher eine Domäne der Philosophie waren. Poppers Beitrag zur Philosophie ist eine der wirkungsvollsten Beschreibungen wissenschaftlichen Fortschritts. Ihre zentrale Fragestellung ist: Wie arbeitet Wissenschaft, und wie kann man sie von Nicht-Wissenschaft unterscheiden?

Popper wurde 1902 in Wien geboren. Die Atmosphäre dieser Metropole lud sich in den 30er Jahren zunehmend politisch auf, und als junger Student wurde er aktiv und engagierte sich auf marxistischer Seite. Sein jüdischer Familienhintergrund veranlaßte ihn, Wien rechtzeitig zu verlassen. Von 1937 bis 1945 unterrichtete er Philosophie an der Universität von Neuseeland. Nach dem Krieg ließ er sich in England nieder, 1949 wurde er Professor der Logik und wissenschaftlichen Methodik an der Londoner School of Economics. 1965 wurde er zum Ritter geschlagen. Bis zu seinem Tod im Jahr 1995 lebte er in England.

DIE WISSENSCHAFTLICHE METHODE

Als Popper die *Logik der Forschung* verfaßte, beherrschte die Theorie der Induktion die klassische Lehrmeinung über wissenschaftliche Methodik. Dieser Ansicht zufolge sammelt die Wissenschaft zuerst Fakten, die aus objektiver Beobachtung stammen. Sobald sie zusammengetragen sind, untersucht man sie auf Muster und Verbindungen, die eine bestimmte Hypothese nahelegen. Man überprüft sodann die Hypothese durch Experimente, und schließlich stellt sich heraus, ob sie richtig oder falsch ist. Popper wies diese Theorie der Induktion energisch zurück. Er behauptete, daß Wissenschaft genau entgegengesetzt verfahre. Wissenschaftler stellen an den Anfang ihrer Arbeit eine Prämisse und häufen dann die Fakten an. Nach Popper gibt es deshalb keine ungeklärten, neutralen Fakten oder Beobachtungen, die nicht bereits von der Theorie im voraus angenommen wurden. Man könne nicht einfach etwas beobachten, immer sei da der Einfluß einer im voraus behaupteten Bedeutung. Fakten erschließen sich uns nicht so ohne weiteres. Es ist vielmehr so, daß die Wissenschaftler zuerst Theorien ausarbeiten, die bestimmte Erscheinungen erklären sollen. Anschließend überprüfen sie die Theorien, bis sie eventuell durch neue ersetzt werden können. Popper nennt diesen Prozeß „Falsifikation". Dies bedeutet – logisch weitergedacht – daß es niemals wahre Theorien geben kann. Denn keine Theorie kann sich ihrer Falsifizierbarkeit entziehen.

DIE OFFENE GESELLSCHAFT

Popper dehnte seine Theorie auch auf die Politik- und Sozialphilosophie aus. Nach Popper verleugnet jede Art von Philosophie, die sich genauer Überprüfung gegenüber verschließt, ihren Status als Theorie. Obwohl der Marxismus wesentlich zur Falsifikation vieler gesellschaftlicher Theorien beigetragen habe, sei er nicht wissenschaftlich. Denn der Marxismus sei seinem Wesen nach unwiderlegbar, weil er über eingebaute Mechanismen der Selbstverteidigung verfügt, die alle Erscheinungen erklärbar machen, ohne seinen theoretischen Zusammenhalt zu gefährden.

PLATONS PHILOSOPHIE DRÜCKTE ALL DAS AUS, WAS DEN FEIND DER OFFENEN GESELLSCHAFT BEI POPPER CHARAKTERISIERT.

Allgemeine Überzeugung ist es, daß sich die Wissenschaft von Thales und Pythagoras über Galilei und Newton bis zu Einstein kontinuierlich immer dichter an die Wahrheit herangearbeitet hat. Kuhn zieht diese Auffassung in Zweifel und stellt eine andere Theorie der Wissenschaft auf, die vieles in Frage stellt und deshalb heiß umstritten ist.

THOMAS KUHN (1922–)

In seiner Theorie wissenschaftlicher Paradigmen behauptete Kuhn, dass niemand sagen könne, ob Galilei (oben) der wissenschaftlichen Wahrheit näher gewesen sei als heutige Naturwissenschaftler oder umgekehrt.

PHYSIKER UND PHILOSOPH

Kuhn wurde 1922 in Cincinnati (USA) als Sohn einer deutsch-jüdischen Familie geboren, die im 19. Jahrhundert nach Amerika ausgewandert war. Sein Vater war gelernter Ingenieur, seine Mutter kam aus einer New Yorker Anwaltsfamilie. Kein Familienmitglied war streng jüdisch, und auch Kuhn wurde es nicht. Seine eher weltliche Erziehung prägte ihn zeitlebens. Vom Vater „erbte“ er das Interesse an der Wissenschaft, von der Mutter die Liebe zur Kunst. Aus beidem wurde bei Kuhn eine Obsession für Geschichte und Theorie der Wissenschaften. Deshalb begann er 1940 sein Physikstudium in Harvard. Nach jahrelanger Arbeit als Wissenschaftler im amerikanischen Verteidigungsministerium befaßte er sich mit Wissenschaftstheorie und -geschichte, was in seinem Werk *Die Struktur wissenschaftlicher Revolutionen* (1962) gipfelte.

HERAUSFORDERUNG DER WISSENSCHAFT

Die Struktur wissenschaftlicher Revolutionen“ war eine kompromißlose und beunruhigende

Botschaft an die Wissenschaftler. Sie besagte, daß ihre Vorstellung der Wissenschaftsgeschichte als einem heroischen, linearen Prozeß eine mythische Selbsttäuschung sei. Laut Kuhn ergibt sich bei genauer Prüfung der Wissenschaftsgeschichte ein ganz anderes Bild. Mit seiner These provozierte er nicht nur die Wissenschaftler, sondern auch die angelsächsische Philosophengemeinde, die besonders auf die überlieferte Sichtweise eingeschworen war.

Kuhns alternative Sichtweise der Wissenschaftsgeschichte war einfach und auf den ersten Blick nicht einmal bedrohlich. Er behauptete, daß sich wissenschaftlicher Fortschritt in zwei erkennbaren Phasen abspielt:

• Lange Perioden „normaler Wissenschaft", in denen schrittweise Fortschritte gemacht werden innerhalb eines „Paradigma", dem jeweils geltenden Rahmen einer wissenschaftlichen Theorie.

• Kurze Perioden, in denen es zu wissenschaftlichen Revolutionen kommt, indem ein neues Paradigma an die Stelle des alten tritt.

Ein gutes Beispiel ist die Periode, nachdem Newton seine Licht- und Gravitationstheorie aufgestellt hatte. Nach anfänglicher Skepsis wurde sie von den Wissenschaftlern akzeptiert und über einen langen Zeitraum als zusammenhängende Theorie (Paradigma) der weiteren Forschung zugrundegelegt – bis Einstein ein neues Paradigma setzte. Kuhn behauptete weiter, daß über die Berechtigung eines Paradigma meist weniger nach objektiven wissenschaftlichen Normen entschieden wird, sondern entsprechend seiner Akzeptanz innerhalb der jeweiligen Forschungsgemeinde. Deshalb war Kuhn überzeugt, daß Paradigmen weitgehend selbstrechtfertigend und „inkommensurabel" sind.

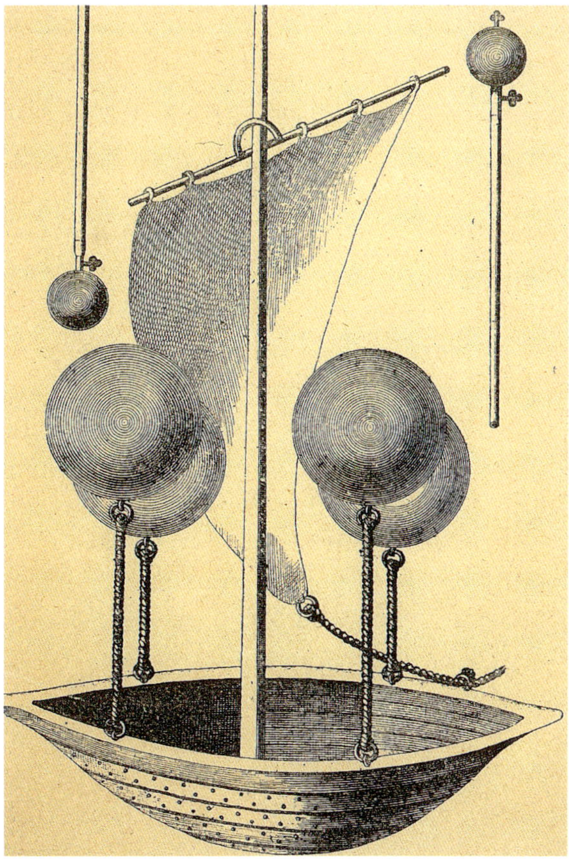

Kuhn zeigte auf, dass die von ihm so benannte „normale" Wissenschaft entsteht durch eine unkritische Weitergabe der herrschenden wissenschaftlichen Sicht. Ein Beispiel langlebigen Paradigmenwechsels war Newtons Theorie der Gravitation.

LUDWIG WITTGENSTEIN (1889–1951)

Wittgenstein war eines der großen Genies des 20. Jahrhunderts. Sein Genie überstieg seinen Status als Philosoph ebenso wie Einsteins Genie den eines Physikers. Als er 1921 sein erstes Werk, den *Tractatus logico-philosophicus* veröffentlichte, war kaum ein Philosoph bereit, an ein Ende der Philosophie zu glauben. Aber genau das war das Ziel Wittgensteins. Nachdem er in *Philosophische Untersuchungen* seine Anschauungen radikal geändert hatte, war das Ende der Philosophie noch näher gerückt. Heute sind viele davon überzeugt, daß Wittgenstein sein Ziel erreicht hat.

WIEN - MANCHESTER - CAMBRIDGE

Wittgensteins Leben und Charakter trägt viele stereotype Merkmale eines Genies. Er war einzelgängerisch, launisch, aufrichtig, zielstrebig und sprunghaft in seinem Verhalten. Er wurde in Wien als Sohn wohlhabender Eltern geboren, hat deren finanzielle Unterstützung aber stets abgelehnt. Nach einem Aeronautik-Studium in Manchester begann er in Cambridge Philosophie zu studieren. Mehrere Jahre lang hatte er schon vorher philosophische Texte verfaßt, stets ermuntert durch den deutschen Philosophen Frege. Kaum angekommen, nahm er Cambridge im Sturm. Bertrand Russell erkannte schnell Wittgensteins Genie und nahm ihn unter seine Fittiche. Aber bald wurde aus dem Schüler der Meister. Verunsichert durch Wittgensteins radikale Infragestellung der Philosophie, zweifelte Russell an sich selbst. Das Verhältnis wurde schwierig und angespannt. Wittgenstein fühlte sich zunehmend unwohl, und nach zwei Lebensjahren in Norwegen trat er im 1. Weltkrieg in die österreichische Armee ein. Als 1921 sein *Tractatus logico-philosophicus* erschien, riß es die Philosophen-Welt von den Sitzen. Daß sein wichtigstes Werk *Philosophische Untersuchungen* erst zwei Jahre nach seinem Tod veröffentlicht wurde, lag an seinem neurotischen Perfektionismus.

PHILOSOPHIE ALS PROBLEM

Der *Tractatus* ist eine einzige Herausforderung der Philosophie als solcher. Denn Wittgenstein behauptet darin, daß fast alle philosophischen Probleme Scheinprobleme sind. Als Probleme erschienen sie lediglich, weil Philosophen versuchen, das Denken über jene Grenzen hinauszutreiben, die die Sprache ihm auferlegt. Für Wittgenstein liegt die Welt der Fakten, also die Realität, nicht jenseits, sondern innerhalb bzw.

unterhalb der logischen Struktur der Sprache. Es gibt keine Welt der Wahrheit, die sich in der Sprache widerspiegelt, weil alle Möglichkeiten für wahre Aussagen bereits in der logischen Struktur der Alltagssprache enthalten sind. Jeder Versuch, über die damit gesetzten Grenzen des Denkens hinauszugehen, um irgendwelche „a priori"-Wahrheiten zu finden, ist vergebens, weil er voraussetzt, daß die Grenzen der Sprache transzendierbar wären.

Obige Zeichnung kann entweder als Ente oder als Hase gesehen werden. Wittgenstein verwendete diese zweideutige Zeichenfigur, um zu demonstrieren, dass die menschliche Wahrnehmung kein objektiv gegebener Prozess ist. Vielmehr ist es so, dass unsere Wahrnehmung stärker von unseren inneren Bildern eines Objektes beeinflusst wird als vom Objekt selbst.

Sprachspiele

In seinen *Philosophischen Untersuchungen* revidierte Wittgenstein seinen früheren Versuch im *Tractatus*, Philosophie bis ans Ende von Sprache zu treiben und die Grenzen zu begreifen, die einem auf Tatsachen beruhenden Diskurs gesetzt sind. Er lehnte die Theorie ab, daß sprachliche Bedeutungen jemals herangezogen werden könnten für Aussagen, die über ihre empirische Verwendung hinausgehen. Wittgenstein zufolge kann die Bedeutung von Wörtern und Sätzen nicht durch eine höhere Art von Logik verstanden werden. Vielmehr sind Wörter, Sätze und ihre Bedeutungen immer rational. Das heißt: Ihre jeweilige Bedeutung erschließt sich nur im Kontext mit anderen Wörtern und Sätzen, der vorgegebenen Mustern der Umgangssprache folgt. Folglich kann Sprache verstanden werden als ein komplexes Netzwerk sich überlappender Sprachspiele der Gesprächspartner. Laut Wittgenstein ist der Wahrheitsgehalt einer Aussage abhängig vom Grad der Übereinstimmung hinsichtlich der Regeln des Sprachspiels, über den Wahrheitsgehalt selbst. „Es geht darum, was Menschen für richtig oder falsch halten. Darüber einigen sie sich in ihrer Sprache. Das bedeutet keine Meinungsgleichheit, sondern eine Lebensform." Mit anderen Worten: Wenn von Menschen geäußerte Behauptungen und Aussagen ursprünglich Meinungen sind, so können sie aufgrund ihrer tatsächlichen Bedeutung überprüft werden. Behauptungen und Aussagen sind aber in Wirklichkeit lediglich Spielzüge, die durch die Spielregeln gemacht und geprüft werden. Die Frage, was ein Wort wirklich ist, ist analog zu der, was eine Figur im Schachspiel ist.

JOURN
Lacheté des gardes municipaux
arretez..... arretez!....
résistance du peuple à l'op
Liberté!.. Liberté!.. chérie combats avec tes défenseurs.
mes amis saluons le Christ! C'est notre

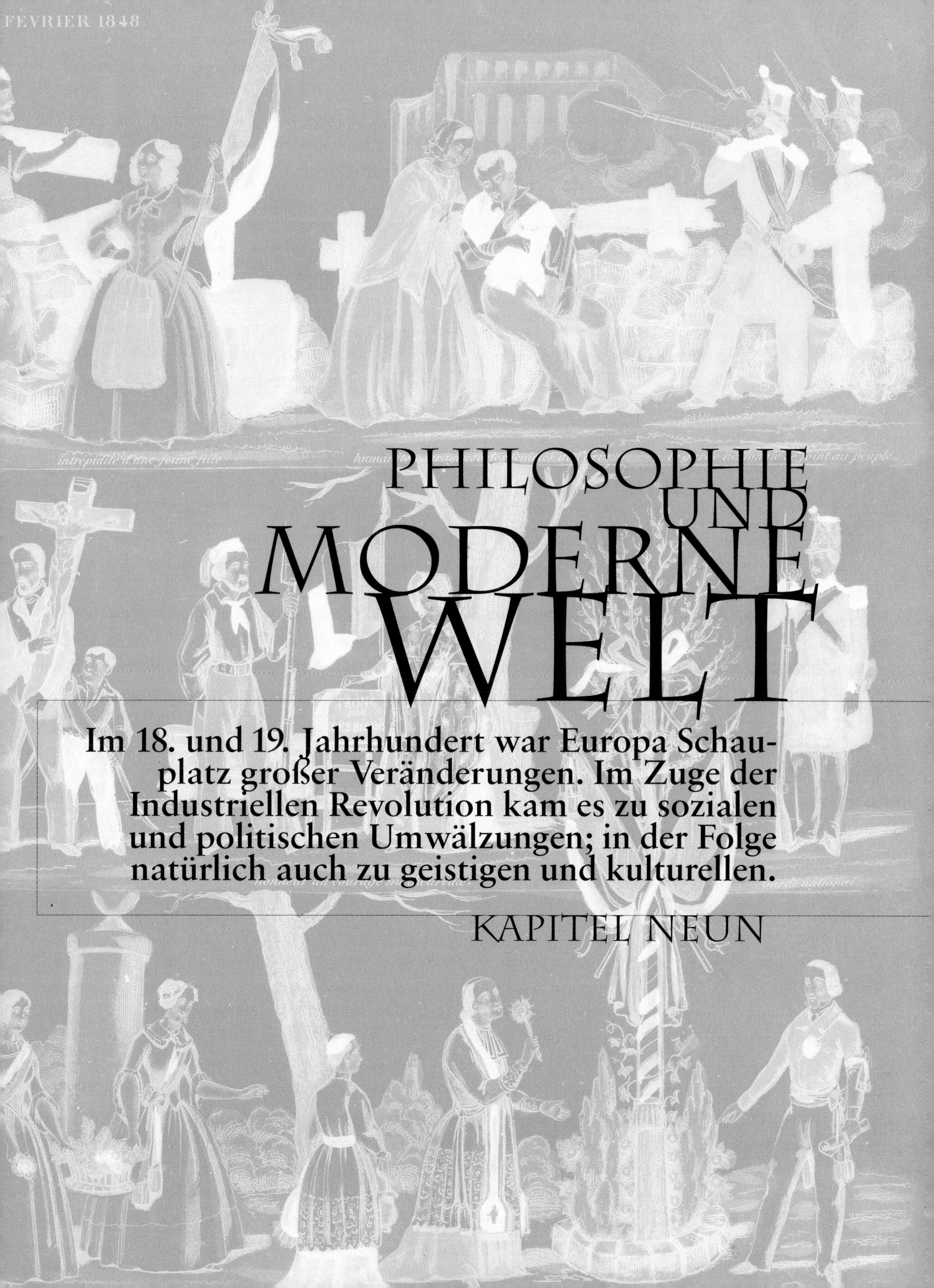

PHILOSOPHIE UND MODERNE WELT

Im 18. und 19. Jahrhundert war Europa Schauplatz großer Veränderungen. Im Zuge der Industriellen Revolution kam es zu sozialen und politischen Umwälzungen; in der Folge natürlich auch zu geistigen und kulturellen.

KAPITEL NEUN

INDUSTRIALISIERUNG UND DEMOKRATIE

Die Industrielle Revolution war für die dramatischste Veränderung des menschlichen Lebens verantwortlich, die die Geschichte kennt. Die Skala der Möglichkeiten, neue Erfahrungen zu machen, war in diesem Zeitraum so umfangreich, daß er einen Wechsel der gesellschaftlichen und philosophischen Werte unvermeidlich mit sich brachte. Insbesondere veränderte die Industrielle Revolution radikal die Organisation menschlichen Zusammenlebens.

MENSCH UND MASCHINE

Die Industrielle Revolution bewirkte weitaus mehr als eine nur materielle Veränderung der Lebensweise. Es wurde sogar die These aufgestellt, daß die materiellen Veränderungen zu einer Verinnerlichung bestimmter Werte führten, die es den Menschen jener Zeit unmöglich machte, die vorhergehende Entwicklung überhaupt noch zu verstehen. Folgt man dieser Ansicht, dann verinnerlichten die Menschen ein „Mittel-Zweck-Denken", d.h. die Überzeugung, daß es außerhalb des Reiches der Nützlichkeit kaum noch andere Werte geben könne. Während der Aufklärung hatte das wissenschaftliche Denken, das die geistigen Grundlagen für die Industrielle Revolution legte, nur einen kleinen Teil der Gesellschaft erreicht. Die Industrielle Revolution hingegen gab diese Werte in großem Umfang an die ganze Gesellschaft weiter; sie wurden zum Raster moralischer und politischer Legitimität. Moralische Werte z.B., die schon vorher formuliert worden waren, wurden durch und nach der Industriellen Revolution zu Regulativen sozialer Ordnung und ökonomischen Fortschritts.

OBEN: KEINE ANDERE EPOCHE DER GESCHICHTE HAT IN SO KURZER ZEIT DERART DRAMATISCHE VERÄNDERUNGEN IM MENSCHLICHEN LEBEN BEWIRKT WIE DIE INDUSTRIELLE REVOLUTION.

LIBERALISMUS

Die Industrielle Revolution verlangte nach einem politischen System, das in der Lage war, eine Industrienation – im Gegensatz zu einer Ansammlung von landwirtschaftlichen Kommunen – zu verwalten. Die politische Lehre, die hinter dieser notwendigen politischen Reform stand, war der Liberalismus. Kerngedanke des Liberalismus ist der Glaube, daß alle politischen Ziele auf der Idee der natürlichen Autonomie des Individuums beruhen müssen. Alle Formen politischer Organisation müssen das Recht des Individuums auf Verwirklichung seines eigenen Interesses integrieren. Allerdings müssen dem individuellen Verfolgen dieses Interesses auch Schranken gesetzt werden – nicht zuletzt, um das Individuum selbst zu schützen. Um dieses Anliegen zu verwirklichen, muß die Gesellschaft auf „Verträgen" aufgebaut sein, z. B. dem zwischen Bevölkerung und Staat, d.h. auf einer Staatsverfassung. Der von Liberalen bevorzugte Typus von Demokratie wird bisweilen als „schützende Demokratie" bezeichnet, da ihr vorrangiges Ziel ist, die Rechte des Individuums zu schützen. Das Hauptproblem des Liberalismus war und ist der Zwiespalt, einerseits einen Staat zu benötigen, der stark genug ist, die individuellen Rechte zu schützen, und andererseits die Bürger vor einem zu starken Staat zu schützen, der seine Befugnisse mißbrauchen könnte.

Oben rechts: Der frühe Aufbau eines Schienennetzes trug wesentlich zur raschen Industrialisierung Europas bei. Oben: Das Entstehen von Fabriken und die Errichtung von Arbeitersiedlungen veränderten die Alltagserfahrungen der meisten Menschen. Die Philosophie konnte sich dem nicht entziehen.

Imperialismus

Die Entstehung des liberalen demokratischen Staates zog zahlreiche Widersprüche nach sich, deren eklatantester der Imperialismus war. Der liberale demokratische Staat benötigte zu seiner Legitimierung den Mythos der Nation. Die Pflicht der Bürger, einen größeren Anteil ihres Wohlstands dem Staat zukommen zu lassen, mußte durch mehr als nur staatlichen Druck legitimiert werden. Diese Funktion erfüllte der Nationalismus. Eine seiner wesentlichen Komponenten bestand darin, andere Nationen als minderwertig oder feindselig zu kennzeichnen. Dies ermöglichte die Erhaltung eines starken Gemeinschaftsgefühls; das Verantwortungsbewußtsein der Bürger ihrer Nation gegenüber wurde aufgrund der angeblichen ständigen Bedrohung durch andere Nationen gestärkt. Der Nationalismus wurde auf diese Weise eine der Antriebskräfte hinter dem manischen Imperialismus der führenden europäischen Mächte im 19. Jahrhundert; eine andere und wesentliche war natürlich der Ausbau der Wirtschaftsmacht.

Warum hat es die menschliche Rasse in den letzten beiden Jahrhunderten mehr darauf angelegt, sich selbst zu zerstören, als in allen anderen vergleichbaren Abschnitten ihrer Geschichte? Wie kommt es, daß ausgerechnet diese Epoche der Selbstzerstörung zugleich Demokratie und Menschenrechte hervorgebracht hat? Können wir sicher sein, daß das Zeitalter der Selbstzerstörung ein Ende findet?

TOTALER KRIEG

Der Krieg ist seit jeher eine grundlegende Tatsache menschlichen Lebens. Die berühmteste philosophische Untersuchung dieses Themas nahm der preußische General Clausewitz in seinem Werk *Vom Kriege* (1832) vor. Er sprach darin von einem Typus von Krieg, den er „totalen Krieg" nannte – ein Ausdruck, der sich hauptsächlich auf Napoleon bezog. Clausewitz vertrat den Standpunkt, jeder Krieg werde den logischen Höhepunkt seiner Entwicklung im totalen Krieg Nation gegen Nation finden, das einzige Ziel dabei könne nur die völlige Niederlage der Bevölkerung und der Armeen einer ganzen Nation sein. Clausewitz glaubte, daß die Destruktivität dieser unveränderbaren Komponente der menschlichen Geschichte damit an ihre Grenzen stoßen werde. Nach den grausamen Ereignissen zwischen 1914 und 1945 mußten die Grenzen der menschlichen Fähigkeit zur (Selbst-)Zerstörung allerdings neu definiert werden. Nach den beispiellosen Zerstörungen, die der 1. Weltkrieg und 2. Weltkrieg mit sich brachte, noch mehr nach der Verwüstung Hiroshimas 1945, sah sich die Menschheit erstmals mit der Möglichkeit ihrer völligen Selbstauslöschung konfrontiert.

KRIEG UND DIKTATUR

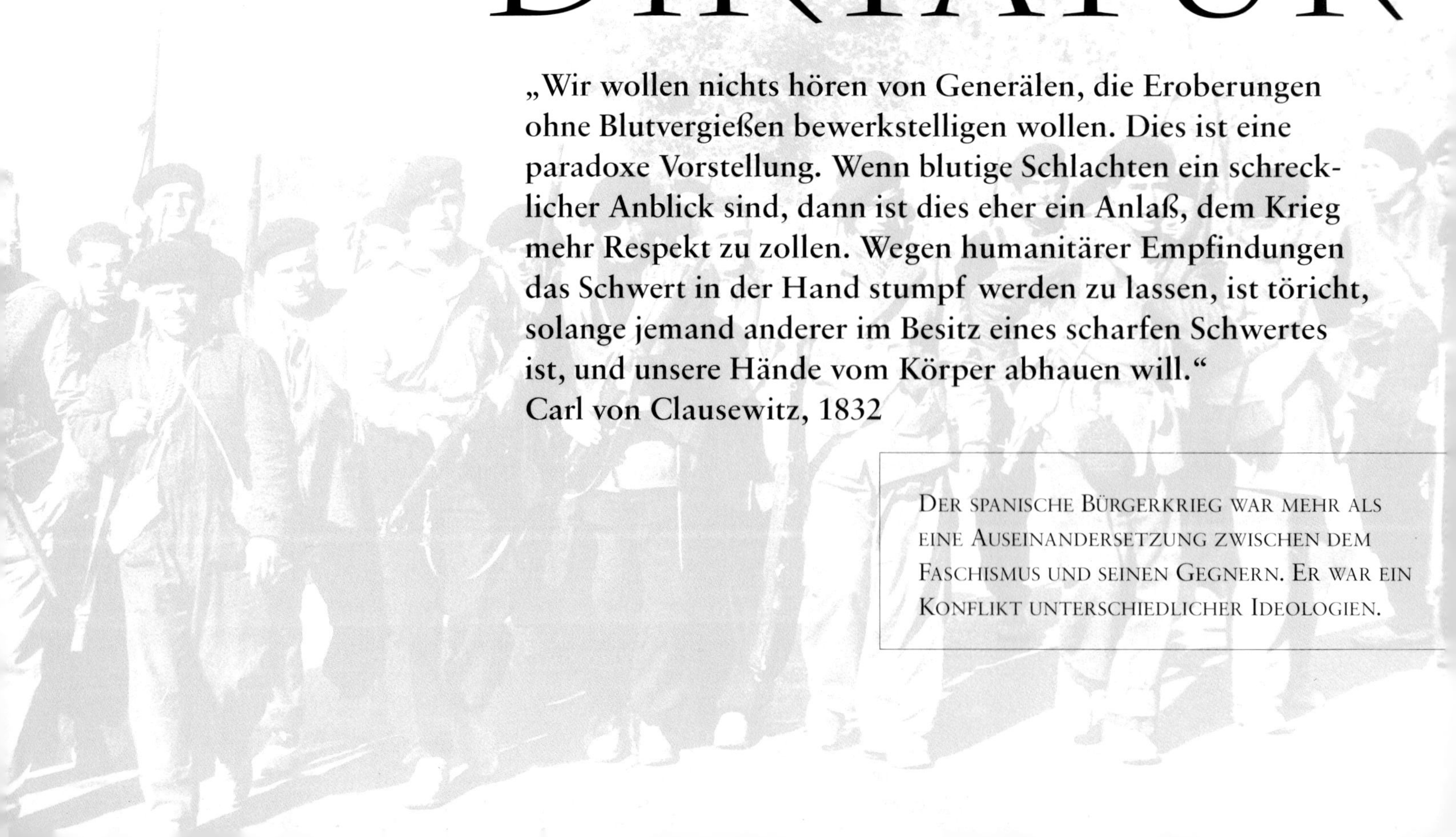

„Wir wollen nichts hören von Generälen, die Eroberungen ohne Blutvergießen bewerkstelligen wollen. Dies ist eine paradoxe Vorstellung. Wenn blutige Schlachten ein schrecklicher Anblick sind, dann ist dies eher ein Anlaß, dem Krieg mehr Respekt zu zollen. Wegen humanitärer Empfindungen das Schwert in der Hand stumpf werden zu lassen, ist töricht, solange jemand anderer im Besitz eines scharfen Schwertes ist, und unsere Hände vom Körper abhauen will."
Carl von Clausewitz, 1832

Der spanische Bürgerkrieg war mehr als eine Auseinandersetzung zwischen dem Faschismus und seinen Gegnern. Er war ein Konflikt unterschiedlicher Ideologien.

Oben: Mussolinis Besuch bei Hitler 1937. Beiden Diktatoren kamen gravierende wirtschaftliche Probleme ihrer Länder bei der Machtübernahme zustatten.
Links: Stalins grausame Herrschaft zeitigte grosse Auswirkungen auch auf die Kultur und das Geistesleben im Europa des 20. Jahrhunderts.

NATIONALISMUS

Eine der frühesten und berühmtesten Abhandlungen zum Nationalismus stammt von dem italienischen Philosophen Guiseppe Mazzini, der ihn in ein positives Licht rückte. Er glaubte, daß jede Nation durch ihre gemeinsame Sprache und Kultur den kulturellen Auftrag habe, auf ihre jeweils besondere Weise zum menschlichen Fortschritt beizutragen. Während Mazzini den Nationalismus für eine fortschrittliche Kraft hielt, ist aber sein rückschrittlicher Charakter oft genug zu Tage getreten. Nietzsche, Schopenhauer, Heidegger und andere Denker des 19. und frühen 20. Jahrhunderts fühlten sich stark von der Idee der Nation angezogen. Für sie bedeutete der Begriff Nation viel mehr als nur ein Faktum, in ihren Augen war sie der wesentliche Träger menschlicher Erfahrung und menschlichen Fortschritts. Heutzutage ist der Nationalismus so sehr im Alltagsbewußtsein verwurzelt, daß er als gleichsam natürliche Erscheinung betrachtet wird – was angesichts seiner überaus dominanten Rolle in der Politik des 20. Jahrhunderts nicht überrascht. Aber, in den Worten des zeitgenössischen Philosophen Benedict Anderson: „Seine erst kurze Geschichte als Idee widerlegt die Naturgegebenheit des Begriffes Nation."

DER TERROR DES TOTALEN STAATES

Für viele zeitgenössische Philosophen erreichte die Moderne ihren voraussehbaren Endpunkt in der grauenhaften Rationalität der Konzentrationslager unter Hitler und Stalin. Konzentrationslager repräsentierten die moderne Idee der „Reinigung" der Gesellschaft, ausgerichtet an einer bestimmten Idealvorstellung; dazu bedurfte es immer mächtigerer Instrumentarien der Staatsmacht. Die bedeutendsten Untersuchungen zum totalitären Staat sind eher literarische denn philosophische. George Orwells „1984", Solschenizyns *Der Archipel Gulag*, Primo Levis *Atempause* oder Milan Kunderas *Der Scherz* stehen für die Auseinandersetzung mit diesem Thema. Diese und andere Darstellungen des totalen Staatsterrors hatten enormen Einfluß auf die Geisteswissenschaften im allgemeinen. Die Werke einiger der bedeutendsten Nachkriegsphilosophen entstanden unter dem Schatten der ideologischen Grausamkeiten.

ADAM SMITH
(1723–90)

Man geht allgemein davon aus, daß Adams Smiths' berühmtestes Werk, *Der Reichtum der Nationen*, jene Philosophie beinhaltet, die die ökonomischen Werte des liberalen Kapitalismus untermauert. Leider wird Smith, wie viele große tote Philosophen, weitaus öfter zitiert als gelesen, und die Debatte über Charakter und Auswirkungen seiner Schriften hat seine Ideen eher verdunkelt. Das Werk Smiths' ist mehr als eine ökonomische Theorie. Es schließt maßgeblich Fragen der Moral, politischer Theorie und Geschichte mit ein.

MORAL

Das heutzutage nur noch selten gelesene Buch, das Smith ursprünglich bekannt machte, ist die 1759 veröffentlichte Schrift *The Theory of Moral Sentiments*. Seine philosophische Basis verdankte es dem Zeitalter der wissenschaftlichen Vernunft, und seine Methode war streng empirisch. Smith argumentiert, daß schon die Erfahrung uns lehre, daß die Menschen von Natur aus zum Egoismus neigen. Er führt anschließend weiter aus, daß jene Elemente der menschlichen Natur, die Menschen zu gesellschaftlicher Zusammenarbeit veranlassen, nur eine unzureichende Garantie für soziale Harmonie bieten. Deshalb ist eine staatliche Autorität unabdingbar. Eine solche Übereinstimmung kann allerdings erreicht werden, sofern man sicherstellt, daß die Interessen, denen sich die Menschen oft eigennützig widmen, mit jenen zusammenfallen, die gesellschaftliche Übereinstimmung

OBEN: DIE PHILOSOPHIE DES ADAM SMITH WIRD OFT ALS „BLAUPAUSE" DES LIBERALEN KAPITALISMUS ANGESEHEN. SEIN WERK ENTHÄLT ABER AUCH VIELE SCHARFSINNIGE ÜBERLEGUNGEN ZU MORAL UND ETHIK.

hervorbringen. Die Betätigungen, die Smith dabei vorschwebten, waren die Arbeit und der Schutz des Privateigentums.

ADAM SMITHS' BUCH IST ZWEIFELLOS EIN MODERNER KLASSIKER, WIRD ABER VIEL ÖFTER ZITIERT ALS GELESEN. IN DEN VERGANGENEN JAHREN WURDE SMITH ALS HELD DER NEUEN RECHTEN REKLAMIERT. MARGARET THATCHER HOLTE SICH FÜR IHREN LOBGESANG AUF DEN FREIEN MARKT OFT UNTERSTÜTZUNG IN SMITHS PHILOSOPHIE.

DIE UNSICHTBARE HAND

Zu der Zeit, als Adam Smith seine ökonomische Theorie verfaßte, galt sie als äußerst radikal. Mitte des 18. Jahrhunderts war zwar der Geist des Kapitalismus in Großbritannien bereits fest verankert, aber die neue Wirtschaftsform wurzelte noch in aristokratischen Privilegien. Smith kritisierte diese Privilegien und monopolistischen Praktiken heftig, denn er war überzeugt, daß sie den natürlichen Unternehmungsgeist einschränkten, der sich nur durch freien Wettbewerb entfalten könne. Für Smith regt der freie Wettbewerb sowohl die Unternehmen als auch den wirtschaftlichen Fortschritt als Ganzen an und erzeugt die bestmögliche Wertverteilung von Gütern und Arbeit. Er verglich die Wirkungen eines freien Marktes mit einer unsichtbaren Hand, die das Gleichgewicht zwischen Gütern und Arbeit herstellt. Smiths' Ideal des freien Marktes führte ihn zu einer minimalistischen Einschätzung der Rolle des Staates, dem er nur die Funktionen zugestand, den freien Markt zu erhalten und ihn vor Sonderrechten und Monopolisten zu bewahren. Er beurteilte die Fähigkeiten von Regierungen, größeren ökonomischen Fortschritt durch Regulierung der Wirtschaft zu erreichen, äußerst skeptisch.

SMITHS VERMÄCHTNIS

Das Vermächtnis Adam Smiths' ist gewaltig. Seine Ideen sind mittlerweile so bekannt und in die Praxis umgesetzt, daß man sie für die Grundlage des ökonomischen Denkens hält, das heute die westlichen Vorstellungen von sozialem und wirtschaftlichem Fortschritt bestimmt. Man muß jedoch äußerst vorsichtig sein, wenn man bei der Lektüre der Schriften Adam Smiths' nach den Prinzipien sucht, die den politischen und sozialen Fortschritt des Westens vorangetrieben haben. Denn seine Ansicht über die ideale Beziehung zwischen Staat und Gesellschaft teilte die westliche Welt nicht, sondern favorisierte im Gegenteil einen Staat, der immer mächtiger wurde und immer mehr in das Wirtschaftsleben eingriff.

J. S. Mill konzentrierte sich in weit größerem Maße als seine Vorgänger auf das Problem, wie die Freiheit des einzelnen mit der anderer und dem Wohlergehen der ganzen Gesellschaft in Einklang gebracht werden kann. Seine Philosophie erschloß den sozialen und politischen Themen, die später das ganze 20. Jahrhundert prägen sollten, neue Wege. Seine Sichtweise setzt bei allen Erwägungen über die Institutionen des Staates und der Gesellschaft die Interessen und das Glück des einzelnen an die erste Stelle.

JOHN STUART MILL (1806–73)

J. S. Mill ist eine Schlüsselfigur des modernen Liberalismus. Für Mill bildet Freiheit das geheiligte Fundament jeder gerechten und zivilisierten Gesellschaft.

EINE PHILOSOPHISCHE FAMILIE

J. S. Mills Vater, James Mill, war Mitbegründer des Utilitarismus, einer philosophischen Strömung im 19. Jahrhundert. John, der von seinem Vater erzogen und ausgebildet wurde, versuchte zwar, sich der utilitaristischen Grundsätze zu entledigen, doch das Denken des Vaters tritt auch in den Schriften J. S. Mills zutage. Während seiner Tätigkeit bei der East India Company in London verfaßte J. S. Mill sein bedeutendstes Werk: *Über die Freiheit*. Von 1865 bis 1868 war J. S. Mill Parlamentsmitglied der Liberalen Partei, mit der zusammen er sich für das Wahlrecht der Frauen und ökonomische Reformen einsetzte.

ÜBER DIE FREIHEIT

Für J. S. Mill ist das Prinzip der Freiheit unantastbar. Das Recht jedes einzelnen, sein oder ihr eigenes Glück zu wählen, ist absolut und darf nur eingeschränkt werden, wenn jemand mit seinen Handlungen anderen Schaden zufügt. „Denn der einzige Grund, aus welchem Macht rechtmäßig an einem Mitglied der zivilisierten Gesellschaft gegen seinen Willen ausgeübt werden kann, ist der, andere vor Schaden zu bewahren. Sein Besitztum stellt keine Rechtfertigung dar." Die Vorstellung jedoch, Gesellschaften und Regierungen würden individuelle Freiheit lediglich tolerieren, genügte J. S. Mill

nicht. Er plädierte für eine gute und fortschrittliche Gesellschaft, die die Individualität des einzelnen nicht nur duldet, sondern diese Freiheit nutzbar macht als Recht und Möglichkeit zur persönlichen Weiterentwicklung und zu der des gesellschaftlichen Ganzen. Politische Freiheit, die mit Rede- und Wahlfreiheit einhergeht, fördert die Entwicklung des Gerechtigkeitsempfindens des einzelnen und somit der Gesellschaft: „Proportional zur Entwicklung der eigenen Persönlichkeit, läßt sich auch eine Steigerung des persönlichen Wertgefühls verzeichnen, die sie auch für andere wertvoll macht.“ Zudem wirkt eine größere Bandbreite des Denkens stimulierend auf Vernunft und Verstand.

J. S. Mill war ein glühender Verfechter der Rechte für Frauen und begeistert von der Idee, beide Geschlechter mitten im politischen Geschehen zu sehen. Er betrachtete die Teilnahme von Frauen an der Politik als unerläßlich, da sie den männlichen Egoismus zügeln könne, der imstande sei, die Interessen der Familie und folglich der Gesellschaft zu vernachlässigen.

DIE GUTE REGIERUNG

Für J. S. Mill sind Regierung und Rechtsstaatlichkeit unabdingbar, um den Schutz der Freiheit zu gewährleisten, aber es ist auch möglich, daß die Regierung zur Hauptbedrohung der Freiheit wird. Diese Gefahr resultiert aus den Bestrebungen der Regierung, ihre Machtbefugnisse zum Zweck des Regierungserhalts extrem auszuweiten.

J. S. Mill erkennt in der zunehmenden Bedeutung der öffentlichen Meinung die Quelle der Bedrohung, die dort, wo sie am überzeugendsten argumentiert, Individualität einschränkt. Für die moderne und komplexe Massengesellschaft ist weniger die direkte als die repräsentative Demokratie ideal. Sie nämlich schützt einerseits die Regierungen vor dem Einfluß der unwissenden Massen, während andererseits ausreichende Mechanismen beibehalten werden, um die Regierungsbefugnisse zu kontrollieren und zu überwachen.

MILL WAR ZEITLEBENS EIN VERFECHTER DER RECHTE DER FRAUEN UND GING FÜR DAS FRAUENWAHLRECHT AUF DIE STRASSE. ER BEHAUPTETE, DIE POLITIK WÜRDE OHNE DIE TEILNAHME DER FRAUEN VOM MÄNNLICHEN EGOISMUS DOMINIERT SEIN, ZUM NACHTEIL DER FAMILIE, DES INDIVIDUUMS UND DER GESELLSCHAFT.

MAX WEBER (1864–1920)

Max Weber entwickelte die umfassendste Theorie über Ursprung und Wesen der Moderne, die sogar die Marxschen Ausführungen zu diesem Thema übertrifft. Er war Soziologe, aber sein intellektueller Beitrag erstreckte sich auf viele Gebiete, die Philosophie eingeschlossen.

SOHN EINES POLITIKERS

Max Weber wurde 1864 in Erfurt geboren. Der Vater war Politiker, dadurch gewann der Sohn ein besseres Verständnis und tiefere Einblicke in diesen Beruf als jeder andere Denker des 20. Jahrhunderts. Nachdem er seinen Dienst in der Armee – dort kam ihm seine Vorliebe für Duelle und Trinkgelage sehr zustatten – abgeleistet hatte, schloß er sein Jurastudium ab. 1894 wurde er zum Professor der Volkswirtschaft an die Universität Freiburg berufen. In dieser Zeit prägten sowohl intensive intellektuelle Arbeit als auch manisch-depressive Phasen Webers Leben. In den späten 90er Jahren des letzten Jahrhunderts reiste Weber sehr viel und erholte sich gesundheitlich. 1904 veröffentlichte er den ersten Teil von *Die Protestantische Ethik und der Geist des Kapitalismus*. Den zweiten Teil hat eine Reise in die Vereinigten Staaten inspiriert. Dort sah Weber, wie sich die moderne Bürokratie entwickelte; sie wurde zum ständigen Thema in seinem Schaffensprozeß.

KAPITALISMUS UND DER WESTEN

In *Die Protestantische Ethik und der Geist des Kapitalismus* erklärt Weber, warum der Kapitalismus sich im Westen entfaltete. Im Gegensatz zu Marx betrachtete er die Geschichte der Menschheit nicht als Folge von Klassenkämpfen und den damit verbundenen materiellen Lebensbedingungen. Stattdessen hob Weber die gesellschaftliche Kultur und ihre Werte hervor, die zu ureigenen wirtschaftlichen und politischen Handlungsweisen führten. Um die Ausbreitung des Kapitalismus zu verstehen, müsse man – so Weber – die Einzigartigkeit des west-

Links: Webers *Eisener Käfig der Bürokratie* war von einer Reise in die USA inspiriert, wo die Bürokratie am weitesten entwickelt war. Oben: Der Reichstagsbrand. Weber trug zum Entwurf der Weimarer Verfassung bei. Oben rechts: In *Die protestantische Ethik und der Geist des Kapitalismus* sucht Weber die geistigen Grundlagen des sich entwickelnden westlichen Kapitalismus in den ethischen Werten des Protestantismus und Puritanismus.

lichen Kulturraumes in Betracht ziehen. Einzigartig daran seien die gesellschaftlichen Werte, die die vorherrschenden religiösen Strömungen im 16. und 17. Jahrhundert hervorgebracht hatten – zu einer Zeit, als der Kapitalismus noch in den Kinderschuhen steckte. Vor allem jene des Protestantismus, und hier besonders in seiner extremen Form des Puritanismus. Viele Händler und Kaufleute waren damals Protestanten oder Puritaner und nahmen deshalb eine besondere Haltung gegenüber der Anhäufung von Reichtum ein. Sie erwirtschafteten ihr Vermögen nicht, um luxuriös zu leben, sondern arbeiteten hart und waren genügsam. Ein Grundzug des Protestantismus war der Glaube, man diene Gott am besten, wenn man ihn nicht nur anbete, sondern selbst das menschliche Streben auf Erden unterstütze. Harte Arbeit und Reichtumswerte, so die protestantische Ethik, erhöhten die Chance, unter den wenigen von Gott Erwählten zu sein, während ein leichtfertiger Lebenstil moralisch falsch sei und am Tag des Jüngsten Gerichts wahrscheinlich bestraft würde. Weber hielt „diese besondere, tatsächlich wenig selbstverständliche Idee der Pflicht des Einzelnen im Berufsleben – so geläufig sie uns auch heute ist – für ein Kennzeichen der sozialen Ethik innerhalb der kapitalistischen Kultur. In gewisser Weise ist sie sogar ihr Fundament.“

Bürokratie und Demokratie

Weber sah in der Bürokratie das bedeutsamste Organisationsmerkmal menschlicher, auf dem Geist des Kapitalimus fußender Gemeinschaften. Jede erfolgreiche Zivilisation, von den alten Griechen bis zu den modernen Japanern, verfügt über bürokratische Kontrollfunktionen. Die westliche Zivilisation konnte die Bürokratie in jüngster Zeit durch technologischen Fortschritt sogar noch effizienter gestalten. Unerbittlich und mit Hilfe modernster Technik fordert der Geist des Kapitalismus Effizienz um jeden Preis und sorgt so für das Entstehen riesiger Organisationen und Verbände, die das moderne Leben prägen. Weber glaubte, daß der Staat eine einzigartige Rolle bei der Entwicklung der modernen Welt spielt. Für das vollständige Gewaltmonopol, das den modernen Staat am Leben erhält, gibt es keine Parallele in der Geschichte. Weber kannte zwar die möglichen, nicht wünschenswerten Auswirkungen des bürokratischen Staates; d. h. Machtkonzentration und Mißachtung des Individuums, aber er hielt den Trend zu anhaltender Rationalisierung der Gesellschaft für unvermeidlich.

Karl Schmitt, geboren 1888, war einer der brillantesten und bezwingendsten Denker des 20. Jahrhunderts. Konfrontiert mit einer Ära, in der menschliche Konflikte bis zum Äußersten ausgetragen wurden, enthält Schmitts Philosophie wenig Illusionen über die politischen Schranken menschlicher Zusammenarbeit. Seinen zweifelhaften Ruf als Philosoph verdankt er seiner aktiven Unterstützung des Nationalsozialismus während Hitlers Herrschaft. Dieses Bekenntnis zum Nationalsozialismus bedeutete keine Abkehr von seiner Philosophie, aber selbst die liberalsten demokratischen Philosophen sahen sich nun gezwungen, Schmitts Thesen entgegenzutreten.

KARL SCHMITT (1888-1985)

KATHOLISCHE ANFÄNGE

Karl Schmitt wurde 1888 in Plettenberg (Westfalen) als Kind streng katholischer Eltern geboren, die hofften, ihr Sohn werde die Priesterlaufbahn einschlagen. Schmitt entschied sich jedoch, ohne den Katholizismus seiner Familie abzulehnen, zum Studium der Rechte. Der Ausbruch des 1. Weltkrieges veranlaßte ihn aber, sich unbequeme Fragen zu den hohen sittlichen Idealen zu stellen, die ihm seine katholische Erziehung vererbt hatte. Während der Weimarer Republik machte Schmitt sich einen Namen als Gelehrter durch drei seiner bedeutendsten Werke: *Politische Theologie* (1922), *Die geistesgeschichtliche Lage des heutigen Parlamentarismus* (1923) und *Der Begriff des Politischen* (1932). Der scharfsinnige politische Realismus, der sich in seinen Schriften zeigt, ließ ihm vermeintlich nur zwei Wahlmöglichkeiten – Unterstützung Hitlers oder das Chaos. Er entschied sich für Hitler. Obwohl in den letzten Jahren Schmitts Werk wieder mehr in Mode gekommen ist, wird sein Ruf als Gelehrter auf Dauer beeinträchtigt bleiben.

DIE BERÜHMTE REDE NEVILLE CHAMBERLAINS *FRIEDEN FÜR UNSERE ZEIT*. FÜR SCHMITT BESTAND CHAMBERLAINS GRÖSSTER IRRTUM DARIN, NICHT ERKANNT ZU HABEN, WER SEINE POLITISCHEN FREUNDE UND WER SEINE FEINDE WAREN.

FREUNDE UND FEINDE

Das wesentliche Angriffsziel für Schmitts Realismus ist das auf einer liberalen Verfassung beruhende Verständnis vom Staat und damit der parlamentarischen Vorstellung von Politik, die jenes stützt und trägt. Für Schmitt erschöpft sich Politik nicht in Beratungen und Diskussionen von Abgeordneten, die Gesetze konstruieren, an die Staat und Staatsbürger gebunden sind. Ein solches Verständnis von Politik kranke an der Illusion, der Gegenstand der politischen Auseinandersetzung sei die Wahrheitsfindung. Die Ziele politischen Lebens sind für Schmitt Autorität, Ordnung und die Festlegung, wer im Kampf um knappe Ressourcen

Freund oder Feind ist. Folglich verwandelt sich jeder religiöse, moral-ökonomische, ethische oder sonstige Standpunkt in einen politischen – sofern er nur stark genug ist, menschliche Wesen in Freunde und Feinde einzuteilen. Zum Grundsatz, daß es in der Politik darauf ankomme, Freund und Feind zu definieren, gibt es laut Schmitt schlichtweg keine Ausnahme. Wenn sich der politische Kampf verschärft und in gewalttätigen Auseinandersetzungen eskaliert, wird dem jeweiligen Feind seine Menschlichkeit abgesprochen, um ihn zerstören zu können. Wahrheit und Gerechtigkeit über Autorität zu stellen, hieße, diese unverzichtbare Grundlage politischen Lebens zu ignorieren, und so eine Situation heraufzubeschwören, in der die immer wiederkehrenden Konflikte zwischen Freunden und Feinden in Akten der Gewalt endeten. Eine starke und unanfechtbare politische Autorität ist daher für jede Gesellschaft unabdingbar, die nach verantwortungsvoller Harmonie strebt. Der Staat muß in der Lage sein, mit außergewöhnlichen Umständen umgehen zu können, d. h. mit Krisen im Verlauf der Auseinandersetzungen zwischen Freunden und Feinden, sei es intern oder extern. Für Schmitt ist es der Souverän, der entscheidet, in welchen Fällen eine außergewöhnliche Entwicklung vorliegt. Es ist dies der Punkt, an dem sich der Staat über Gesetzeszwänge hinwegsetzt, an die er normalerweise gebunden ist.

OBEN: DER BRUTALE GRABENKRIEG IM 1. WELTKRIEG VERANLASSTE SCHMITT, SEINEN EIGENEN KATHOLIZISMUS IN FRAGE ZU STELLEN.
OBEN RECHTS: SCHMITTS VERBINDUNG ZU HITLER MACHT IHN ZU EINER UMSTRITTENEN PERSÖNLICHKEIT DER MODERNEN PHILOSOPHIE.

Simone de Beauvoir war die erste konsequent feministische Philosophin. Ihr berühmtes, 1949 veröffentlichtes Buch *Das andere Geschlecht* beinhaltet eine philosophische Darstellung der patriarchalischen Gesellschaft und der Stellung der Frau in ihr. Die Wirkung dieses Werkes war gewaltig, es veränderte in höchstem Maße den philosophischen und politischen Zugang zur Frauenfrage. Ein Großteil der vermeintlich „pro-weiblichen" Literatur vor Simone de Beauvoir konzentrierte sich eher auf die Interessen und die Rolle der Frau innerhalb der Familie, als auf ihre Rechte als Individuum.
De Beauvoir bediente sich der Philosophie des Existentialismus, den sie zusammen mit ihrem Lebenspartner Jean-Paul Sartre entwickelt hatte.

SIMONE DE BEAUVOIR (1908–86)

EIN LEBEN MIT DER PHILOSOPHIE

1908 in Paris geboren, legte de Beauvoir gemeinsam mit Jean-Paul Sartre an der Universität Sorbonne (Paris) ihr Examen ab; danach unterrichtete sie in Marseille und Paris. Da sie auch Romane verfaßte, schuf sie ein umfangreiches literarisches und philosophisches Werk. Während ihres ganzen Lebens und ihrer Karriere als Philosophin war ihre Beziehung zu Sartre durch die benachteiligte Stellung der Frau, die im Brennpunkt ihrer Schriften steht, gekennzeichnet.

EINE WEIBLICHE EXISTENZ

Als Existentialistin glaubte de Beauvoir, daß Menschen verantwortlich sind für den Sinn, den sie und andere ihrem individuellen Leben zuschreiben. Obgleich wir alle in eine Welt etablierter Normen und Wertvorstellungen hineingeboren sind, erfüllen wir sie mit unserer eigenen Wahl daraus – jedes Individuum ist im

IN *DAS ANDERE GESCHLECHT* DECKTE DE BEAUVOIR „DIE UNAKZEPTABLE BÜRDE WEIBLICHER UNTERORDNUNG WÄHREND DER GESAMTEN MENSCHHEITSGESCHICHTE" AUF.

wesentlichen seine oder ihre eigene Welt. – „Ein lebendes Wesen manifestiert sich ausschließlich in dem, was es tut ... es gibt keine Wesenhaftigkeit, die der Existenz vorausginge: Als reine Subjektivität ist das menschliche Sein nichts.“ – „Was die Stellung der Frau in bemerkenswerter Weise kennzeichnet,“ fährt de Beauvoir fort, „ist, daß sie, obwohl autonom und frei wie jedes menschliche Geschöpf, sich erst selbst entdecken und entscheiden muß – in einer Welt, in der Männer sie stets nötigen, sich als das andere Geschlecht zu akzeptieren.“ Was de Beauvoir unter diesem „Anderen“ versteht, ist bestimmend für ihre ganze Philosophie. Für de Beauvoir hat sich der Mann im Lauf der Geschichte als das einzig „essentielle Lebewesen“ definiert – als jenes, das am vollständigsten jene Eigenschaft verkörpert, die Mensch und Tier unterscheidet: die Vernunft. Die Frau wurde daher stets nur als das Andere des Mannes aufgefaßt.

Während der ganzen Menschheitsgeschichte wurde der Status der Frauen als das andere Geschlecht in den kulturellen Institutionen der patriarchalischen Vorherrschaft, vor allem in Ehe und Familie, festgelegt. Für de Beauvoir heißt das: „Du bist nicht als Frau geboren, du wirst dazu gemacht.“ Sie beschreibt die Einrichtung der Ehe als „obszön“, weil sie der Frau Individualität, die unabdingbare Grundlage menschlicher Freiheit ist, abspricht. Was eigentlich eine auf Liebe gründende spontane und gleichberechtigte Partnerschaft sein sollte, wird in Form der Ehe zu einem Unterjochungsvertrag, an den die Frau durch ihre unvermeidbaren Pflichten als Hausfrau und Mutter gefesselt ist.

DIE EMANZIPATION DES INDIVIDUUMS

De Beauvoirs Existentialismus, d. h. ihre Überzeugung, daß jedes menschliche Wesen die unerschütterliche Freiheit besitzt, dem eigenen Leben einen echten Sinn zu geben, führt sie hinsichtlich feministischer Strategie zu einer problematischen Position: Im Grunde muß sie sich damit auseinandersetzen, daß Frauen der Tyrannei zustimmen, die ihrer Individualität von den Männern aufgezwungen wurde. De Beauvoir war nicht der Ansicht, die Befreiung der Frau läge einfach im Angriff auf die Männer; und sie distanzierte sich deshalb von den amerikanischen Feministinnen der Sechzigerjahre. Nach de Beauvoir findet Emanzipation nur dann statt, wenn weibliche Individualität sich entwickeln kann und will.

Oben: Nach de Beauvoir ist die Ehe ein Vertrag, der die Frauen unterdrückt.
Unten: In den 60er Jahren demonstrierten Frauen für Gleichberechtigung. De Beauvoir glaubte, dass Frauen sich durch Arbeit und finanzielle Unabhängigkeit von männlicher Dominanz befreien können.

DIE FRANKFURTER SCHULE

Die unter diesem Namen bekannt gewordene Gruppe von Philosophen fand zusammen durch die Gründung des Instituts für Sozialforschung in Frankfurt im Jahr 1929. Sie hat nie eine einheitliche Philosophie entwickelt – dafür waren die philosophischen Ansatzpunkte zu unterschiedlich: Marx, Freud, Nietzsche, Weber. Aber es gab ein gemeinsames Ziel, das der Direktor des Instituts, Max Horkheimer, in seiner Antrittsvorlesung formulierte: Man wolle gemeinsam neue Methoden der Erforschung menschlicher Erfahrung entwickeln und dabei konkrete Fragen der Sozialwissenschaft mit allgemeinen Fragen der Philosophie verknüpfen.

Ankunft jüdischer Immigranten in den Dreissiger Jahren. Auch die Frankfurter Schule musste vor den Nazis fliehen. In den USA arbeiteten ihre Mitglieder lange mit der UCLA zusammen.

KRITISCHE THEORIE

Eine der Haupttriebkräfte, die diesem Programm zugrunde lagen, war die Abneigung der Frankfurter Schule gegenüber dem Wiener Kreis und dessen Positivismus, dem Menschen als bloße Fakten oder Objekte galten, deren Handlungen und Verhalten wissenschaftlich kalkuliert werden könne. Folglich könne man auch Tatsachen des menschlichen Lebens unabhängig von den Werten betrachten, die ihm zugeordnet werden. Dem Wiener Kreis galt jede philosophische Spekulation über die politischen Implikationen einer wie auch immer gearteten menschlichen Natur als suspekt. Dagegen wandte sich die Frankfurter Schule. Ihrer Meinung nach war dies eine ideologische Sicht, weil die vermeintlich rein wissenschaftliche Definition des Menschen in Wirklichkeit den ideologischen Zwängen des Kapitalismus entwachsen sei. Deshalb versuchte die Frankfurter Schule neue Wege der Sozialforschung einzuschlagen, bekannt geworden unter dem Begriff „Kritische Theorie". Der Kritischen Theorie ging es um Wachsamkeit gegenüber empirischen und normativen Erklärungen auf Kosten der philosophischen Reflexion.

DIE NEUE LINKE

1933, nach Hitlers Wahl zum Reichskanzler, ging die Frankfurter Schule ins amerikanische Exil. Die Ereignisse in Deutschland veranlaßten dort Theodor W. Adorno und Max Horkheimer ihr berühmtes Buch *Dialektik der Aufklärung* zu schreiben. Darin vertraten sie die Auffassung, daß zwar Wissenschaft und Technik unbestreitbar Träger des menschlichen Fortschritts gewesen seien, aber gleichzeitig für das Versinken der Menschheit in einer neuen Art der Barbarei verantwortlich seien. Sie sei nicht verursacht durch die herrschende politische Klasse, sondern durch ein historisch neues Technikverständnis, das die Massengesellschaft ergriffen habe.

Hervorstechendes Merkmal dieser neuen Form „instrumenteller Vernunft" ist ihr ständiger Zugriff auf alle Menschen und ihr gesellschaftliches Sein, was zu einer fortschreitenden Enthumanisierung in einer total bürokratisierten Gesellschaft führen müsse. Obwohl die Frankfurter Schule stark vom Marxismus beeinflußt war, sahen ihre Vertreter den Prozeß der Enthumanisierung nicht nur im kapitalistischen „Freien Westen", sondern gleichermaßen im „realsozialistischen" Osteuropa unaufhaltsam voranschreiten. Aufgrundlage dieser Kritik entstand in den Sechziger- und Siebzigerjahren die Neue Linke.

OBEN: TH. W. ADORNO SPRACH ANGESICHTS DES NATIONALSOZIALISMUS VON EINER „NEUEN ART DER BARBAREI". RECHTS: MAX HORKHEIMER BEMÜHTE SICH DARUM, KONKRETE FRAGEN DER SOZIALWISSENSCHAFT MIT ALLGEMEINEN FRAGEN DER PHILOSOPHIE ZU VERBINDEN.

Die ideologischen Konflikte, die den Westen zwischen den beiden Weltkriegen überfluteten, führten nach Ende des 2. Weltkrieges zur Konfrontation zwischen einem kapitalistischen und einem realsozialistischen Machtblock. Vor dem 2. Weltkrieg schwelende und virulente soziale und politische Spannungen wurden nach 1945 im Westen lange überlagert durch Konsumgesellschaft und Wohlfahrtsstaat. Den meisten politschen und Sozialphilosophen schien dies eine neue Entwicklungsphase von Kapitalismus und Demokratie zu sein. Marcuse war einer der ersten Sozialphilosophen, der den wirklichen Gang der Dinge im „Freien Westen" erkannte. In seinem berühmten Buch *Der eindimensionale Mensch* prangerte Marcuse die „ach so bequeme, sanfte, vernünftige, demokratische Unfreiheit" der spätindustriellen Gesellschaft an.

HERBERT MARCUSE (1898–1979)

VON FREIBURG NACH FRANKFURT

Marcuses philosophischer Weg begann in Freiburg in den Hörsälen von Heidegger und Husserl. Wegen seiner jüdischen Herkunft floh er vor den Nazis über Genf nach New York. Sein Exil wurde ihm erleichtert durch die Möglichkeit, bis 1940 am in die USA emigrierten Frankfurter Institut für Sozialforschung mitzuarbeiten. In den 40er Jahren arbeitete Marcuse für die US-Regierung und brachte dabei seine Kenntnisse des europäischen Faschismus und der europäischen Politik ein im Kampf gegen den Nationalsozialismus. Nach Kriegsende lehrte Marcuse an der Columbia und Harvard University.

Als einer der Angehörigen des berühmten Instituts für Sozialforschung wandte sich Herbert Marcuse vehement gegen eine technikbeherrschte Gesellschaft.

DER EINDIMENSIONALE MENSCH

Marcuses Sozialphilosophie ist eine Synthese von Marx, Freud und Hegel. Was Marx betrifft, greift Marcuse dessen These der ökonomischen Bestimmtheit auf und wendet sie auf den modernen Kapitalismus an. Dazu greift er auch auf die Hegelsche Dialektik zurück, z. B. wenn er sagt: „Es ist die Logik des Widerspruches, der Gegensatz von Kräften, Tendenzen und Elementen, die die Bewegung der Wirklichkeit vorantreiben und, sobald verstanden, auch den Begriff der Wirklichkeit." Organisatorischer Fortschritt in menschlichen Gemeinschaften wird durch den Widerstreit unterschiedlicher Kräfte bewirkt, das heißt zwischen Klassen und unterschiedlichen Vorstellungen der idealen Gesellschaft. In den westlichen Gesellschaften jedoch, so Marcuse, werde dieser fruchtbare Widerstreit unterdrückt und so der Weg zu einer vernünftigen Organisierung der Gesellschaft blockiert.

In *Der eindimensionale Mensch* behauptet Marcuse, daß gerade die im Westen meistgeschätzten Werte eher Instrumente der Unterdrückung als des Fortschritts sind. Die Wertschätzung wirtschaftlicher Freiheit im Westen habe zur bloßen Konsumgesellschaft geführt, und politische Freiheit gäbe es nur im Rahmen liberaler Demokratie. Marcuse ist der Meinung, daß die ökonomische Rationalität des fortgeschrittenen Kapitalismus darauf beruht, die wirklichen Bedürfnisse der Menschen zu negieren, um so den marktwirtschaftlichen Mechanismus von Produktion und Konsumtion aufrechtzuerhalten. Dieses System ist mittlerweile so perfektioniert, daß intellektuelle und ökonomische Kreativität und Produktivität durch weitgehend irrationale und überflüssige Freizeitaktivitäten wie Sport kompensiert werden. Die bewußte Ablenkung der Massen durch „panem et circenses" verhindert laut Marcuse, daß sie sich ernsthaft mit gesellschaftlichen Fragen befassen. Soziale Unzufriedenheit als Folge der Lohnsklaverei wird durch zunehmenden Konsumterror im Keim erstickt. Dieser prophylaktischen Unterdrückung jeglichen Widerstandspotentials entspricht in der Praxis der politischen Scheinfreiheit. In diesem Sinne ist für Marcuse die moderne Gesellschaft eindimensional. „Diese Gesellschaft ist als Ganzes irrational. Ihre angebliche Produktivität behindert die freie Entfaltung der menschlichen Bedürfnisse und Fähigkeiten, ihr sogenannter Friede beruht auf ständigen Kriegsdrohungen, und ihr Wachstum basiert auf der Unterdrückung der wirklichen Möglichkeiten, um den Existenzkampf friedlich zu gestalten – individuell, national, international."

OBEN: MARCUSE WAR ÜBERZEUGT, DASS DIE BREITEN MASSEN DURCH PASSIVE TEILNAHME Z. B. AN BASEBALL-VERANSTALTUNGEN VON DEN SOZIALEN UND POLITISCHEN PROBLEMEN IN DER WELT ABGELENKT WERDEN.

UNTEN: MARCUSE TEILTE FREUDS AUFFASSUNG, DASS DIE MENSCHLICHE ZIVILISATION AUF INSTINKTREDUKTION BERUHT. (EROS-STATUE)

HANNAH ARENDT (1906–75)

ARENDTS LEBEN SPIEGELT DIE IHRER MEINUNG NACH TYPISCHEN LEBENSVERHÄLTNISSE IM 20. JAHRHUNDERT WIDER. 1933 MUSSTE SIE WEGEN IHRER JÜDISCHEN ABSTAMMUNG EMIGRIEREN.

In der Zeit zwischen 1914 und 1945 erlebte Europa bislang nie dagewesene Unruhen. Die sozialen und politischen Verhältnisse, die Hitler und Stalin eine Plattform für ihre Tyrannei boten, enthüllen viel über den damaligen Zustand der Menschheit. Hannah Arendt war die erste Philosophin, die erkannte, wie sehr die Ereignisse des frühen 20. Jahrhunderts alles andere davor an Grausamkeit noch übertrafen. Arendt begriff sie als erschreckende, wenn auch extreme Widerspiegelung des erreichten Zustands der Menschheit. Aber das Werk Hannah Arendts bedeutet mehr, nicht zuletzt ist sie eine der eigenwilligsten Denkerinnen des 20. Jahrhunderts. Obwohl sie sich prinzipiell der politischen Philosophie verschrieben hatte, setzte sich ihr umfangreiches Denken über die selbstauferlegten Schranken der politischen Philosophie ihrer Zeit hinweg. Ihr Hauptanliegen bestand im Ergründen des Wesens politischer Gemeinschaften und deren moralischen Werten, die das Denken und Handeln der Bürger bestimmen.

Hannah Arendt wurde 1906 als Kind jüdischer Eltern in Hannover geboren. Nach der Machtergreifung Hitlers Anfang 1933 war sie gezwungen, ins Exil zu gehen. Sie hatte kurz zuvor ihren Doktortitel von der Universität Heidelberg erhalten. Nach einem kurzen Aufenthalt in Paris floh sie weiter nach New York. Hier ließ sie sich als Professorin an der New School for Social Research nieder, diese Stellung hatte sie bis zu ihrem Tod 1975 inne.

DIE URSPRÜNGE DES TOTALITARISMUS

In *Elemente und Ursprünge totaler Herrschaft* analysierte Arendt die Voraussetzungen der Regimes Hitlers und Stalins. Sie stellte die These auf, daß die Ursachen in der Entwicklung der Massengesellschaft wurzeln. Denn Industrialisierung und imperialistische Expansion haben einen Typ von Gesellschaft hervorgebracht, dessen Mehrheit sich politisch nicht betätigt, und dessen tägliche Sorge sich nur auf die Befriedigung materieller Bedürfnisse konzentriert. Mangelnde Erfahrung im politischen Handeln und im Umgang mit anderen Kulturen und Politikformen bedeutete, daß die Massen gegenüber irrationalen Politikdoktrinen empfänglich reagierten. Dies und die zunehmende Distanz vom wirklich bedeutsamen Gemeinschaftsleben, machte Deutschland und Rußland besonders anfällig für den Totalitarismus.

DIE BANALITÄT DES BÖSEN

In Hannah Arendts umstrittenen Buch *Eichmann in Jerusalem*, das auf *Elemente und Ursprünge totaler Herrschaft* folgte, untersuchte sie die Brutalität des Naziregimes. Sie wollte enthüllen, warum so viele, offensichtlich ganz gewöhnliche Bürger sich aktiv an den Massenmorden in Nazideutschland beteiligt hatten. Bei seinem Prozeß beanspruchte Eichmann für sich, lediglich Befehlen gehorcht zu haben, und er habe deshalb lediglich die geltenden Gesetze genauso beachtet wie jeder andere pflichtbewußte Bürger. Arendt entschuldigte Eichmanns Handlungen keineswegs, sie betrachtete sie vielmehr als Resultat der bedrohlichen Bürokratie des Hitlerregimes.

EIN GROSSER TEIL IN ARENDTS WERK NAHM DIE ERFORSCHUNG DES NATIONALSOZIALISTISCHEN VÖLKERMORDES EIN. IN *EICHMANN IN JERSUSALEM* SCHILDERTE SIE, WIE BEUNRUHIGEND „NORMAL" NATIONALSOZIALISTEN WIE EICHMANN (OBEN) WAREN.

DENKEN UND HANDELN

Arendt war der Meinung, das Verhalten der „Eichmänner" könne vermieden werden, wenn die politischen Strukturen es dem Bürger erlauben, aktiv am öffentlichen Geschehen teilzunehmen. Erlebte kulturelle und politische Vielfalt sowie aktive politische Auseinandersetzung machen weniger anfällig für derart rohe Parolen wie jene der Nationalsozialisten.

Arendt behielt ihre Sehnsucht nach der griechisch-antiken Polis bei. Sie glaubte, daß das Ideal des politisch aktiven Bürgers mit Platons völlig anderem Verständnis von Freiheit verloren gegangen sei. Sie behauptete, daß ab Platon das westliche Denken Freiheit nur noch außerhalb der Politik angesiedelt habe. Sie selbst hielt Freiheit für den Seinsgrund der Politik. Erfahrbar wird sie nur im politischen Handeln.

JÜRGEN HABERMAS (1929–)

LINKS OBEN: HABERMAS WIRD OFT ALS DER „LETZTE GROSSE RATIONALIST“ BEZEICHNET, WEIL ER ÜBERZEUGT IST, DASS DAS VERMÄCHTNIS DER AUFKLÄRUNG ERST NOCH ZU VERWIRKLICHEN IST. OBEN: IN EINEM KAFFEEHAUS DES 18. JAHRHUNDERTS. HABERMAS' DENKEN STEHT IN DER TRADITION DER AUFKLÄRUNG.

EINE LEBENDE LEGENDE

Habermas ist einer der bedeutendsten noch lebenden Philosophen. Schon sein bisheriges Werk ist hinsichtlich Bandbreite, Tiefe und Einfluß vergleichbar mit dem anderer großer Philosophen der Moderne, wie Karl Marx oder Max Weber. Auf Grundlage seiner Schriften lehrt seit zwanzig Jahren eine ganze Armada von Schülern an zahlreichen Universitäten in Europa, Amerika und anderswo. Der Hauptgrund für seinen guru-ähnlichen Status liegt darin, daß er in fast wissenschaftlicher Weise ein umfassendes Rahmenwerk für Forschung und wissenschaftlichen Diskurs geschaffen hat – sei es in den Bereichen Linguistik, Psychologie, Medien, internationale Beziehungen, Politologie und Philosophie im engeren Sinne. Oft wird er als „letzter großer Rationalist“ bezeichnet, und eben darin liegt seine Anziehungskraft. In einer Welt, die sich zunehmend verschließt gegenüber universalistischen Lösungen, Hoffnungen und Gewißheiten unterschiedlichster Art, bietet uns Habermas die Chance, den großen Traum der Aufklärung weiterzuträumen: nämlich den von der Schaffung einer Wissenschaft der menschlichen Beziehungen, auf die sich endlich die ideale Gesellschaft gründen könnte.

DAS PROJEKT DER MODERNE

1981 schrieb Habermas den Artikel *Moderne contra Postmoderne*. Im Widerspruch zum damals schon modischen Postmodernismus behauptete er, daß „das Projekt der Moderne

In seinen jüngsten Veröffentlichungen beschäftigt sich Habermas häufig mit Fragen, die aus der Wiedervereinigung Deutschlands im Jahr 1991 resultieren.

noch längst nicht vollendet ist". Gemeint war damit, daß das seit der Aufklärung gesteckte Ziel einer rationalen Durchdringung und Gestaltung der modernen Welt keineswegs abgeschlossen ist.

Wenn wir z. B. das weltweit populärste Charakteristikum der modernen Welt heranziehen, nämlich das Zweck-Mittel-Denken, müßten wir zwangsläufig pessimistisch denken hinsichtlich anderer, besserer Gesellschaftsentwürfe. Denn unter dem Zwang dieses Denkschemas strukturieren sich menschliche Gemeinschaften stets nur entlang egoistischer Eigeninteressen. Aber dieses Ideal einer ständig größer werdenden Verfügbarkeit der Welt für ein ständig anspruchsvoller werdendes bloßes Eigeninteresse hat seinen Preis. Bezahlt wird er durch den Verfall von Werten, die früher Individualität und Gesellschaftlichkeit zugleich ermöglicht haben. Religiöse Werte z. B. haben lange Zeit zum sozialen Zusammenhalt beigetragen – heute fallen sie der hemmungslosen Verfolgung von Eigeninteressen zum Opfer. Während der Aufklärung machte es noch Sinn, diesen Preis zu zahlen. Denn damals ging es gegen Aberglauben und die Übermacht der Religion, aber auch um die Schaffung politischer Institutionen, die Meinungsvielfalt ermöglichten.

KOMMUNIKATIVES HANDELN

Habermas geht es in keiner Weise um eine neuerliche Dominanz religiösen Denkens – im Gegenteil: Ihm geht es um die Bewahrung und Fortführung all dessen, was die Aufklärung der Religion sozial und politisch abgerungen hat. Anders gesagt: Er möchte all jene Elemente wiederbeleben und stärken, die grundlegend waren für die Herausbildung der Moderne, aber durch das Zweck-Mittel-Denken zugeschüttet worden sind. Er tritt dafür ein, daß die Gesellschaft soziales Handeln unterstützt, um so Strukturen zu entwickeln und verstärken, die mehr gegenseitiges Verständnis und Kommunikation ermöglichen. Nur so kann das Eigeninteresse als soziales Regulativ überwunden werden. Die von Habermas entwickelte Theorie, um dieses Ziel zu erreichen, heißt „Theorie des kommunikativen Handelns". Eines ihrer wesentlichen Bestandteile ist die These, daß unser aller gemeinsames Attribut, Sprachfähigkeit, alle notwendigen und allgemeinen Mittel bereithält, die einen breiten gesellschaftlichen Konsens ermöglichen.

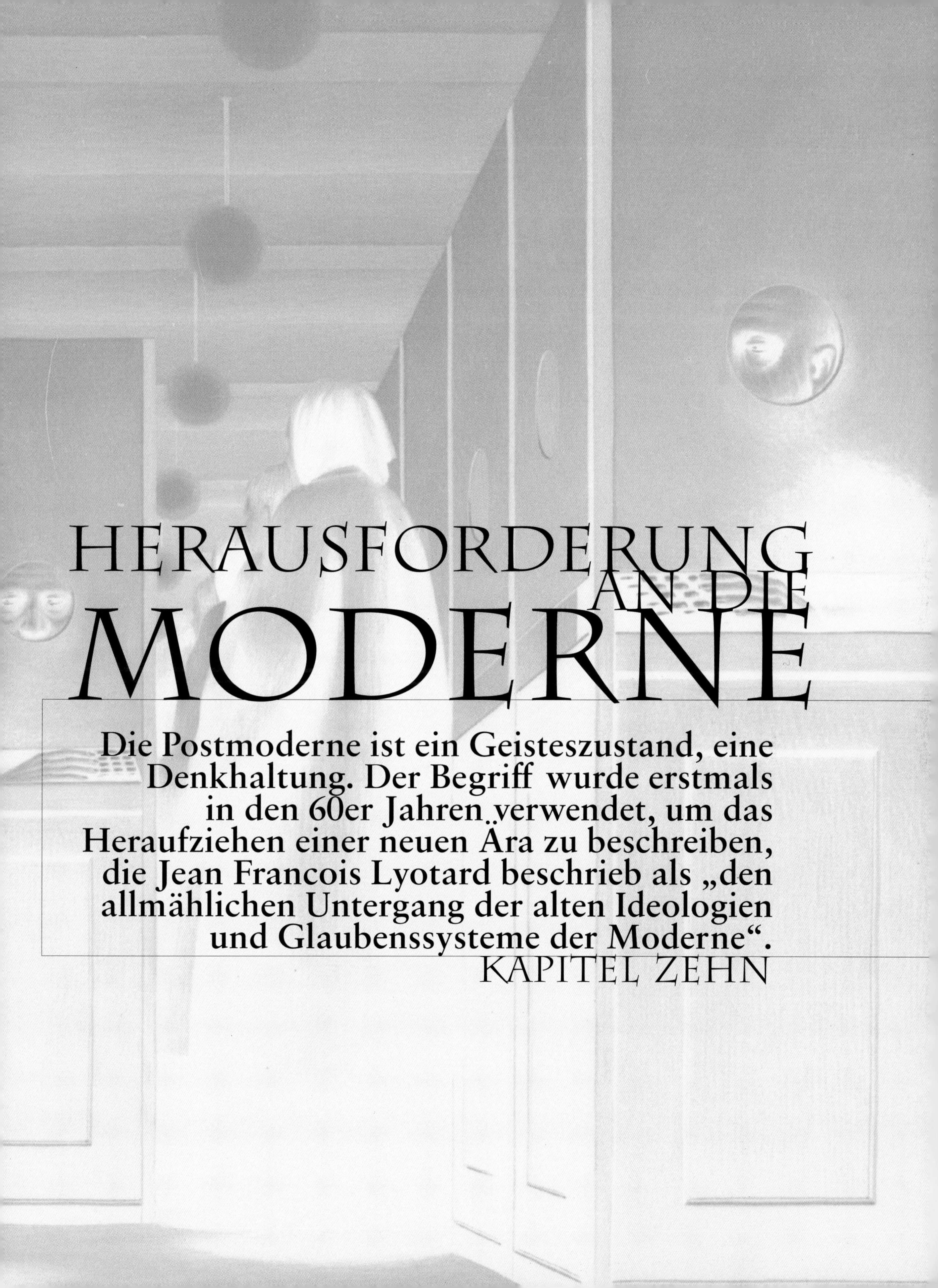

HERAUSFORDERUNG AN DIE MODERNE

Die Postmoderne ist ein Geisteszustand, eine Denkhaltung. Der Begriff wurde erstmals in den 60er Jahren verwendet, um das Heraufziehen einer neuen Ära zu beschreiben, die Jean Francois Lyotard beschrieb als „den allmählichen Untergang der alten Ideologien und Glaubenssysteme der Moderne“.

KAPITEL ZEHN

Bob Dylan trug maßgeblich bei zur Verwischung der Grenze zwischen „hoher" und „niederer" Kultur. Die Poesie seiner Songtexte hat manche veranlasst, ihn als großen Dichter zu bezeichnen.

Als die Philosophie im 18. Jahrhundert ihre Bande mit Theologie und Wissenschaft zerriß, hielt sie sich für eine Art Schiedsrichter der Kultur. Ob Ästhetik, Historiographie, Grammatik, ärztlicher Ethos oder Sozialforschung – immer forderten Philosophen das letzte Wort. Deshalb fungierte offensichtlich die Philosophie wie eine Art Torwächter zum Reich menschlichen Wissens. In den letzten Jahrzehnten jedoch ist die Vorstellung, es gäbe ein gesichertes Fundament menschlichen Wissens, ins Wanken geraten. Auch die Unterscheidung zwischen „Oberfläche" und „Tiefe" wurde in Zweifel gezogen. Die gesamte westliche Kultur stand auf dem Prüfstand – wobei die Philosophen weit über ihre angestammten „Territorien" wie Logik, Metaphysik, Wissenschaft und klassische Literatur hinausgingen. Zu ihren Arbeitsfeldern gehören mittlerweile auch die Massen- und Popkultur, also Film, Popliteratur, Werbung, Popmusik. Aus diesen neuen Arbeitsfeldern heraus entwickelten sich zugleich neue philosophische Konzepte und Theorien.

MASSENKULTUR UND PHILOSOPHIE

Die Massen- und Popkultur ist für moderne Philosophen ein wichtiges Studienfeld. Nirgendwo stellt sich moderne Kultur deutlicher dar als im Einkaufszentrum.

KULTURSTUDIEN

In den 80er Jahren hielt ein neues Forschungsgebiet Einzug in den geisteswissenschaftlichen Fakultäten in Europa und Amerika, von dort aus „Cultural Studies" genannt. Im Mittelpunkt standen Fragen der Identität. Dem postmodernen Philosophen Jacques Derrida gilt sie als Konstituens der Humanität. Er behauptet, daß die Art und Weise, wie wir uns selbst in-

nerhalb der Gesellschaft definieren und identifizieren, entscheidend ist für unser Verständnis von Moral und Wahrheit. Der moralische, intellektuelle und wissenschaftliche Fortschritt ist untrennbar verknüpft mit der jeweiligen kulturellen Identität. Die Popkultur wäre nichts, wäre sie nicht Ausdruck bestimmter, jeweils unterschiedlicher Formen von Identität, die – wie banal auch immer – bestimmte moralische, politische und philosophische Ansichten widerspiegeln. Ob Madonna oder Oprah Winfrey – die Massenkultur ist voll von Bildern und Ideen mit philosophischem Hintergrund.

MEDIEN-STARS SIND WESENTLICHER BESTANDTEIL DER MODERNEN KULTUR. VIELE ZEITGENÖSSISCHE PHILOSOPHEN SCHREIBEN EBENSO GERN ÜBER MADONNA WIE ÜBER POLITIK ODER ANTIKE PHILOSOPHEN.

DENKHALTUNG UND IRONIE

Die postmoderne Philosophie hat den Anstoß gegeben für die Beschäftigung mit der Massenkultur. Die postmoderne Denkhaltung plädiert für Vielfalt und lehnt den Gedanken ab, es gäbe irgendein Denksystem, das allen anderen überlegen wäre. Aber diese Herangehensweise hat auch einen Nachteil: Im Grunde reagiert sie zynisch auf eine Welt, die sie für zunehmend chaotisch und außer Kontrolle hält. Dieser Zynismus nimmt häufig die Form fatalistischer Ironie oder ironischer Parodie an.

KUNST UND KULTUR

Obwohl die postmoderne Kunst und Kultur der postmodernen Philosophie vorausging, ist sie dennoch Teil der gleichen Strömung. Die postmoderne Architektur zum Beispiel drückt eine bewußte Abwendung der von Ordnung und Symmetrie geprägten Architektur des 19. und frühen 20. Jahrhundert aus. In der Kunst hat die Pop Art sowohl puristische Kunstvorstellungen wie Massenkultur ironisch parodiert.

Der Charakter menschlichen Wissens hat sich durch die technischen Umwälzungen im 20. Jahrhundert einschneidend verändert.

Technik und Welt im Wandel

Globales Dorf

Zu gewissen Zeiten verläuft der technische Wandel derart dramatisch, daß Philosophie und Sozialforschung diesem Wandel auch hinsichtlich ihrer Begriffe Rechnung tragen müssen. So war es während der Industriellen Revolution, und so ähnlich ist es heute in der Informationsgesellschaft. Die neuen Informationstechnologien haben Charakter und Struktur menschlichen Wissens grundlegend verändert. Das unüberschaubare und unkontrollierbare Internet halten einige Philosophen für eine Art Mikrokosmos der postmodernen Welt.

Das Ende der Geschichte?

Die sogenannten „samtenen" Revolutionen, die in den späten 80er Jahren den Realsozialismus umkrempelten und schließlich zusammenbrechen ließen, änderten den Lauf der Geschichte am Ende des 20. Jahrhunderts. Eine der bekanntesten wissenschaftlichen Reaktionen darauf war ein Buch des Amerikaners Francis Fukuyama mit dem Titel *Das Ende der Geschichte*. Der Autor, u.a. ehemaliger Mitarbeiter im U.S. State Department, verkündete darin den endgültigen Sieg des liberalen Kapitalismus und der liberalen Demokratie. In An-

Der tschechische Bürgerrechtler Vaclav Havel wurde zu einer der bedeutendsten Persönlichkeiten der „sanften Revolution“ 1989 in den Staaten des ehemaligen Ostblock.

lehnung an Hegel behauptete Fukuyama, daß die Dialektik der Freiheit, die sich bisher durch die Geschichte gezogen habe, zum Stillstand gekommen sei. Und zwar deshalb, weil inzwischen der westliche Demokratie-Typus zur vollkommenen politischen Form von Gesellschaftlichkeit geworden sei.

Diese These ist in wissenschaftlichen Kreisen oft belächelt worden, aber Tatsache ist, daß sie bestimmten Tendenzen in der postmodernen Philosophie entspricht. Die Diskreditierung der Idee einer egalitären Gesellschaft hat zur Erosion revolutionären Bewußtseins geführt. Und dadurch fällt es der zeitgenössischen Philosophie immer schwerer, noch Alternativen zur herrschenden liberalen Demokratie zu entwickeln.

DIE NEUE WELTORDNUNG

Das Ende des Kalten Krieges hat die Weltordnung umgekrempelt. An Stelle des Konflikts zwischen Kapitalismus und Realsozialismus ist seither eine weitgehend chaotische Weltordnung getreten. Die vertrauten Ideologien sind nahezu verschwunden, in die dadurch entstandenen „Lücken“ sind Regionalismus, Nationalismus und religiöser Fanatismus eingedrungen.

KULTURELLE UNTERSCHIEDE

Bisher hatte es politische Philosophie mit zwei Hauptproblemen zu tun: sozialer Ungleichheit und ständig wachsender staatlicher Übermacht. Die aus der neuen Weltordnung resultierenden Konflikte haben der Philosophie neue Fragen aufgezwungen, vor allem diese: Welches politische System kann am besten die kulturellen Unterschiede kompensieren? Wenn der heutigen liberalen Demokratie eine Philosophie zugrundeliegt, die besagt, daß kulturelle Unterschiede grundsätzlich vereinbar sind – wie kommen wir dann zurecht in einer Welt, in der sich genau das Gegenteil abzeichnet?

Der Fall der Berliner Mauer hat die politische und kulturelle Landschaft in Europa radikal verändert. Die Ereignisse des Jahres 1989 waren für die Geschichte des Denkens ähnlich bedeutsam wie die Französische Revolution 1789.

Die Psychoanalyse hat die Philosophie in zwei verschiedene Richtungen geführt. Einerseits präsentiert sich die Psychoanalyse selbst als eine Wissenschaft von der menschlichen Seele. Praktizierende Psychoanalytiker behaupten, Erklärungen für alle Formen des menschlichen Verhaltens geben zu können. Andererseits gibt es Verfechter der Psychoanalyse, die jegliche in der Aufklärung und wissenschaftlichen Vernunft wurzelnden Erklärungen ablehnen. Damit allerdings steht auch die Theorie in Frage, ob Menschen überhaupt zum rationalen Handeln befähigt und Herren ihres eigenen Schicksals sind.

PSYCHOANALYSE UND PHILOSOPHIE

Freuds Werk bleibt umstritten. Nicht zuletzt wegen seiner Methode, die hauptsächlich in der Beratung von Frauen der österreichischen Mittelklasse bestand.

Das Bild des menschlichen Denkens zeichnete der österreichische Begründer der Psychoanalyse, Sigmund Freud, als in sich selbst gespalten, weniger rational, sondern mehr oder weniger neurotisch. Für Freud ist menschliches Denken eine Quelle psychischer Konflikte zwischen zwei widerstreitenden Komponenten: Da ist zum einen das „Es“, das für instinktive Bedürfnisse steht. Das „Es“ steht im Widerspruch zum „Über-Ich“, jenem Teil des Denkens, in dem gesellschaftliche Normen, soziale Zwänge und Werte repräsentiert sind und auf diese Weise die gesamte Verwirklichung der Triebe und Bedürfnisse des „Es“ beschränken. Der Konflikt zwischen dem „Es“ und dem „Über-Ich“ wird durch das „Ich“ reguliert, das sich mit der Realität als solcher auseinandersetzt, um seine subjektiven Wünsche und Bedürfnisse einzulösen. Insofern ist die menschliche Grundbefindlichkeit eine neurotische, weil unsere Wünsche, Bedürfnisse und Gefühle in einer Art Zwangsjacke stecken. Für Freud ist einer der schwerwiegendsten Gründe dieser neurotischen Struktur der Sexualtrieb, denn

Im kaiserlichen Wien erblickte die Psychoanalyse das Licht der Welt. Hier ging Freud seinen Forschungen nach und formulierte seine Theorie über die frühkindliche Entwicklung.

unsere anderen instinktiven Sehnsüchte wie beispielsweise Hunger etc. sind leichter zu befriedigen. Laut Freud kann die Unterdrückung der Sexualität auf den Ödipus-Komplex zurückgeführt werden, der durch die unbewußte sexuelle Beziehung zu unseren Eltern entsteht. Diese Sehnsüchte bleiben zum größten Teil unbewußt und unerfüllt, aber die jeweils subjektive Erfahrung und Bewältigung dieses Konflikts prägt laut Freud die jeweilige Persönlichkeitsstruktur. Deshalb besteht ein großer Teil der Psychoanalyse in der Erklärung und Interpretation des Unbewußten.

DAS UNBEWUSSTE

Innerhalb der psychologischen Hauptströmung ist Freuds Werk als unwissenschaftlich und bloße Manie eines Mannes abgetan worden, der von Sexualität besessen war. Aber Philosophie muß über Fragestellungen nachdenken, unabhängig von jenen, die über nur empirische Begründungen des menschlichen Seins hinausreichen. In ihrem Streben nach universellen Wahrheiten muß die Philosophie Argumente und Theorien erwägen, die bisherige Wahrheiten zweifelhaft erscheinen lassen. Wenn es einen Bereich des Denkens, von Freud Unbewußtes genannt, gibt, dann existiert ein großer Unsicherheitsfaktor in unserem Verstehen der menschlichen Existenz, der jeglicher Vernunft vorausliegt und sich dadurch rationaler Erklärung entzieht.

Konsequenterweise weckte Freud auch bewußt Zweifel über den Fortschritt der modernen Philosphie von Descartes, Locke, Hume bis zu Kant. Denn er war davon überzeugt, eine völlig neue Wissenschaft geschaffen zu haben. Er war jedoch nicht daran interessiert, aus der Unsicherheit, in die er das bisher geltende Verständnis von Rationalität gestürzt hatte, Kapital zu schlagen. Einer der neueren Philosophen, der Freuds revolutionäre Intervention zum Verständnis des menschlichen Denkens versucht hat weiter zu entwickeln, war der französische Philosoph Jacques Lacan (1901 – 81). Sein Werk, das er emphatisch als *Rückkehr zu Freud* ankündigte, konzentrierte sich auf die Rolle des Unbewußten im menschlichen Denken und versuchte, aufzuzeigen, wie weitgehend unsere Begriffe, Kategorien und Symbole mit dem Unbewußten verknüpft und vernetzt sind.

DAS UNBEHAGEN IN DER KULTUR

Abgesehen davon, daß die Psychoanalyse alle vorherigen Theorien der Genese menschlicher Subjektivität radikal in Frage gestellt hat, hat sie selbiges auch im Hinblick auf die menschliche Zivilisation als Ganzes getan. Es war Freud selbst, der unmißverständlich die Reichweite der Psychoanalyse festlegte. In seinem Buch *Das Unbehagen in der Kultur* behauptete er, daß der gesellschaftliche Fortschritt durch Kompensation und Sublimation unterdrückter Bedürfnisse stattfindet. Für Freud ist die Repression bzw. Kontrolle der natürlichen Bedürfnisse gleichbedeutend mit Zivilisation. Der Philosoph Herbert Marcuse hat den zentralen Schwachpunkt in Freuds Werk als fatales Paradoxon lokalisiert: „Der Begriff des Menschen, der Freuds Theorie zu Grunde liegt, ist die schwerwiegendste Anklage der westlichen Zivilisation – gleichzeitig aber die unerschütterlichste Verteidigung dieser Zivilisation. Laut Freud ist die Geschichte der Menschen eine Geschichte der Repression ... ein derartiger Zwang ist unabdingbare Vorraussetzung für den Fortschritt.“

Jahrhundertelang war die Pilosophie damit beschäftigt, die menschliche Existenz zu kategorisieren, weil sie glaubte, durch die Klassifizierung des psychologischen, moralischen, kulturellen, nationalen und internationalen Status des menschlichen Seins könne die Gesellschaft dementsprechend organisiert werden. Sogar Philosophen, die ansonsten forderten, dem Fortschritt der westlichen Gesellschaft kritisch gegenüber zu stehen, beteiligten sich an dieser Kategorisierung. Obwohl Marx beispielsweise der atomistischen Form von Individualität im Kapitalismus kritisch gegenüber stand, trug auch er zur Klassifizierung der Menschheit bei, indem er bestimmte menschliche Identitäten festlegte und zementierte. Im 20. Jahrhundert war der französische Denker Michel Foucault der erste Philosoph, der diese Tendenzen und die daraus folgenden Konsequenzen verstand. Sein Leben und sein Schaffen waren ein Kampf dagegen.

MICHEL FOUCAULT (1926–84)

GEFOLTERTER LEHRER

Foucault wurde 1926 in Poitiers, Frankreich, als Sohn wohlhabender Eltern geboren. Mit 20 Jahren wurde er in die École Normale Supérieure, einer Universität von hohem Ansehen in Paris, aufgenommen. In der École Normale Supérieure befand sich Faucault in scharfer Konkurrenz, als er bemüht war, sein Leben in die eigene Hand zu nehmen. Wenn dies wahr ist, so bezeugt es Foucaults selbstzerstörerische Charakterzüge, die sich auch durch sein späteres Leben zogen.

WISSEN UND MACHT

Foucault ließ sich von Friedrich Nietzsche inspirieren, der schon 100 Jahre früher die traditionelle Philosophie in Frage gestellt hatte. Nietzsche hatte Kants Frage „Warum ist menschliches Wissen möglich?“ durch die Frage ersetzt: „Warum ist menschliches Wissen notwendig?“. Seine Antwort lautete, daß menschliches Wissen notwendig ist, um dem „Willen zur Macht“ zu entsprechen. Nietzsche behauptete, daß die Suche nach der Wahrheit durch die Begierde nach Kontrolle und Erhaltung der menschlichen Existenz hervorgebracht wurde. Folglich heißt, die Wahrheit zu definieren, unseren jeweiligen Begriff von Wahrheit verstehen, und nicht, was die Wahrheit gerade unter den gegebenen Umständen ist. Laut Nietzsche kann keine Philosophie die Wahrheit definieren, ohne selbst dem „Willen zur Macht“ unterworfen zu sein. Foucault folgt Nietzsche dahingehend, daß Wissen und Macht deshalb untrennbar sind. Entsprechend folgert Foucault: „Macht und Wissen bedingen sich gegenseitig direkt. Es gibt keine Machtbeziehung, die ohne ein korrelatives Wissensfeld existieren könnte, und umgekehrt.“

Foucault zufolge ist also Macht nicht nur die Fähigkeit von Person A, Person B zu überzeugen, etwas zu tun, was sie ansonsten nicht tun würde. Daraus folgt, daß die Macht innerhalb der Gesellschaft nicht in Händen derer liegt, die über die staatlichen Machtmittel verfügen. Denn die Macht kann positiv oder negativ wirken. Der entscheidende Punkt dabei ist, ob sie ohne Gewalt auskommt. Dies ist dann der Fall, wenn und solange Menschen freiwillig an sozialen Normen festhalten, so daß physische Gewalt nur in Notfällen angewendet werden muß. Insofern, meint Foucault, „ist die Macht im Westen zwar nahezu omnipräsent, verschleiert sich aber am besten.“

LINKS: FOUCAULT WAR BESESSEN DAVON, SEIN LEBEN UND WERK ÜBER DIE GRENZEN DER NORMALITÄT HINAUSZUTREIBEN. RECHTS: FOUCAULT WAR ÜBERZEUGT, DASS DEFINITIONEN VON GEISTESKRANKHEITEN NUR INSTRUMENTE SOZIALER KONTROLLE SIND.

DISZIPLIN UND ORDNUNG

Foucaults Ziel als Philosoph war es, die versteckten Strukturen der Macht aufzudecken. Die Methode, die er dabei anwendete, war Genealogie (in Anlehnung an Nietzsches *Genealogie der Moral*). Diese Methode besteht in der historischen Reflexion über alle Begriffe von Wahrheit und Lüge, Gut und Böse, insofern sie mit dem Willen zur Macht innerhalb der Gesellschaft zu tun haben.

Eine der überzeugendsten Genealogien Foucaults war das Buch *Discipline and Punish*. Er beginnt darin mit der Beschreibung einer entsetzlichen öffentlichen Hinrichtung im 17. Jahrhundert. Diese Schilderung verdeutlicht eine Wende in den historischen Bestrafungsmethoden – nämlich von einer öffentlichen Hinrichtung, in deren Mittelpunkt die zu vernichtende Körperlichkeit stand, bis zu dem weniger „wahrnehmbaren und vernünftigeren“ Einsperren im Gefängnis, einer Bestrafungsart, die eher auf die Bewußtseinsveränderung abzielt. Dieser qualitative Sprung im Strafrecht reflektiert laut Foucault den Übergang zur „disziplinierten Gesellschaft“. Er verwendete dafür Jeremy Benthams Modell für ein perfektes Gefängnis, das Panopticon. „Das Anliegen des Panopticons – Beaufsichtigen und Beobachten, Sicherheit und Wissen, Einzel- und Gesamtbetrachtung, Isolation und Transparenz – fand seine nahezu perfekte Verwirklichung im Gefängnis.“

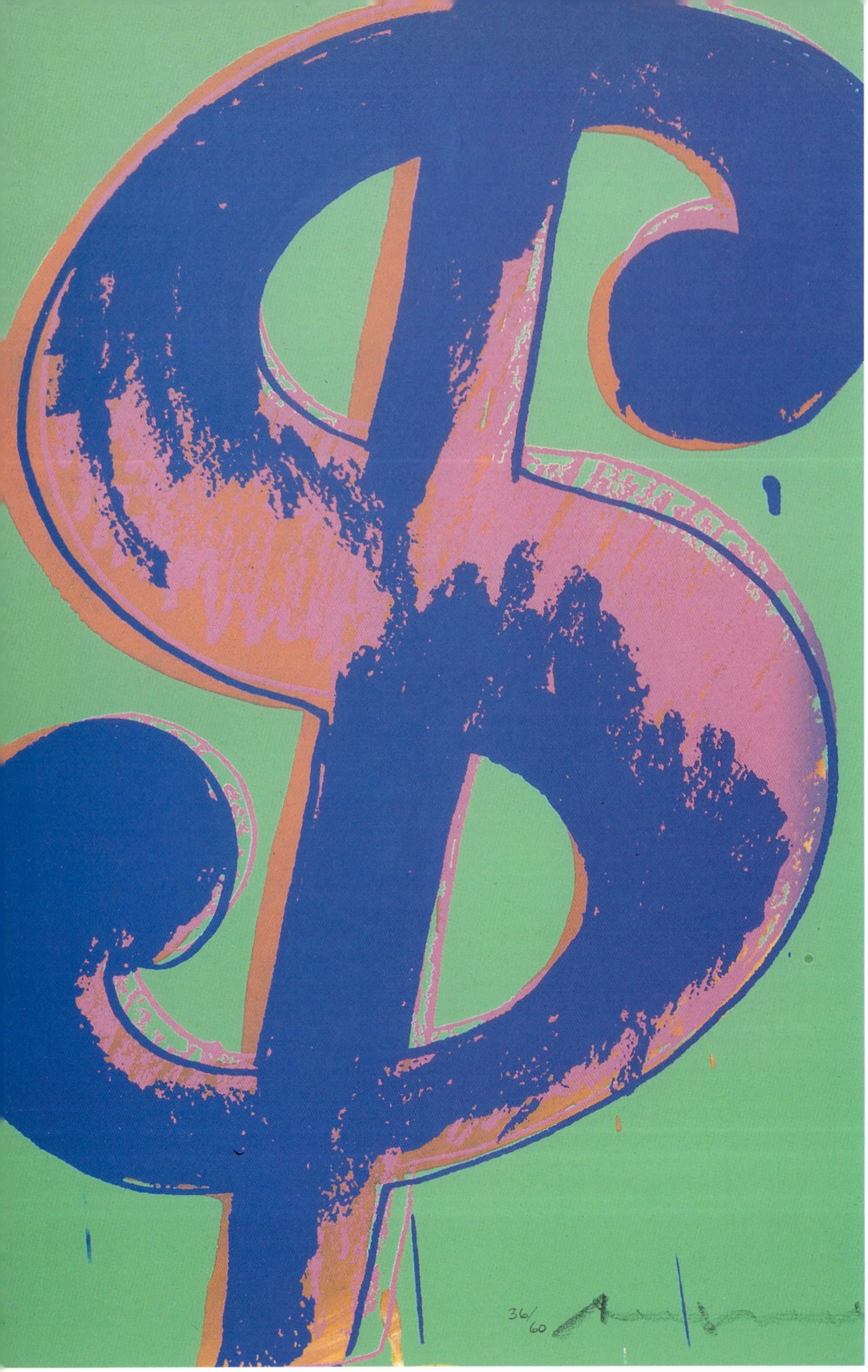

JEAN BAUDRILLARD (1929–)

Oben: Der Dollar – Realsymbol des amerikanischen Lebens. Baudrillards Philosophie erhellt eine von Massenmedien, Konsum und Geld geprägte Gesellschaft.

Baudrillard, 1929 in Reims geboren, gilt als einer der rätselhaftesten aller postmodernen Gurus. Von 1966 bis 1987 war Baudrillard Soziologieprofessor an der Universität in Paris. Während der 80er Jahre war er Angehöriger der berühmt-berüchtigten modernen Clique Pariser Intellektueller, die versuchten, die Philosophie an eine Art Soll-Bruchstelle und darüberhinaus zu treiben. Baudrillard ist berühmt für die Philosophie, die er um den Begriff der „Hyper-Realität" herum konstruiert hat. Dieser Begriff bezieht sich auf den virtuellen bzw. irrealen Charakter der zeitgenössischen Kultur im Zeitalter der Massenkommunikation und des Massenkonsums. Nach Baudrillard wurde Hyper-Realität z. B. während des Golfkriegs erzeugt, der als Medienspektakel inszeniert wurde, aber so nie wirklich stattgefunden hat.

DER TOD DER GESELLSCHAFT

Baudrillard behauptet in seinem Buch *Im Schatten der stillen Mehrheiten*, daß sich die heutige Gesellschaft in einer Phase der „Implosion" befindet. Er sagt, daß die alten Klassenstrukturen verschwunden sind und sich aufgelöst haben in einer „Leere der Masse", wie er es nennt: „ ... diese schwammige Sache diese undurchsichtige, aber zugleich durchlässige Realität, dieses Nichts: die Massen." Die Massen verstehen sich selbst längst nicht mehr als Klasse, weshalb der Begriff seinen Sinn verloren hat. Stattdessen werden sie von derart vielen Informationen überschwemmt, daß sich in Wirklichkeit Desinformation und Bedeutungslosigkeit einstellt. Sie sind so häufig durch Statistiken, Meinungsumfragen und Verkaufsstrategien dermaßen „durchleuchtet" und analysiert worden, daß sie gar nicht mehr auf aufgeklärte politische Vorstellungen reagieren. Sie haben in ihrer alltäglichen Wahrnehmung Ideologie, Religion und das transzendentale Streben, das eingeboren ist, schlicht absorbiert und kompensiert. Sie haben auch alle bisher gültigen Denkkategorien quasi heruntergeschluckt, die einst eine potentiell befreiende Macht waren. Laut Baudrillard ist das uns aufgezwungene Gesetz das Gesetz der Verwirrung der Denkkategorien: „Alles ist sexuell. Alles ist politisch. Alles ist ästhetisch. Alles gleichzeitig. Jede Denkkategorie ist bis zum größtmöglichen Ausmaß verallgemeinert worden, so daß sie ihre explanatorische Funktion längst verloren hat und austauschbar geworden ist."

HYPER-REALITÄT

Die „Vermassung" der Gesellschaft hat dazu geführt, daß sie auf herkömmliche Weise nicht mehr analysierbar ist. Baudrillard präsentiert eine neue Methode der Gesellschaftsanalyse in seinem berühmten Buch *Amerika*, das in Form eine Reiseberichts geschrieben ist.

Es beschreibt die Unwirklichkeit der amerikanischen Kultur, wie sie Baudrillard sieht. Seine Methode war es, bewußt schnellstmöglich durch Amerika zu reisen, sich absichtlich nicht genug Zeit zu lassen, um in die „Tiefen" der amerikanischen sozialen Wirklichkeit einzutauchen. Er nennt diese Methode „reines Reisen" und behauptet, daß sich auf diese Weise die Banalität der amerikanischen Kultur selbst enthüllt. „Der Punkt ist nicht, über die Soziologie des Autos zu schreiben, sondern damit zu fahren. Auf diese Weise erfährt man mehr über die Gesellschaft, als eine Akademie einem je vermitteln kann." Für Baudrillard ist Amerika eine Wüste, eine enorme kulturelle Leere, in der Wirklichkeit und Unwirklichkeit so miteinander verschmolzen sind, daß die Unterschiede zwischen beiden verschwinden. Das gesamte Leben der Menschen verläuft so, als wäre es eine Rolle in einem Film oder in einer Seifenoper. Trotz allem fällt Baudrillard kein moralisches Urteil über die zeitgenössische Kultur, er mißbilligt sie nicht. Die alte Logik von Gut und Böse ist für ihn heute derart verschwommen geworden, daß solch eine Untersuchung sinnlos erscheint.

OBEN: LAUT BAUDRILLARD IST AMERIKA DERART VON DEN MASSENMEDIEN ÜBERFLUTET, DASS DIE UNTERSCHEIDUNG ZWISCHEN REALITÄT UND FIKTION NICHT MEHR MÖGLICH IST. EIN BEISPIEL DAFÜR IST DIE INSZENIERUNG DER PRÄSIDENTENWAHL. UNTEN: 1991 STELLTE BAUDRILLARD DIE AUFSEHENERREGENDE THESE AUF, DEN GOLFKRIEG HABE ES NIE WIRKLICH GEGEBEN.

JEAN FRANÇOIS LYOTARD (1924–)

Jean F. Lyotard wurde 1924 in Versailles geboren und wurde einer der führenden postmodernen Philosophen – einer der wenigen, die in der Lage sind, dem Begriff „postmodern" eine zugängliche und verständliche Bedeutung zu geben. Seit 1952 hat Lyotard in Algerien, Paris und Kalifornien Philosophie gelehrt. Sein berühmtestes Buch *The Postmodern Condition* (1984) erregte glühendes Interesse an seinem Werk, das bis heute anhält.

DER POSTMODERNE ZUSTAND

The Postmodern Condition wurde als Bericht für die französische Regierung geschrieben, um den Stand des heutigen Wissens zu dokumentieren. Seine zentrale These ist, daß die Grundlagen des Wissens von einem modernen in einen postmodernen Zustand transformiert worden sind. Diese Umwandlung hat wesentlich die „Spielregeln der Wissenschaft, der Literatur und der Kunst" verändert.

Das herausragende Merkmal des Wissens in der modernen Welt war seine Suche nach universellen und feststehenden Antworten auf die großen Fragen der menschlichen Existenz: Wer bin ich? Was kann ich wissen? Was soll ich tun? Diese Fragen wurden durch wissenschaftliche, rationale und politische Begriffe beantwortet, die wenig Raum für Ausnahmen von den allgemeingültig aufgestellten Regeln zuließen. Die moderne Wissenschaft hat stets behauptet, daß

COONS BEWUSSTE ABSAGE AN ALLE TRADITIONELLEN KATEGORIEN VON KUNST, ÄSTHETIK UND MORAL ILLUSTRIERT DIE POSTMODERNE HALTUNG, WIE LYOTARD SIE BESCHREIBT.

die Natur eine Sprache hat, die, sofern wir sie nur richtig sprechen, uns befähigt, unser Schicksal zu kontrollieren; der Nationalismus hat uns verleitet, zu glauben, daß die individuellen Interessen eines jeden am besten im Nationalpatriotismus aufgehoben sind.

Die Liste der Versuche, eine universelle Sprache für die Menschlichkeit zu verwirklichen, ist lang. Laut Lyotard ist das charakteristische Merkmal der postmodernen Welt eine wachsende Respektlosigkeit gegenüber diesen allgemeinen Idealen. Die ersten Hinweise für diese Respektlosigkeit können bis Ende der 50er und 60er Jahre rückverfolgt werden, nachdem Europa begonnen hatte, sich von den Zerstörungen des 2. Weltkriegs zu erholen. Von dieser Zeit an entstanden neue Bedingungen, die den Wissensstand in den westlichen Gesellschaften einschneidend veränderten. Die Massengesellschaft (ein Resultat der Moderne) versank in einen Zustand, in dem sich die menschlichen Wünsche und Bedürfnisse vereinfachten und differenzierten. Konsum war angesagt. In dieser Welt, so Lyotard, „hört man Reggae, schaut man einen Western an, geht in der Pause schnell zu McDonalds, ißt abends gepflegt, benützt Pariser Parfüm in Tokio und trägt auf alt gemachte Kleider in Hongkong; „Wissen ist nur noch Inhalt von TV-Spielen."

In dieser neuen postmodernen Welt werden alle alten nationalstaatlichen Grenzen durch wirtschaftliche Globalisierung überschritten – mit dem Resultat, daß die großen Schemata nationaler Politik und politischer Strömungen überflüssig geworden sind. Machtlos stehen sie der Weltwirtschaft gegenüber, die außerhalb ihrer Kontrolle ist. In der Philosophie und den Geisteswissenschaften hat sich die Idee, daß man einen wissenschaftlichen Weg zum Verständnis von Gesellschaft und menschlichen Verhältnissen entwickeln könne, zerschlagen.

SPRACHSPIELE

Im Gegensatz zur früheren Suche nach allgemein gültigen Antworten will Lyotard einen anderen Weg des verständnisvollen Wissens und seinem Potential anbieten, eines, das mehr in Einklang mit den postmodernen Bedingungen steht. In seinem Buch *Le Differand* entwickelt Lyotard Denkansätze, die jeder einzelnen kulturellen Identität die Möglichkeit verschafft, als ein Sprachspiel verstanden zu werden. Innerhalb jedes einzelnen Sprachspiels sind Regeln, Methoden und allgemein gebräuchliches Vokabular enthalten, durch die sich Teilnehmer des Sprachspiels von den anderen unterscheiden. Des öfteren überlappt ein Sprachspiel mit dem anderen oder wird sogar von ihm „verschluckt". In dieser Welt der vielfältigen, überlappenden Sprachspiele hat kein einzelnes Sprachspiel die absolute Kontrolle.

LYOTARD IST ÜBERZEUGT, DASS DIE NEUEN MEDIEN, ERMÖGLICHT DURCH SATELLITEN-KOMMUNIKATION, WESENTLICH BEIGETRAGEN HABEN ZU EINER NEUEN WELTORDNUNG, WO NATIONALSTAATLICHKEIT KEINE ROLLE MEHR SPIELT.

EIN EKLEKTIZISTISCHER DENKER

Derrida wurde 1930 in Algerien geboren und zog in den 50er Jahren nach Paris um, wo er Angehöriger einer Gruppe von radikalen Denkern wurde, die beabsichtigte, sich von den Fundamenten westlicher Philosophie loszureißen. Sein wichtigster intellektueller Vorfahr ist Heidegger, der ebenfalls versucht hatte, mit den herrschenden Traditionen der Philosophie zu brechen. Bis zu einem gewissen Grad verwirklichte Derrida sein Ziel durch seine Respektlosigkeit gegenüber den traditionellen Grenzen der Philosophie. Sein Werk ist eklektizistisch und bezieht die Disziplinen Literaturtheorie, Soziologie, Psychoanalyse, Kunst, Linguistik und politische Theorie mit ein.

DER WESTEN

Die meisten unserer philosophischen und kulturellen Anschauungen sind an Unterscheidungen und Dualismen gebunden. Die meisten der universellen und politischen Abhandlungen drehen sich weitgehend um das Konzept des „Westens". Im Zentrum der menschlichen Zivilisation plaziert, wird der Westen mit Werten wie Vernunft, Fortschritt, Freiheit und Gerechtigkeit in Verbindung gebracht. Die Welt außerhalb des Westens wird unterschiedlich beurteilt, je nachdem wie weit sie von diesen Werten entfernt ist. Im Gegensatz zum „Westen" werden deren Werte mit Aberglaube, Despotismus und Irrationalismus gekennzeich-

JACQUES DERRIDA (1930–)

Jacques Derrida ist einer der wichtigsten heutigen Philosophen. Kein anderer Denker hat so radikal und umfassend die gesamte westliche philosophische Tradition in Frage gestellt, und kein anderer Philosoph hat so viele Anhänger, Interpreten und Kritiker gefunden. Zahlreiche Philosophen, vornehmlich in Nordamerika und Europa, haben ihre intellektuelle Karriere der Interpretation und Bewertung von Derridas Werken gewidmet. Jedes Buch, jeder Artikel und jedes Interview wurde bis ins kleinste Detail studiert. Derrida hat den Status eines Philosophen überschritten, er ist selbst zum Studienobjekt geworden. Sein Status hat sich zum „Derrida-Stil der Philosophie" gesteigert, der angefüllt ist mit eigenartiger Terminologie und einem postmodernen Jargon, der eine tiefsitzende Ungewißheit bei den interpretativen Kommentatoren auslöst.

In den 50er Jahren erzeugte McCarthys Kommunistenjagd im Westen eine Art Panikstimmung. Derrida sieht in McCarthy das Musterbeispiel mythischer Denkweise.

net. Für Jacques Derrida führt die Logik dieser Widersprüchlichkeit einen Weg hinab in die elementarsten Fragen menschlicher Identität. Sie kann angesiedelt werden bei den unscheinbarsten Werten und Strukturen der Sprache, die wir verwenden. Sie kann auch in den gefeiertsten westlichen Romanen, Dichtungen und Philosophien aufgedeckt werden. Darüber hinaus glaubt Derrida, in der Nachfolge seines philosophischen Mentors Martin Heidegger, daß die Ursprünge dieser Unterscheidung auf der alten griechischen Unterscheidung zwischen Logos und Mythos basieren. In der Antike symbolisierte der Geist Ordnung und Vernunft, während dem Mythos Aberglaube und Mysterium zugeschrieben wurden. Diese Unterscheidung, die sich im Christentum bewahrt hat, wurde zum Mittelpunkt der kulturellen europäischen Identität. Laut Derrida ist diese Unterscheidung so dominant, daß sie in unserer Kultur internalisiert worden ist. Die Geschichte der westlichen Philosophie ist deshalb für Derrida im wesentlichen die Geschichte von Versuchen, dieser Unterscheidung mehr Ansehen zu verleihen, um es mit dem Siegel der Gewißheit und Wahrheit auszustatten.

DEKONSTRUKTION

Die Aufgabe, die Derrida sich selbst gestellt hat, ist, der Dominanz des Logos in der westlichen Kultur auf die Spur zu kommen. Er stößt dabei überall auf diesen Logo-Zentrismus – im ganzen Gefüge westlicher Sprache und Kultur. Die Methode, nach der Derrida dabei vorgeht, nennt er „Dekonstruktion". Dekonstruktion meint eine Art „Rückdeutung", nämlich aufzuzeigen, wie sehr alle früheren Versuche, die abendländische Kulturgeschichte unter dem Logos-Aspekt zu beschreiben, in Wirklichkeit von seinem Mythos-Gegenpol her bestimmt waren.

Wenn die westliche Kultur versucht ihre Geschichte zu erklären, so tut sie dies also, indem sie Methoden der mythischen Geschichtenerzähler benutzt. Dem Aufstieg von Vernunft und Freiheit wurde ein heroischer oder tragischer Sockel untergezogen, und eben dadurch widersprechen sich die Werte der Logik, mit denen man sich traditionell zu identifizieren scheint. Derridas Methode der Dekonstruktion ist z. B. nützlich, um die Art und Weise, auf die rassische Identitäten kreiert werden, aufzuzeigen.

LINKS: DERRIDAS BESCHÄFTIGUNG MIT PROBLEMEN KULTURELLER IDENTITÄT FINDET SEINE ENTSPRECHUNG IN DER WESTLICHEN REZEPTION DER HEUTIGEN ISLAMISCHEN WELT. IHR BILD IM WESTEN IST WEITGEHEND VERZERRT DURCH DEN FANATISMUS DES RADIKALEN ISLAM. BIS ZUM ENDE DES KALTEN KRIEGES WURDE GANZ OSTEUROPA MIT ÄHNLICHEM MISSTRAUEN BEOBACHTET.

THOMAS JEFFERSONS BEFÜRWORTUNG RELIGIÖSER TOLERANZ HAT IHN FÜR RORTY ZU EINEM POLITISCHEN HEROS GEMACHT.

RICHARD RORTY

LEBENSLAUF:

1931 Geboren in Chicago
1956 Rorty erwirbt den Doktortitel in Yale
1979 Rorty wird Präsident der Amerikanischen Philosophischen Gesellschaft, und sein kritisch umjubeltes Werk *Philosophie und der Spiegel der Natur* wird veröffentlicht.
1982 *Konsequenzen des Pragmatismus* wird veröffentlich
1982 *Zufall, Ironie und Solidarität* wird veröffentlicht.

Im 20. Jahrhundert ist die Philosophie ein Wissenszweig geworden, dessen Weisheit für die meisten als uninteressant gilt. Denn sie ist oft angefüllt mit fremdartigen und oft bedeutungslosen Fremdwörtern, die entweder unwichtig oder banal zu sein scheinen. Philosophen sind also Spezialisten, die entweder so gut wie nie ihre speziellen Fachgebiete verlassen oder selten zu einer breiteren öffentlichen Diskussion über Fragestellungen beitragen, um die es wirklich geht. Philosophie hat natürlich schon immer Wert auf Distanz von der restlichen Kultur gelegt, und in den letzten Jahren vergrößerte sich diese Distanz immer mehr. Die Rolle, die die Philosophen einst spielten, nämlich eine Art weltliche Priester, die zur Lösung von intellektuellen Problemstellungen befragt wurden, die sonst von niemandem gelöst werden konnten – wurde überflüssig durch das Anwachsen der Zahl von Spezialisten. Deren Autorität für bestimmte Sachgebiete reichte normalerweise aus, um zufriedenstellende Antworten in verständlicher Form zu geben. Aber es gab und gibt auch eine gegenläufige Bewegung, nämlich ein Anwachsen des Interesses an dem „großen toten Philosophen" – offenbar glauben immer oder immer wieder viele Menschen an eine Art höherer Weisheit der Philosophie.

Ein Philosoph, der die Krise der Philosphie eingesteht, aber willens ist, sich mit dem Schattendasein, in der Philosophie sich heute befindet, zu konfrontieren, ist Richard Rorty. Als Autor von einigen sehr umstrittenen Philosophiebüchern während der letzten 15 bis 20 Jahre, hat Rorty die zeitgenössische akademische Philosophie in den Wind geschlagen – mit der Konsequenz, daß er sich damit den Zorn der Philosophenzunft zugezogen hat. Er hält trotz allem standhaft an seiner Auffassung fest. Der Philosophie gegenüber skeptisch zu sein, ist ja auch nichts Neues. Einer der philosophischen

Helden Rortys ist der amerikanische Philosoph John Dewey, der schon nahezu ein Jahrhundert vorher schrieb, daß die Philosophie heraus aus den Akademien in die Öffentlichkeit getragen werden müsse. Aber nur wenige haben seither diese Auffassung so klar und überzeugend vorgetragen wie Rorty.

PHILOSOPHISCHE THERAPIE

Der Grund, warum Philosophie weiterhin in der Sackgasse der Unverständlichkeit geblieben ist, liegt für Rorty in ihrer nahezu sturen Suche nach absolut sicherem Wissen bzw. der Wahrheit schlechthin. Einmal in der Sackgasse angelangt, hat sich Philosophie lange Zeit mit sich selbst beschäftigt, um ihre eigene Legitimität zu beweisen – nicht mehr mit der Wirklichkeit.

In *Philosophie und der Spiegel der Natur* behauptet Rorty, daß die meisten Behauptungen der Philosophen hinsichtlich Wahrheit und Wissen eher nebensächlichen als objektiven Charakter haben. Für Rorty ist Philosophie einfach nur „eine Stimme von vielen im Gespräch der Menschheit miteinander" – neben wissenschaftlichem Diskurs, Politik oder Kunst. Selbst wenn irgendwann irgendein Philosophen-Genie eine derart revolutionäre Philosophie entwickeln sollte, daß alle anderen Philosophen verrückt werden und das Gespräch der Menschheit seine Richtung ändert. Derartig dramatische Richtungsänderungen jedoch waren selten. Descartes und Hegel waren Ausnahmen – ansonsten blieben Philosophen meist gefangen im jeweiligen Zeitgeist. Eine der selbstgestellten Aufgaben Rortys ist es, andere Philosophen zu überzeugen, daß sie gleichberechtigte Partner im großen Gespräch der Menschheit sind – nichts Besonderes. Insofern schlüpft Rorty quasi in die Rolle eines Therapeuten, dessen Patienten Philosophen sind, die es von ihrem Wahn zu heilen gilt, mehr zu wissen als andere.

Aber keineswegs überraschend weigern sich viele Philosophen, sich dieser Therapie zu stellen – was für Rorty bedeutet, mehr zu sein als ein Therapeut für Philosophen. Er muß die Grundidee der Philosophie schlechthin angreifen: Daß es nämlich eine Wahrheit jenseits oder außerhalb der Welt der Erscheinungen gäbe. Dazu sagt Rorty schlicht nein – Wahrheit ist lediglich eine Frage der Sprachlichkeit. Das soll heißen: Wahr ist nur das, was wir im Medium der Sprache intersubjektiv als wahr definieren. Dies wiederum hängt weniger von wissenschaftlich-objektiver Genauigkeit ab, als von historischen und sozialen Kontexten.

GANZ OBEN: IN DEN AUGEN RORTYS HAT GEORGE ORWELLS *1984* MEHR ZU UNSEREM DEMOKRATISCHEN SELBSTVERSTÄNDNIS BEIGETRAGEN ALS JEDE PHILOSOPHISCHE THEORIE. OBEN: RORTY HAT PREDIGER WIE BILLY GRAHAM ALS „GESPRÄCHSUNTERBRECHER" BEZEICHNET. DENN FÜR RORTY IST RELIGION NUR EINE SCHEINANTWORT AUF DIE FRAGE: WIE SOLLEN WIR MIT UNSEREM ALLEINSEIN UMGEHEN? DARAUF KANN NUR EIN ÖFFENTLICH UND DEMOKRATISCH ORGANISIERTES LEBEN ANTWORT GEBEN.

GLOSSAR

A priori-Wissen: Wissen, das der Erfahrung vorausgeht. In der Philosophie verbindet man es mit der Vorstellung,daß der menschliche Verstand Ideen besitzt, die die Grundlagen menschlicher Vernunft und menschlichen Verstehens bilden. Jedoch bezieht sich a priori auch auf Formen der Rektifikation in Streitfragen, die nicht auf sinnlicher oder anderer Art von Erfahrung beruhen. Siehe auch Descartes und Kant.

Analytische/synthetische Unterscheidung: Eine Theorie des menschlichen Urteilens, die von Immanuel Kant entwickelt wurde. Sie besagt, daß Behauptungen und Urteile entweder analytisch oder synthetisch sein können. Bei einem analytischen Urteil ist das Prädikat (der vorausgesetzte Begriff) bereits im Subjekt enthalten, während bei synthetischen Urteilen das Prädikat nicht im Subjekt enthalten ist, sondern etwas Neues hinzugefügt wird. Die Behauptung, „Alle Junggesellen sind unverheiratet." ist demnach analytisch und die Behauptung „Alle Junggesellen wollen nicht geheiratet werden." ist synthetisch.

Bürgerliche Gesellschaft: Die Sphäre nicht staatlich determinierter Institutionen, in denen Bürger von sich aus an politischen, kulturellen und ökonomischen Aktivitäten teilnehmen und damit ihre individuelle und kollektive Identität gestalten. Dieser Begriff der „bürgerlichen Gesellschaft" wurde in der politischen Philosophie besonders kontrovers diskutiert; die Ansichten, seine Reichweite und Funktion betreffend, erweisen sich als zentral für die Bestimmung einzelner philosophischer Schulen. Siehe auch Locke, Rousseau, Gramsci.

Dekonstruktion: Eine zeitgenössische philosophische Methode, die weitgehend dem Werk von Jacques Derrida zuzuschreiben ist. Sie beschäftigt sich mit dem Aufspüren des fehlenden Zusammenhangs und der Zufälligkeit (Kontingenz) philosophischer Argumente. Der Dekontruktionist geht so vor, daß er philosophische Argumente gegeneinander ausspielt.

Descartes' Dualismus: Die von René Descartes entwickelte Idee, Verstand und Körper seien zwei getrennte Bereiche, die sich trotz ihrer offensichtlichen Unvereinbarkeit gegenseitig irgendwie beeinflußen. Diese Theorie wirft eine Menge Probleme auf, z. B.: Wie können körperliche und geistige Sphären miteinander kommunizieren? Gibt es universelle Naturgesetze, die für beide Bereiche maßgebend sind? Ist die Welt gänzlich geistiger Natur?

Dialektik: Eine Philosophie der Logik, die ihren Blick auf die Strukturen der Welt und deren Entwicklung ausdehnt. Die bekannteste dialektische Philosophie hat Hegel ersonnen, dessen holistische Sicht der Realität von der Vorstellung geprägt war, menschliche Vernunft sei ein Prozeß von These, Antithese und Synthese.

Empirismus: Eine philosophische Schule, die Wissen als von sinnlicher Erfahrung bestimmt sieht. Siehe auch Locke, Berkeley, Hume.

Epistemologie/Erkenntnistheorie: Die Theorie des Wissens/Erkenntnistheorie. Genauer gesagt, das Studium der Grenzen und Bedingungen von Wissen/Erkenntnis und deren Rektifikation/Verifikation.

Existentialismus: Eine aus den Arbeiten Kierkegaards, Heideggers und Sartres entwickelte philosophische Bewegung, die die Idee vertritt, jedes Individuum sei jeweils seine oder ihre eigene Welt.

Falsifikation: Ein Begriff Karl Poppers, um die Grenzen zwischen Wissenschaft und Nicht-Wissenschaft zu bezeichnen. Popper behauptete, daß Wissenschaft durch Falsifikation anerkannter wissenschaftlicher Theorien fortschreite. Diese würden nach eingehender Überprüfung von überzeugenderen ersetzt. Theorien, die beanspruchten, gegen mögliche Falsifikation immun zu sein, seien nicht wissenschaftlich.

Humanismus: Eher eine allgemeine Sicht der Dinge als eine spezifische Denkschule. Der Humanismus weist der Menschlichkeit und den menschlichen Wesen eine größere Bedeutung innerhalb der Ordnung der Dinge zu als etwa Gott oder der Natur. Der Begriff kam im 19. Jahrhundert in Mode, wurde aber zur Beschreibung der Renaissance-Philosophie verwendet.

Hyperrealität: Die Theorie, daß es in einer Welt, in der Massenkultur und Massenmedien das Leben bestimmen, zunehmend schwierig wird, zwischen Wirklichkeit und Fiktion zu unterscheiden. Anders ausgedrückt: Die Symbole und Metaphorik der Massenmedien haben die zeitgenössische Kultur so sehr durchdrungen, daß man sie, wie im

Extremfall der Vereinigten Staaten, als „hyperreal" beschreiben kann. Siehe auch Baudrillard.

Idealismus: Eine philosophische Schule, die postuliert, die Realität spiele sich nur im Verstand ab. Oder: Objekte, die offensichtlich inhärente Eigenschaften – unabhängig von ihrer Widerspiegelung im Verstand – haben, sind vollständig verstandesmäßig koordiniert.

Kommunikatives Handeln: Die gegenwärtig sehr verbreitete Theorie des kommunikativen Handelns wurde von dem zeitgenössischen deutschen Philosophen Jürgen Habermas entwickelt. Einfach ausgedrückt, meint man damit Handlungen, die Verstehen und Kommunikation hervorbringen. Denn das, so Habermas, sei das vordringlichste Projekt der modernen Welt.

Logo-Zentrismus: Ein Begriff des Philosophen Jacques Derrida, um die zentrale Rolle logischer Anschauungen innerhalb der westlichen Kultur zu bezeichnen.

Metaphysik: Die philosophische Untersuchung der Natur und Struktur von Wirklichkeit. Im Gegensatz zur Physik ist die Metaphysik mit der Erklärung der außer- und nichtphysikalischen Welt befaßt, z. B.: Gott, menschlicher Seele und Beschaffenheit von Raum und Zeit.

Ökonomischer Determinismus: Ein entscheidendes Element der marxistischen Philosophie. Der ökonomische Determinismus gründet auf der Vorstellung, daß die ganze menschliche Geschichte vom Verhältnis des Menschen zu seinen Produkten bestimmt ist. Folglich können soziale, kulturelle oder politische Erscheinungen nicht außerhalb ihrer wirtschaftlichen Bedeutung erklärt werden. So kann man Nationalismus oder nationale Identität nur mit Hilfe ihrer wirtschaftlichen Ursprünge verstehen.

Paradigmen: Ein Entwurf von Thomas Kuhn, der es unternimmt, eine Philosophie der Wissenschaft zu skizzieren. Nach Kuhn entwickelt sich die Wissenschaft nicht linear und schrittweise näher auf die Wahrheit zu. Mit Wissenschaft konnte und kann man sich in jeder beliebigen Epoche auseinandersetzen, wenn man nur ein tonangebendes System von Werten und Anschauungen (d. h. ein Paradigma) hat; dieses Paradigma liefert die Kriterien, die jeden beliebigen wissenschaftlichen Anspruch für glaubwürdig erklären, anstatt über ein objektives Kriterium der Wahrheit zu verfügen.

Postmoderne: Eine philosophische Bewegung in Opposition zu Philosophien, die sie für modern hält, z. B. jenen im Gefolge der europäischen Aufklärung. Sie bekämpft deshalb auch die Vorstellung einer universalen Vernunft oder einer objektiven Erkenntnistheorie oder ganz allgemein, daß es dauernde Fundamente menschlichen Wissens geben könne. Postmoderne Philosophen halten das menschliche Denken und Wissen für durch und durch historisch bedingt und zufällig.

Pragmatismus: Eine im wesentlichen amerikanische philosophische Schule, die auf das 19. Jahrhundert zurückgeht. Es gibt zwar verschiedene Schulen des Pragmatismus, aber die meisten Anhänger dieser Philosophie berufen sich auf das grundlegende Argument, daß menschliches Wissen/menschliche Erkenntnis sich eher auf die Zufälligkeiten der menschlichen Evolution und menschlicher Werte/Interessen gründet als auf die Vernunft.

Sein: Ein äußerst vielgestaltiger Begriff, der seit der griechischen Antike bis heute die unterschiedlichsten Bedeutungen in der Philosophie angenommen hat. Die jüngste Ausformulierung erfuhr dieser Begriff bei Martin Heidegger. In seinem Buch Sein und Zeit postuliert Heidegger, daß das 'Sein' den Geschöpfen und Gegenständen vorangehe, weil es die Bedingungen schaffe, sie zu verstehen und ihnen Bedeutung zuzumessen.

Sprachspiele: Eine Sprachphilosophie des Philosophen Ludwig Wittgenstein, die Sprache als komplexes Netzwerk sich überlappender Sprachspiele einzelner Sprecher versteht. Nach Wittgenstein ist jede Äußerung ein Zug in einem Sprachspiel. Sprachspiel ist mehr als ein linguistisches Verfahren, Sprachspiele sind auch Ausprägungen des Lebens. Es gibt aber keine universelle Vernunft, die die Regeln aller Sprachspiele untermauert. Das bedeutet, daß Philosophie selbst ein Sprachspiel ist.

Totalitarismus: Ein sehr kontroverser, sozialer und politischer Entwurf, der in den 50er und 60er Jahren in Mode kam, um die Regimes Stalins und Hitlers zu beschreiben und zu vergleichen. Die Definition Hannah Arendts wirkt äußerst zwingend: sie hält totalitäre Regime nicht nur für Diktaturen. Denn das herausragende Merkmal totalitärer Regime ist die Anwesenheit von totaler Furcht, die das Leben eines jeden menschlichen Wesens durchdringt.

Unveräußerliche Rechte: Die Idee wurde während der Aufklärung populär und besagt, daß menschliche Wesen bestimmte fundamentale, möglicherweise natürliche Rechte haben, die ihnen nicht verweigert werden dürfen. Zum Beispiel das Recht auf Eigentum, Schutz, Nahrung usw. Siehe auch Thomas Paine.

INDEX

Kursive Zahlen gehören zu Bildunterschriften

Absoluter Staat 68-9
Achtfacher Pfad 29
Adorno, Theodor W. 163, *163*
Akademie 18, *19*, 20
Alexander der Große 11, 20, *21*, 22, 23, 23
Ambrosius, Heiliger 43
Amerikanische Revolution 94-5, 97
Analytische Philosophie 133, 136
Anarchismus 102, 106, 107
Anaximander 14-15
Anaximenes 15
Anderson, Benedict 151
Aquin, Thomas von 50-1, *50-1*, 53
Arendt, Hannah 166-7, *166*
Aristoteles 12, 14, 16, *201*, 201, 23, 50, 53, 66, 72, 77, 78
Athen 11
Aufklärung 72-3, 98, 100
Aufklärung: Europäische 26, 71-9, 95, 126, 127, 134, 148, 168, 169, 176
Augustinus, Heiliger, 43, 44, 45, *46-7*, 46-7, 48, 50, 51, 53

Bacon, Francis 66-7, *66-7*, 76
Bacon, Roger 52
Baudrillard, Jean 180-1
Beauvoir, Simone de *129*, 160-1, 160
Bentham, Jeremy 134-5, *134*, 179
Berkeley, George 84-5, *84*
Bestrafung 135, 179
Blake, William *116*
Brahma 30
  freier Wille 48, 81
  Protestantismus 157
  Schöpfung 46-7, 49, 51
  Existenz 26-7, 50, 78, 81
Buddha 28-9, *29*
Buddhismus 26, 27, 28-9, 28-9
Burke, Edmund 97, 98-9, *98-9*, 100
Bürokratie 157
Byron, Lord 116

Calvin, John *58*, 59
Carnap, Rudolf 132
Cartesianischer Dualismus 77
ch'i, Taoismus 37
China 36-9
Christentum 34, 41-53, 58, 72, 125, 185
Clausewitz, Karl von 150
Coleridge, Samuel Taylor 102

Dekonstruktion 185
Demokratie 11, *20*, 21, 149, 155, 157, 159, 165, 174-5
Demokrit 123
Denkurteile 88-9
Derrida, Jacques 172-3, 184-5
Descartes, René 26-7, 76-7, *76-7*, 78, 80, 82, 845, 86, 88, 129, 136, 177, 187
Dewey, John 138-9, *138*, 186
Dialektik 120-1, 164
Diderot, Denis 74, *74*
Diogenes 223, *22*
Dionysos 12, 13
Dominikaner 45, 52
Duns Scotus 53
Dylan, Bob *172*

Eichmann, Adolf 167, *167*
Einstein, Albert 142, 143, 144
Empirismus 67, 75, 83, 84
Engels, Friedrich 104
Englische Revolution (168-8) 73, 96-7, 105
Erasmus 62-3, *62-3*, 64
Erbsünde 47
Existentialismus 118-19, 128-9, 160-1

Falsifikation 141
Feigl, Herbert 132
Feminismus 160-1
Feudalismus 105, 108
Florenz 60
Foucault, Michel 177, 178-9, 178
Frankfurter Schule 162-3, 163
Frankreich, *Philosophes* 74-5
Franziskaner 45, 52-3
Französische Revolution 92-3, 96, 97, 98, 102
Frege, Gottlob 136, 144
freier Wille 48, 81, 118, 119
Freiheit 101, 107, 154-5
Freiheit 101, 121, 129, 155, 161, 167, 174-5
Freud, Sigmund 13, *13*, 125, 162, 164, 176-7, 176
Fukuyama, Francis 174-5
Fünf Säulen des Islam, Die *35*

Galileo 72-3, *73*, 142, 142
Gandhi, Mahatma 31
Gegenaufklärung 115-29
Geist-Körper-Dualismus 77
Gemeinwille 101
Gleichheit 101, 159
Glück 119, 135
Godel, Karl 132
Godwin, William 102-3, *102*
Goethe, Johann Wolfgang von 79, 116
Gott: Brahma 30
Götter, Griechische Mythen 12, 13, *27*
Gramsci, Antonio 112-13, *112-13*
Gregor IX, Papst 45
Gregor VII, Papst 44-5
Griechendland, Antikes 102-3, 44, 74, 167, 185
Griechische Aufklärung 22

Habermas, Jürgen 89, 168-9, *168*
Häretiker 44, 45, 49
Hegel, G.W.F. 87, 118, 120-1, *120*, 138, 164, 174, 187
Heidegger, Martin 125, 126-7, *126*, 133, 151, 164, 184, 185
Hinduismus 27, 28, 30-1, *31*
Hinduistische Aufklärung 30-1
Historischer Materialismus 104-5
Hitler, Adolf 124, *127*, 151, *151*, 158, *159*, 163, 166, 167
Hobbes, Thomas 58, 64, 68-9, 68, 76, 78, 79, 80, 83, 87, 103, 107
Homer 10, *10*, 12, 74
Horkheimer, Max 162, 163, 163
Humanismus 57
Humanismus 62-3
Hume, David 86-7, *86*, 123, 177
Husserl, Edmund 164
Hylas 84-5
Hyper-Realität 180, 181

Identität, Kulturstudien 172-3
Idole des Wissens 67
Imperialismus 149, 166
Indien, Hinduismus 30-1
Induktion, wissenschaftliche 67, 141
Industrielle Revolution 148-9, 172-4
Inquisition 45, *45*, 53, 73, *73*
Islam 34-5, *34-5*, 43, *185*
Italien 56-7, 112-13

James, William 138
Japan, Shintoismus 32-3, *32-3*
Jefferson, Thomas 95, *95*, 186
Jerome, Heiliger 43
Jesus Christus 34
Judaismus 34

Kami, Shintoismus 32-3
Kant, Immanuel 7, 82, 87, 88-9, *88*, 100, 123, 138, 177, 179
Kapitalismus 105, 108, 112-13, 152-3, 156-7, 164-5, 174, 175, 178
Kastensystem, Indien 31
Kausalbeziehung 87
Khomeini, Ayatollah 35
Kierkegaard, Sören 118
Klassenkampf 105, 156
Kolumbus, Christoph 57
Kommunismus 105, 108, 112-13, 137, 164, 174, 175
Konfuzianismus 39, *39*
Konfuzius 38-9, *38*
Konservativismus 98, 99
Konsumgesellschaft 164
Kopernikus, Nikolaus 57, 72
Kreuzzüge *42-3*, 43
Krieg 150
Krishna-Kult *31*
Kuhn, Thomas 142-3
Kultur 177
Kulturstudien 172-3
Kynismus 22-3

Lacan, Jacques 177
Lao-tse 36-7
Leibniz, G.W. 80-1, *80-1*
Lenin, Wladimir Ilijtsch 108-9, *108*, 110, 111, 137
Liberalismus 82, 148-9, 174-5
Liebe, Platonische 19
Literatur 74-5, 185
Locke, John 82-3, *83*, 84, 87, 95, 103, 123, 177
Logik 20, 21, 53
Logo-Zentrismus 185
Luther, Martin 58-9, *58*, 106
Lyotard, Jean François, 182-3

Machiavelli, Niccolò, 58, 60-1, *60-1*
Makato, Shintoismus 33
Marcuse, Herbert 164-5, *164*, 177
Marx, Karl 104-5, *104*, 106, 112, 125, 156, 162, 164, 168, 178
Marxismus 108-9, 110, 112-13, 141, 163
Massenkultur 172-3
Mathematik 15, 136
Mazzini, Giuseppe 151
Menschenrechte 92-3, 97
Metaphysik 20-1, 132-3
Michelangelo 57
Milet 14
Mill, John Stuart 154-5, *154*
Moderne 168-9
Montaigne, Michel de 64-5, *64*
Montesquieu, Charles de 74
Moral 87
Moralischer Imperativ 89
Moses 34
Muhammad, Prophet 34, 35
Muslime 34-5, *34-5*
Mussolini, Benito 112, *113*, *151*
Mythologie 121-3, 185

Nationalismus 149, 150-1, 166, 175, 183
Natur, menschliche 86-7
Nazismus 126, 127, 158, 164, 167
Neue Linke 163
Neurath, Otto 132
Newton, Isaac 73, *73*, 84, 142, 143
Nicht-Widerspruch 80
Nietzsche, Friedrich 13, 27, 116, 122, 124-5, *124*, 151, 162, 179
Nirvana 29

Occam, William of 53
„Occams Razor" 53
Ödipus *12*, 13, 177
Ordinary Language Philosophy 133
Organische Gesellschaft 99
Östliche Religionen 253-9
Oxbridge Philosophen 133

Paine, Thomas 95, 96-7, 96
Paradigmen 142-3
Parmenides 15
Paul, Heiliger 43
Persisches Reich 11, *11*
Petrarca 56-7
Philonous 84-5
Philosophes 74-5, 100
Platon 12, 13, 14, 15, 16-17, *18-19*, 18-19, 20, 23, 46-7, 49, 50, 51, 53, 77, 78, 126, 132, *141*, 167
Politische Philosophie 60-1, 65, 68-9, 79, 83, 91-113, 141, 154-9, 164-5, 166, 175
Popper, Karl 140-1, *140*
Positivismus 162
Postmoderne 125, 171, 173-5, 177, 182-3
Pragmatismus 99, 138-9
Prinzip/Satz vom hinreichenden Grund 80
Protestantismus 58, 157
Proudhon, Pierre Joseph 106-7, *106-7*
Puritanismus 58, 157
Pychoanalyse 176-7
Pyrrho 23
Pythagoräer-Bund 15, *15*
Pythagoras 15, *15*, 142

Rationalität 117, 120, 121, 127, 153, 169, 177, 182
Rawls, John 89
Reformation 55, 58-9, 64
Reinheit, Shintoismus 33
Reinkarnation 30-1
Religion 25-39, 72, 169
Renaissance 557, 62, 64, 66
Revolution 91-113, 174
Robespierre, Maximilien de 93, *93*
Romantiker 1161-7, 118, 122, 123
Römisch-katholische Kirche 43, 44-5, *45*, 47, 48, 50-1, 58-9, 59, 62, 73
Römisches Reich 43, 44
Rorty, Richard 186-7
Rousseau, Jean Jacques 100-1, *100-1*, 103, 116, 117, 122
Rushdie, Salman 35
Russell, Bertrand 133, 136-7, *136*, 144
Russische Revolution 94, 108-11

Sartre, Jean-Paul 119, 125, 128-9, *128-9*, 160
Schlick, Moritz 132
Schmitt, Karl 158-9
Schopenhauer Arthur, 116, 122-3, *122*, 151
Schöpfung 27, 46-7, 49, 51
Schule von Milet 141-5
Scot, John du, siehe Duns Scotus 48-9, *48-9*
Sein 126, 129
Shakespeare, William *75*, *117*
Shelley, Mary Wollstonecraft 102
Shelley, Percy Bysshe 79, 116
Shintoismus 32-3, *32-3*
Siddhartha Gautama 28
Skeptizismus 22, 23, 65, 124-5
Smith, Adam 152-3, *152*
Sokrates 12, 14, 161-7, *161-7*, 18, 19, 23, 65
Sparta 11
Spinoza, Baruch 78-9, *78-9*, 80
Sprache 127, 145, 169, 185
Sprachspiele 183
Stalin, Josef 109, *109*, 110-11, 138, 151, 166

Taoismus *36-7*, 37
Terrorregime 93
Thales *14*, *127*, 142
Totalitarismus 151, 166-7
Transzendentale Philosophie 88-9
Trotzki, Leo 110-11, *110*, 138
Tugend 161-7, 79, 89

Unabhängigkeitserklärung 94, 95
Unbewußtes 177
Upanishaden 30-1
Utilitarismus 154
Utopismus 19, *19*, 26, 136

Vereinigte Staaten von Amerika 94-5, 97, 138, 181
Voltaire 74, 75, 75

Wahrheit 124-5, 132-3, 139, 145, 158-9, 179, 187
Waismann, Friedrich 132
Washington, George 94, 95
Weber, Max 156-7, 162, 168
Westen, der 184-5
Wiener Schule 132-3, 162-3
Wille 123, 125
Wirtschaft 105, 152-3
Wissenschaft 132-4, 140-3, 148, 163, 172, 182-3
Wittgenstein, Ludwig 133, 137, 144- 5, *144*
Wollstonecraft, Mary 102

Yoga *31*, 37

DANKSAGUNG

Bildredaktion: Helen Fickling

Der Herausgeber möchte den folgenden Quellen für die freundliche Erlaubnis, Fotografien in diesem Buch zu veröffentlichen, danken.

Ancient Art and Architecture Collection: 54 /55, 62 unten

AKG London: 2/5, 7, 9 Hintergrund, 27 unten, 33, 36, 51, 59, 64 oben, 81 oben, 95 links, 97 links, 102 unten, 103, 104 unten, 108, 109 oben, 111 unten, 126, 128 rechts, 140 oben, 144, 150 Hintergrund, 151 links, 152 Hintergrund, 156, 159 rechts, 163, 164, 166, 168, 175 unten; /Akademie der Bildenden Künste, Wien 41 Hintergrund; /Alte Pinakothek, München 40, 46 oben rechts; /AP 39, 185 links; /Bibliotheque Nationale, Paris 24, 34; /Bibliotheque Nationale, Paris/Erich Lessing 74; /Musee Carnavalet, Paris /Erich Lessing/ 65; /Erich Lessing/Privatsammlung 45; /Erich Lessing/Hotel-Dieu Beaune 47 unten links; /Sammlung Schloss Ambras, Innsbruck 142; /Erich Lessing/Gemäldegalerie, Alte Meister, Dresden 22; /Kunsthistorisches Museum, Wien/Erich Lessing 87; /Musee du Louvre, Paris 10 unten links; /Erich Lessing/Musee du Louvre, Paris 12 unten, 62 oben; /Musee du Louvre, Paris 120 rechts, 141; /Sammlung Ludwig, Aachen 182; /Maximilianeum Sammlung, München 42; /Erich Lessing /Metropolitan Museum of Art, New York 17 oben; /Museo del Prado, Madrid 81 unten; /Erich Lessing/Nationales Archäologisches Museum, Athen 27 oben; /Niedersächsisches Landesmuseum, Hannover 61 unten; /Peter Lothar 35 oben links; /AP 181 unten; /SMPK Nationalgalerie, Berlin 125 links; /Staatsbibliothek, Berlin 25 Hintergrund; /Tate Gallery, London 117; /Trinity College, Cambridge/ Erich Lessing 85; /Vatikan Museen, Italien 8; /Fresken in der Loggia /Vatikan, Italien 14 unten; /Institut et Musee Voltaire, Genf / Erich Lessing 75 rechts

Bridgeman Art Library: 105; /Musee des Beaux-Arts, Nantes/ Giraudon (Laboureur - Le Café du Commerce [Detail]) 114 /115; /Bibliotheque Nationale, Paris 49 oben rechts; /Bibliotheque Nationale, Paris/Giraudon 92; /Bonhams, London 118; /City of Bristol Museum and Art Gallery 161 oben; /British Library, London 58 unten; /Musée Carnavalet, Paris 101 links; /Musee de la Ville de Paris, Musee Carnavalet/Lauros-Giraudon 146,147 Hintergrund; /Connaught Brown, London 180; /Museum of Fine Arts, Boston, Massachusetts 121; /Guildhall Art Gallery, Corporation of London 15 oben; /Houses of Parliament, Westminster, London 99 rechts; /Kunsthistorisches Museum, Wien 53; /Musée du Louvre, Paris/Peter Willi, 64 unten; /Musée du Louvre, Paris/Peter Willi, 73 oben; /Musee du Louvre, Paris/Lauros-Giraudon 84 unten; /Metropolitan Museum of Art, New York 170,171 Hintergrund; /Musée de Picardie Amiens, France 82; /Musée du Louvre, Paris / Giraudon 90, 91 Hintergrund; /Museo Correr, Venedig / Giraudon 75 links; /Museo d'Art di Ca Pesaro, Venedig 179; /Museo di Goethe, Rom / Giraudon 79 rechts; /Museum of the City of New York 83 oben; /National Gallery, London 23 Mitte rechts 72; /Philip Mould, Historical Portraits Ltd 153; /Privatsammlung 94, 99 links, 111 oben,128 links, 133 oben, 137, 148, 185 rechts; /Puschkin Museum, Moskau 23 oben links; /Scottish National Portrait Gallery, Edinburgh 86 links; /Tate Gallery, London 1997.116; /Vatikan Museen und Galerien, Rom 49 oben links

Jean-Loup Charmet: 68, 76 Hintergrund, 88, 107, 176 Hintergrund

Corbis-Bettmann: 56 Hintergrund, 63 unten, 67 links, 119 B, 136 Hintergrund unten, 139 unten, 157 rechts, 167 unten, 176, 178, 181 oben; /Reuter 169, 173, 175 oben; /Nik Wheeler 172 unten; /Adam Woolfitt 165 unten

E.T. Archive: 20 unten, 71 Hintergrund; /Civiche Racc. d'arte Pavia, Italien 13 oben; /Schloß Gripsholm, Schweden 70; /Victoria and Albert Museum, London 23 unten links

Mary Evans Picture Library: 1, 10 Hintergrund, 11, 14 oben, 17 unten, 19, 21, 28, 37, 38, 52, 56 unten, 57, 69 oben rechts, 77 oben links, 93 oben, 101 rechts, 102 oben, 109 unten, 127 unten, 130, 131 Hintergrund, 135 unten, 139 oben, 140 unten, 143 unten, 149 unten, 151 rechts, 152 oben, 157 links, 177, 186; /Sir WB Richmond 6; /Fawcett Library 155

Werner Forman Archive: 32 oben, 123; /Nationale Galerie Prag 30 Hintergrund

Fotomas Index, London: 84 oben, 134 Hintergrund

Robert Harding Picture Library: /Advertasia Company Ltd 26; /Nigel Francis 32 Hintergrund

Getty Images: 12 Hintergrund oben, 13 unten, 15 unten, 16 oben, 18, 20 oben, 29 oben, 35 oben rechts, 43, 44, 46 Hintergrund, 47 oben rechts, 48, 50, 58 oben links, 60, 61 oben, 63 oben, 66 , 67 rechts, 69 unten links, 73 unten, 76 oben links, 77 rechts, 78, 79 links, 83 unten, 86 rechts, 93 unten, 96, 97 rechts, 98, 100, 104 oben, 106, 110, 113, 119 oben, 120 links, 122 rechts, 124, 125 rechts, 127 oben, 129, 133 unten, 134, 135 oben, 136 oben, 149 oben, 154, 158, 160, 161 unten, 167 oben, 172 oben,184, 187 unten

Image Bank: Flip Chalfant 165 oben

Image Select: 187 oben; /Ann Ronan Collection/Image Select: 80, 95 rechts, 122 links, 159 links

Peter Newark's Pictures: 162

Ann & Bury Peerless: 29 unten, 31

Science Photo Library: /GE Astro Space 183; /John Howard 143 oben; /Nasa 174; /Alfred Pasieka 89

Sygma: /Keystone 112